David Ludwig Bloch

D・L・ブロッホをめぐる旅

亡命ユダヤ人美術家と戦争の時代

大橋毅彦

1
ブロッホ近影（1962年撮影。52歳）

2

3

2-3
ドイツ出国時のパスポート。氏名が“Ludwig Israel Bloch”となっているが、
“Israel”はパスポート所有者がユダヤ人男性であることを示している。
ちなみにユダヤ人女性のパスポートには“Sarah”が用いられた。

4
2歳ごろのブロッホ

5
ミュンヘン公立応用芸術学校時代の
青年ブロッホ（撮影地はフロス）

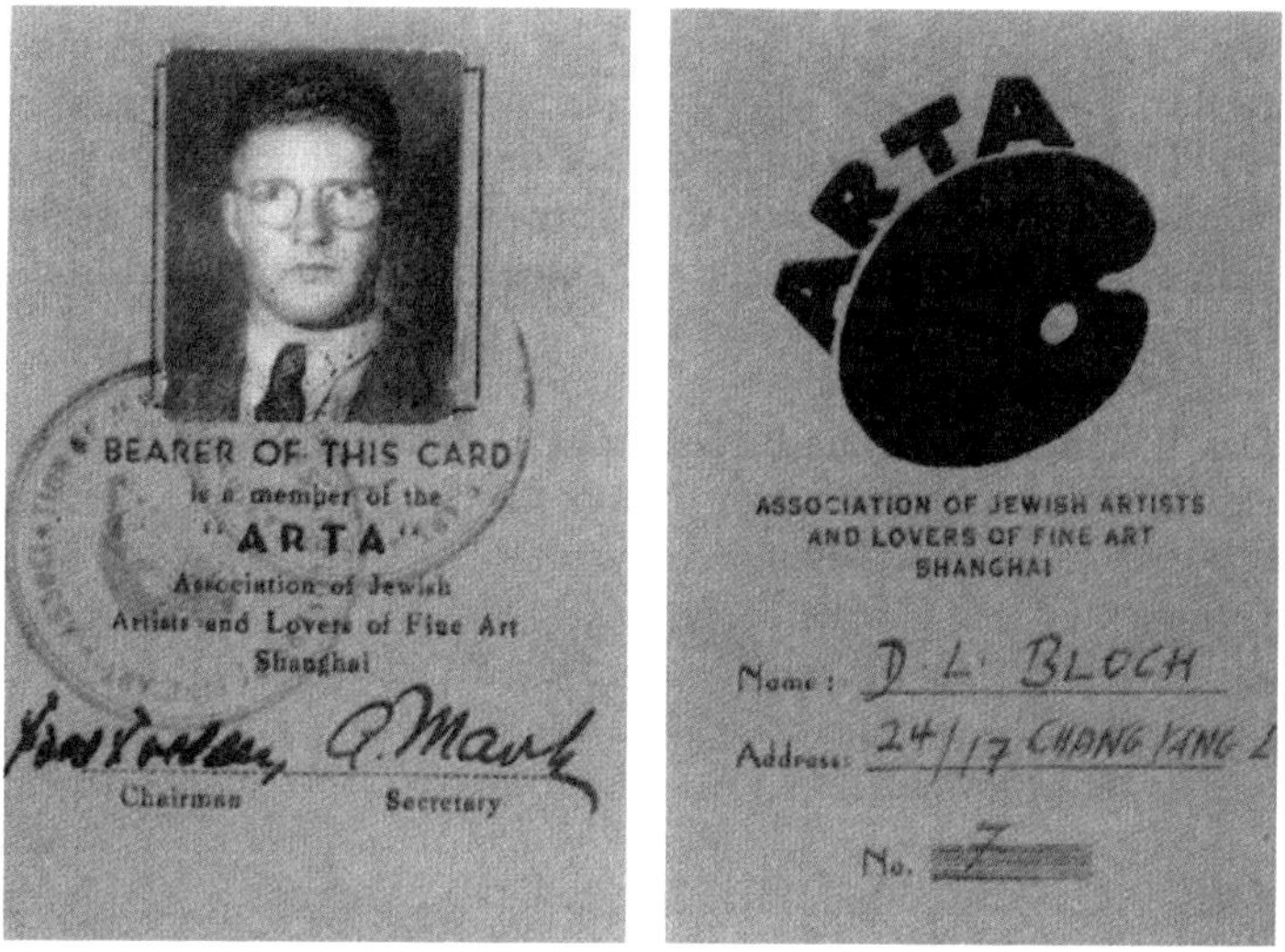

6
アルタ（上海ユダヤ人芸術家美術家協会）会員証

7
ブロッホと鄭迪秀

FLOSS
1910 -
1915 - 1923
aouel
äöü aueieu
1923-1925
1927 - 1930

8
“Meine Lebenslauf in Bildern”（「絵による私の履歴」）（1985年）〔アクリル〕

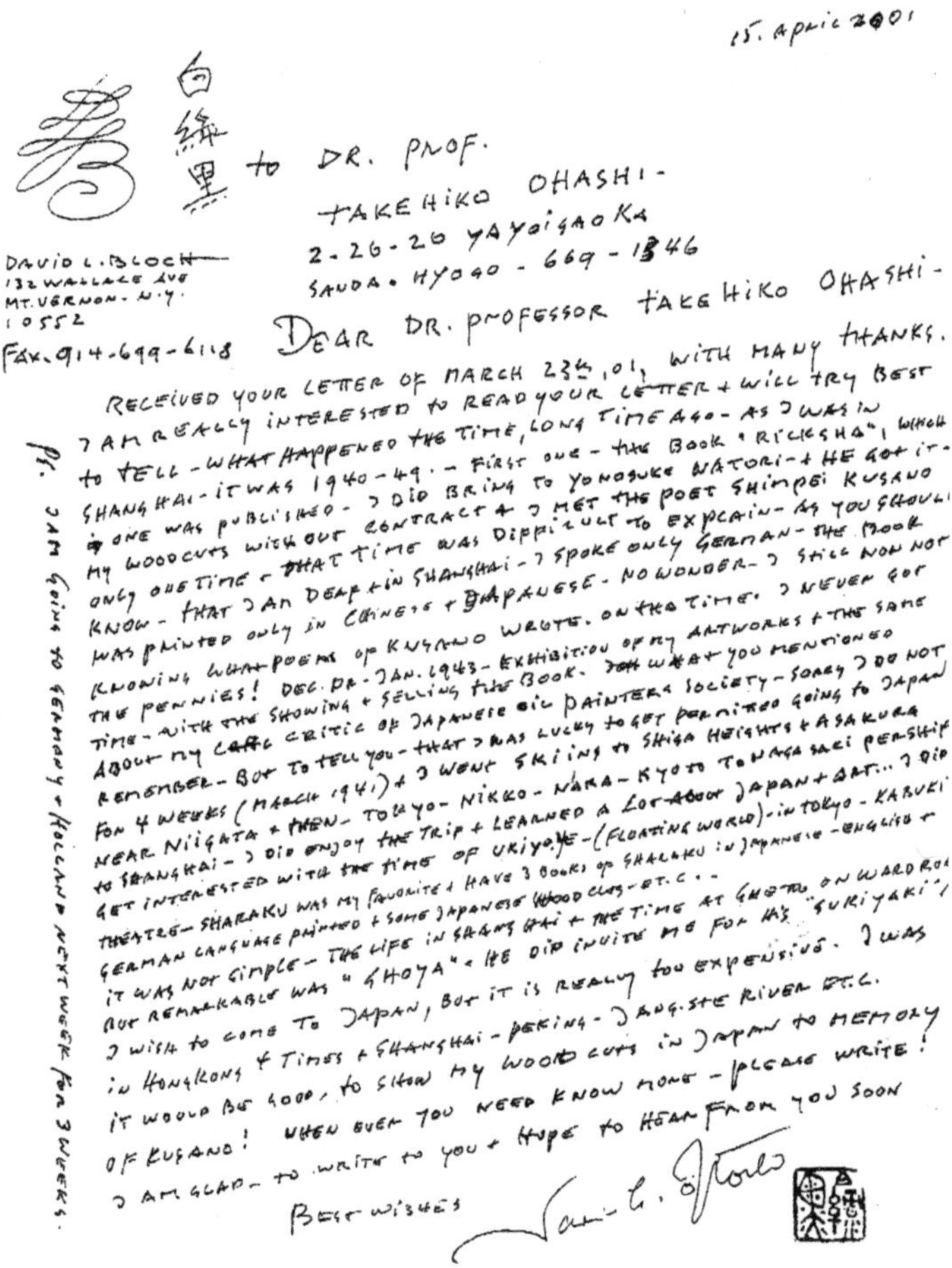

15. APRIL 2001

白綠黒 to DR. PROF.
TAKEHIKO OHASHI -
2-26-20 YAYOIGAOKA
SANDA. HYOGO - 669-1346

DAVID L. BLOCH
132 WALLACE AVE
MT. VERNON - N.Y.
10552
FAX. 914-699-6118

DEAR DR. PROFESSOR TAKEHIKO OHASHI -
WITH MANY THANKS.
RECEIVED YOUR LETTER OF MARCH 23th, 01,
I AM REALLY INTERESTED TO READ YOUR LETTER + WILL TRY BEST
TO TELL - WHAT HAPPENED THE TIME, LONG TIME AGO - AS I WAS IN
SHANGHAI - IT WAS 1940-49. - FIRST ONE - THE BOOK "RICKSHA", WHICH
ONE WAS PUBLISHED - I DID BRING TO YONOSUKE NATORI - + HE GOT IT -
MY WOODCUTS WITHOUT CONTRACT + I MET THE POET SHIMPEI KUSANO
ONLY ONE TIME - THAT TIME WAS DIFFICULT TO EXPLAIN - AS YOU SHOULD
KNOW - THAT I AM DEAF + IN SHANGHAI - I SPOKE ONLY GERMAN - THE BOOK
WAS PRINTED ONLY IN CHINESE + JAPANESE - NO WONDER - I STILL NOW NOT
KNOWING WHAT POEMS OF KUSANO WROTE. ON THE TIME. I NEVER GOT
THE PENNIES! DEC. 42 - JAN. 1943 - EXHIBITION OF MY ARTWORKS + THE SAME
TIME - WITH THE SHOWING + SELLING THE BOOK. WHAT YOU MENTIONED
ABOUT MY CRITIC OF JAPANESE OIL PAINTERS SOCIETY - SORRY I DO NOT
REMEMBER - BUT TO TELL YOU - THAT I WAS LUCKY TO GET PERMITTED GOING TO JAPAN
FOR 4 WEEKS (MARCH 1941) + I WENT SKIING TO SHIGA HEIGHTS + ASAKURA
NEAR NIIGATA + THEN - TOKYO - NIKKO - NARA - KYOTO TO NAGASAKI PERSHIP
TO SHANGHAI - I DID ENJOY THE TRIP + LEARNED A LOT JAPAN + ART... I DID
GET INTERESTED WITH THE TIME OF UKIYO-E - (FLOATING WORLD) - IN TOKYO - KABUKI
THEATRE - SHARAKU WAS MY FAVORITE + HAVE 3 BOOKS OF SHARAKU IN JAPANESE - ENGLISH +
GERMAN LANGUAGE PRINTED + SOME JAPANESE WOODCUTS - ET.C. -
IT WAS NOT SIMPLE - THE LIFE IN SHANGHAI + THE TIME AT GHETTO ONWARD ROAD
BUT REMARKABLE WAS "GHOYA" + HE DID INVITE ME FOR HIS "SUKIYAKI",
I WISH TO COME TO JAPAN, BUT IT IS REALLY TOO EXPENSIVE. I WAS
IN HONGKONG 4 TIMES + SHANGHAI - PEKING - JANG-STE RIVER ET.C.
IT WOULD BE GOOD, TO SHOW MY WOODCUTS IN JAPAN TO MEMORY
OF KUSANO! WHEN EVER YOU NEED KNOW MORE - PLEASE WRITE!
I AM GLAD - TO WRITE TO YOU + HOPE TO HEAR FROM YOU SOON
BEST WISHES

P.S. I AM GOING TO GERMANY + HOLLAND NEXT WEEK FOR 3 WEEKS.

10
ブロッホから著者が受け取った最初の書簡（2001年4月15日）

9
亡命の途次の作品。
上から順に“Portsaid: auf dem weg nach Shanghai”
（「ポートサイド：上海への途中」）（1940年4月）〔水彩〕、
“Fahrt durch den Suez-kanal auf dem wegvon Europa nach China”
（「スエズ運河を通ってヨーロッパから中国へ向かう途中」）（1940年4月16日）〔水彩〕、
“Aden:auf dem weg nach Shanghai”（「アデン：上海への途中」）（1940年4月）〔水彩〕

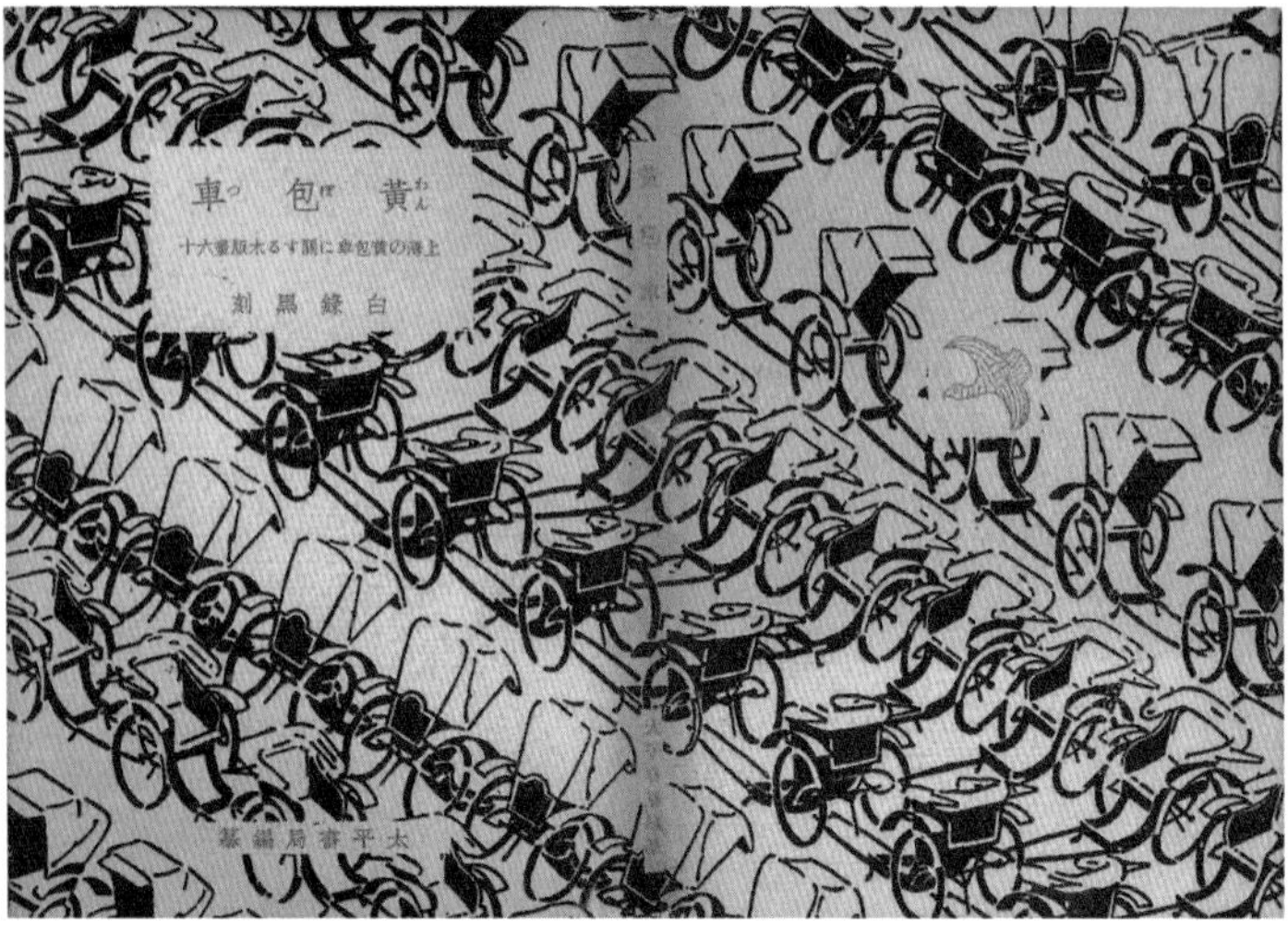

11
『黄包車 上海の黄包車に関する木版画六十』表紙カバー

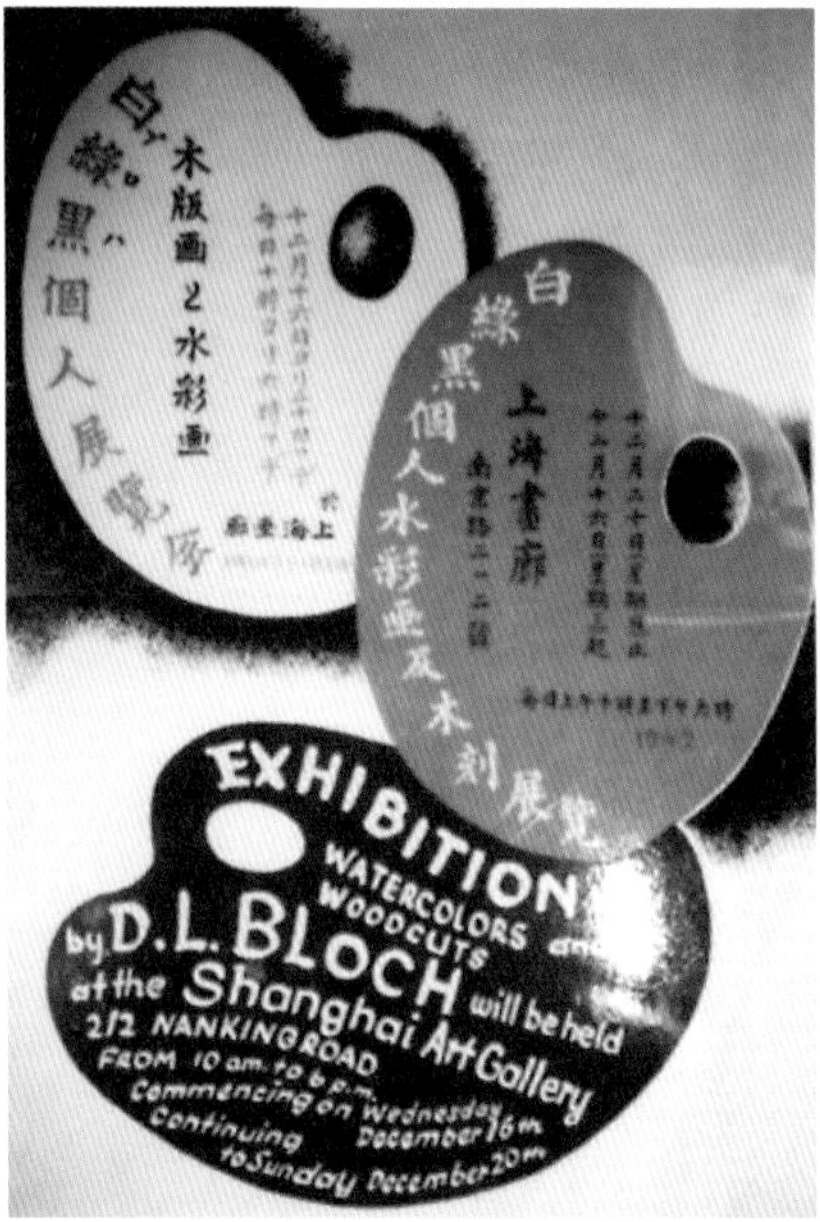

12
上海画廊で開催されたブロッホの
個人展覧会ポスター

13
“Eisenbahn und Fluss in Xiashi”（「硤石の鉄道と川」）（1947年3月21日）〔水彩〕

14
“Brücke in Xiashi bei Haining”（「海寧附近、硤石の橋」）（1947年3月19日）〔水彩〕

21096

15
“Concentration Camp Dachau 1938”（「ダッハウ強制収容所 1938」）(1941-1977年)〔アクリル〕

16
“Hands in Passage”（「移送中の手」）(1977年)〔アクリル〕

17
“Shanghai Composition”（「上海のコンポジション」）シリーズより3点（1940年代初め）〔水彩〕

18
黄包車に乗った自分（1943年）〔水彩〕

19
折り畳み式色刷り版画集
『上海』のケース・表紙・本文の一部
（1945年）〔木版〕

20
展覧会図録表紙やポスターに用いられた“Crying Hands”
（「泣き叫ぶ手たち」）（1979年）〔木版〕

21
“The Bund”（「上海バンド」）（1941年6月）〔油彩〕

22
ドイツ、ザンクト・アウグスティンで開催された「開封から上海へ」展覧会会場にて（1997年）

春陽堂ライブラリー

004

D・L・ブロッホをめぐる旅

亡命ユダヤ人美術家と戦争の時代

大橋毅彦

OHASHI Takehiko

SHUNYODO Library

D・L・ブロッホをめぐる旅

目次

第Ⅲ部　上海ゲットー、提籃橋のほとりから……139

【ドイツ】

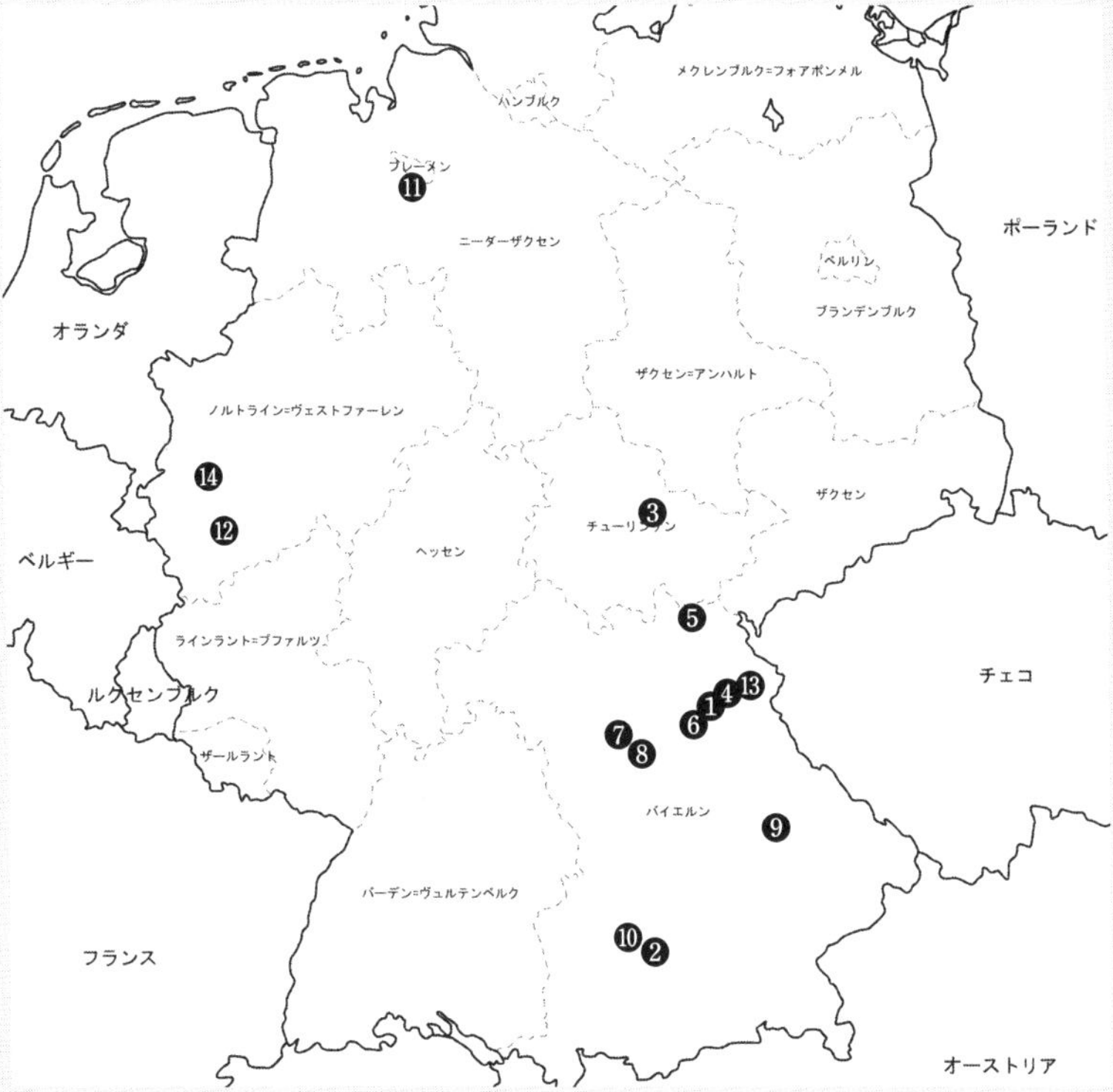

❶ **フロス**……出生地（1910年）、再訪（1976年）

❷ **ミュンヘン**……王宮州立聾唖施設で学ぶ（1915 〜 23年）｜公立応用芸術学校に通う（1934 〜 36年）｜90歳を記念する展覧会開催地（2000年）

❸ **イエナ**……カール・ブラウクマンの学校で学ぶ（1923 〜 25年）

❹ **プランケンハンマー**……陶磁器工場で徒弟修業（1925 〜 27年）

❺ **ゼルブ**……陶器産業関連の専門学校で学ぶ（1927 〜 30年）

❻ **ヴァイデン**……バウシャー陶磁器工場勤務（1930 〜 32年）

❼ **フュルト**……バイエルン・ユダヤ文化連盟移動展覧会開催地（1934年）｜ホロコースト・シリーズの展覧会開催地（1994年）

❽ **ニュルンベルク**……マルタとの別離の地（1935年）｜リディアとの出会いの地（1985年）

❾ **シュトラウビング**……ザウター百貨店装飾デザイナー（1936 〜 38年）

❿ **ダッハウ**……ダッハウ強制収容所に収監される（1938年）｜遺作展覧会「私の絵は私の言葉」開催地（2004年）

⓫ **ブレーメン**……絵画・版画展開催地（1983年）

⓬ **ザンクト・アウガスティン**……版画展開催地・ブロッホ木刻集出版地（1997年）

⓭ **フロッセンビュルク**……同地強制収容所記念館に作品寄贈（2000年）

⓮ **エッセン**……ラインラント地域協会ダーヴィト・ルートヴィヒ・ブロッホ学校所在地（開校2002年）

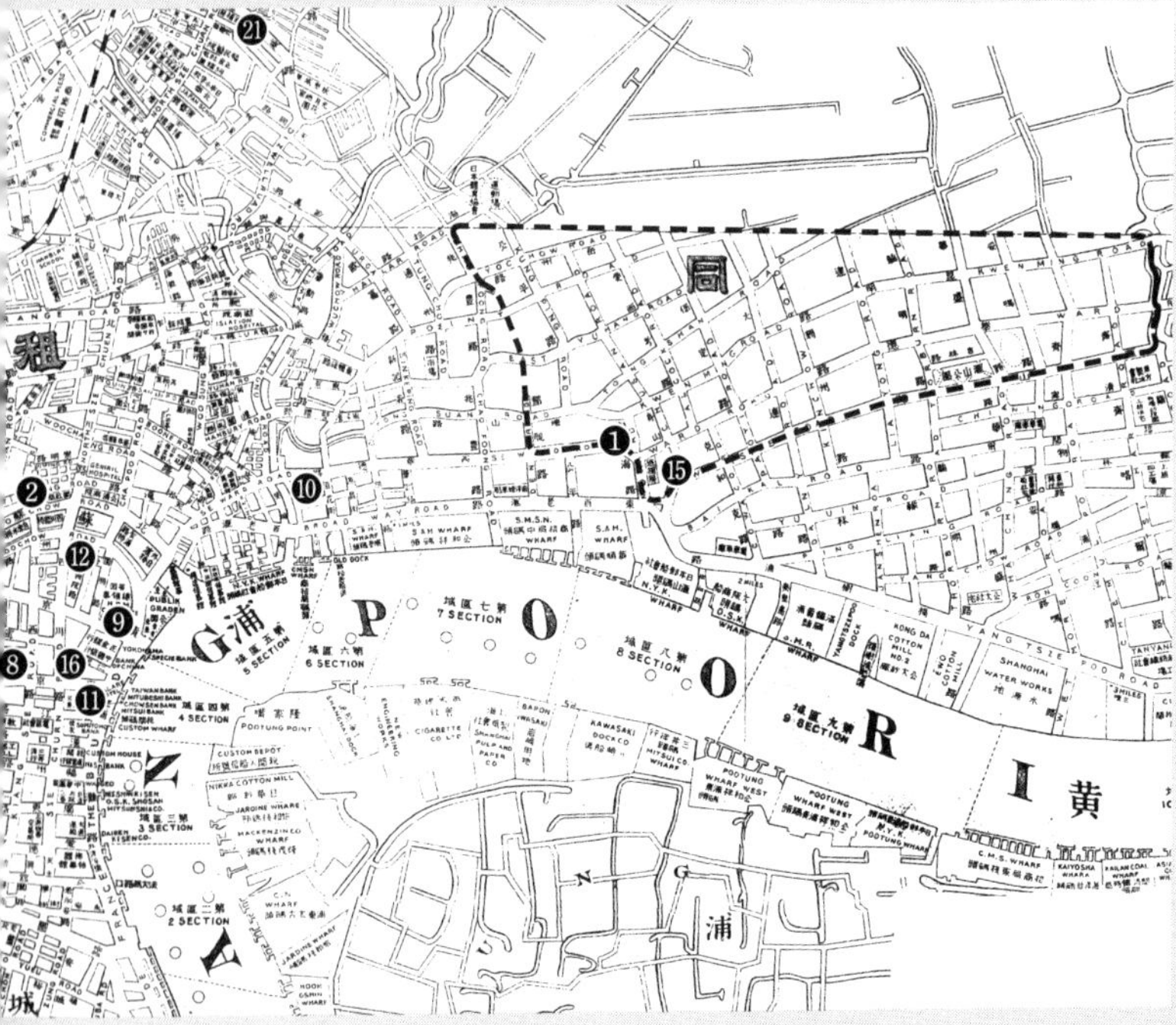

⓬ 太平出版印刷公司（太平書局）（1941年12月～ 1943年?月）
⓭ 太平出版印刷公司（太平書局）（1943年?月～1945年?）
⓮ シャンハイ・ジューイッシュ・クラブ
⓯ 長陽路二四弄一七号（ブロッホ二番目の住居）
⓰ 恵羅公司
⓱ 中日文化協会上海分会（1943年12月～ 1945年8月）
⓲ 鄭迪秀一家移住地
⓳ 基督教青年会大楼（ブロッホと鄭迪秀出会いの場）
⓴ 金門大戯院（ブロッホと鄭迪秀再会の場）
㉑ 狄思威路（現・溧陽路）一三一三号（ブロッホ三番目の住居・鄭迪秀との新居）

※破線は無国籍避難民隔離区境界線を示す

【上海（市内全図）】

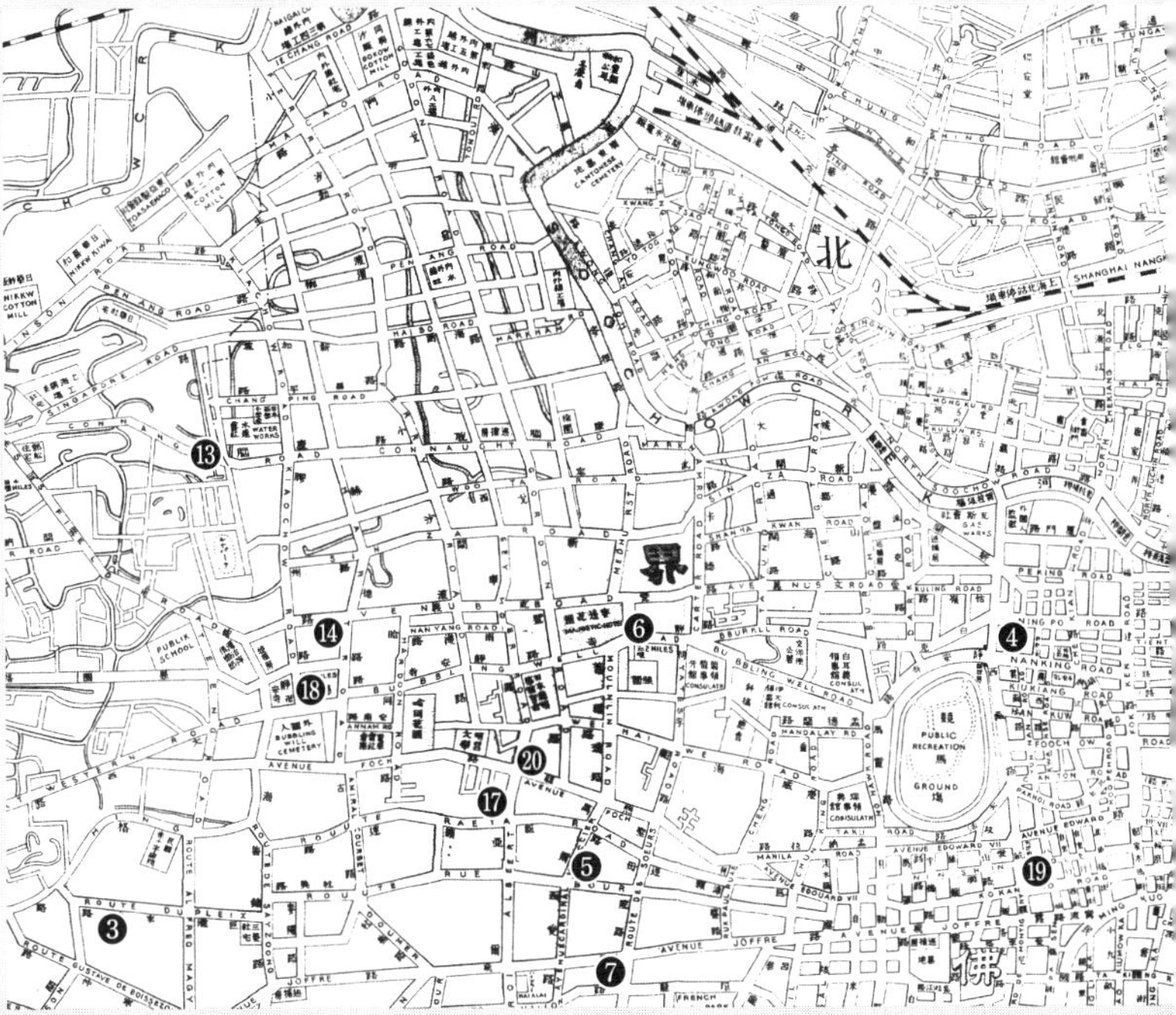

❶ 提籃橋
❷ エムバンクトメントハウス（河濱大楼）
❸ 趙主教路（現・五原路）三七二弄三号（ブロッホ最初の住居）
❹ 大新公司
❺ 蘭心大戯院
❻ 時代公司（モダン・ホームズ）
❼ DDs Café & Restaurant
❽ 上海画廊
❾ 満鉄上海事務所
❿ 大陸新報社（1939年1月〜 1943年5月）
⓫ 大陸新報社（1943年5月〜 1945年9月）

【上海 提籃橋地区（無国籍避難民隔離区）拡大】

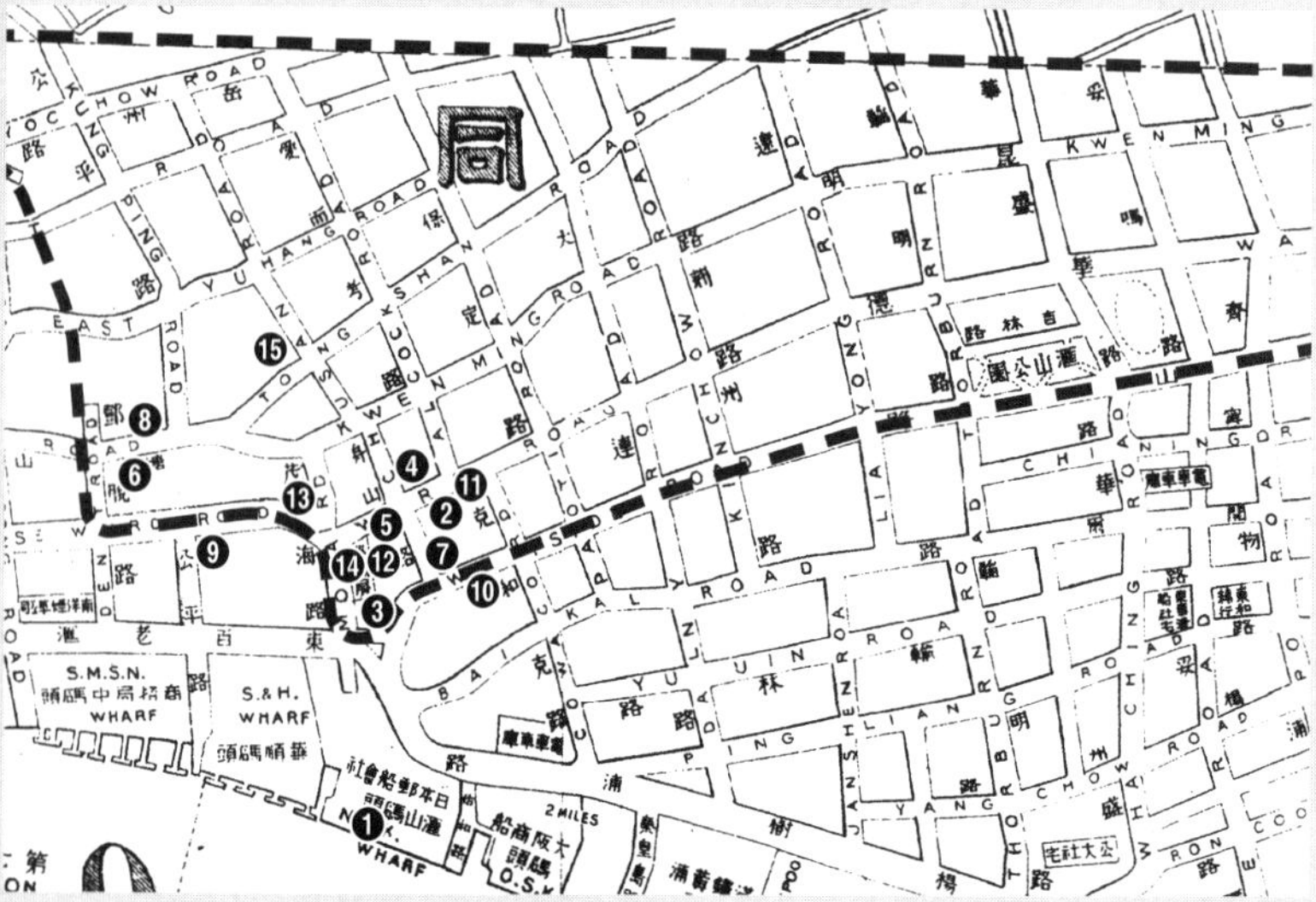

項目・項番は本文記載順に合わせるのを原則とした。

❶ 匯山碼頭
❷ ユダヤ難民共同宿泊施設（Heim）、1939年開設
❸ 百老匯大戯院（Broadway Theatre）
❹ 提籃橋監獄（現・上海市監獄）
❺ 摩西会堂OHEL MOISHE SYNAGOGUE（現・猶太難民在上海紀念館）
❻ 中欧ユダヤ協会
❼ アメリカ・ユダヤ人合同分配委員会上海事務所
❽ 澄衷蒙学堂（現・澄衷中学）
❾ 容海語学校
❿ 霍山公園（ユダヤ難民記念碑）
⓫ 白馬珈琲店
⓬ ブロッホ住居（長陽路二四弄一七号）
⓭ 大西洋珈琲店・ホーンの居酒屋
⓮ 上海無国籍避難民処理事務所（茂海路七〇号）
⓯ ハンス・ジャコビイ住居（唐山路五九九弄一七号）

※破線は無国籍避難民隔離区境界線を示す

プロローグ

ダッハウ強制収容所記念館から

ここに一点の絵画がある。縦六〇センチ、横一二〇センチのメゾナイト（硬質繊維板）をカンバスとして二枚使用し、そこにアクリル絵具で描かれたその絵のタイトルは、ドイツ語で“Mein Lebenslauf in Bildern”となっている。日本語に訳せば「絵による私の履歴」となろうか。作品が出来上がったのは一九八五年、作者はダーヴィト・ルートヴィヒ・ブロッホ（David Ludwig Bloch, 1910–2002）というドイツ出身のユダヤ人美術家である。

この絵を私が初めて見たのは二〇〇四年の三月末、今からもう一七年も前のことだ。場所はドイツの町ダッハウ（Dachau）、四〇歳代後半に差しかかった頃に初めてヨーロッパに行き、ミュンヘン（München）で最初の宿をとった翌日にそこを訪れたのだった。

戦争の世紀でもある二〇世紀のドイツ現代史を繙《ひもと》けば、ミュンヘン近郊にあるこのダッハウが、ナチによってドイツで最初の強制収容所が開設された地であることが確かめられる。そして、現在、収容所の跡地には、その当時あった施設のいくつかが保存され、管理棟だった建物は記念館となり、多くの見学者がそこを訪れている。館内では、ナチの暴虐非道の数々を伝える展示が常時なされているが、私が訪ねた折にはその一郭でブロッホの遺作展覧会が、「私の絵は私の言葉」(Meine Bilder sind meine Sprache) というタイトルで開催されていた。展覧会場がそこに選ばれた理由、それはかつてナチによってこの強制収容所に送り込まれた多くのユダヤ人の中に、このブロッホという人物も含まれていたからであった。くだんの絵もその会場の一郭に展示されていたのである(口絵8)。

ナチによるユダヤ人迫害という歴史的な出来事は知っていても、その暴力の渦に巻き込まれていった人々のことを個別に想起しようとする時、たとえばアンネ・フランクとの比較を持ち出してみてもわかるように、このダーヴィト・ルートヴィヒ・ブロッホという名前に馴染みのある日本人は、それほど多くはいないのではないか。いや、ほとんどの人は知らないのではないか。

一九九〇年代後半のドイツでは、彼が亡命先の中国上海で制作した三〇〇点余りの木版画を収めた版画集が刊行され、一方アメリカでは、ニューヨークやワシントンのミュージアムで開催されたユダヤ難民の苦難の歴史を扱う展覧会などを通じて、ブロッホという美術家の存在はある程度知られてはいたが、こと日本国内にあっては、歴史学、美術史など、どの分野の書物を手にしても、彼の名を見かけることはほとんどなかったし、現在でもないと言ってよかろう。そこでまず、彼の一生を簡単に辿っておくことにしよう。

一九一〇年三月二五日に、ダーヴィト・ルートヴィヒ・ブロッホは、チェコとの国境近く、ドイツのオーバープファルツ地方にあるフロス（Floß）で生まれた。生後まもなく両親を相次いで亡くし、自身は病気のため聴力をほとんど失った彼は、母方の伯父の世話でミュンヘンとイエナ（Jena）にあった聾唖《ろうあ》学校に通って学童期を過ごす。そして、フロス近郊のプランケンハンマー（Plankenhammer）の陶器工場での修業、オーバーフランケン地方のゼルブ（Selb）での絵付け産業関連の専門学校への通学、フロスに隣接する町ヴァイデン（Weiden）にある絵付け工場での労働を経て、一九三四年にミュンヘンにある公立応用芸術学校に奨学金を得て入学、グラフィックアートを本格的に学び始める。が、反ユダヤ主義が勢いを増す中、そこでの学業継続を断念するとともに、この頃就いていた商業デザイナーの職も失う。そして、ナチのユダヤ人への弾圧がそれを機に一層の苛烈さを増していくこととなる「帝国水晶の夜ポグロム」の襲来（一九三八年一一月）に巻き込まれてダッハウ強制収容所に収監された。数週間にわたる「保護監察」処分の後、かろうじて出所を許されたが、すでに事態は切迫していた。アメリカにいた異母兄からの示唆と援助もあって、一九四〇年春、ブロッホは上海に亡命する。その間、彼は、マルタという女性との恋愛と別離を体験した。

避難地上海での生活は九年に及んだ。到着後まもなく、短期間であったが日本に赴いたこともある。アジア・太平洋戦争が始まって一年後、この都市に亡命してきた外国人美術家としては初の個展を開催。上海近郊の風景を水彩画に描くほか、人力車夫をはじめとする中国人の貧困階層の生活に取材した木版画で独特の境地を開拓した。亡命ユダヤ人美術家によって設立された団体（アルタ）に参加して活動。一方、浙江省海寧出身の鄭迪秀《ていてきしゅう》（ヂォンディシウ、zheng di xiu）という女性と相知る機会を得る。そして、自分と同じく聾唖者だった鄭と一九四六年に結婚した。一九四九年春、国共内戦も大詰めを迎えた頃、ブロッホ夫妻は上海を離れ、アメリカに移住した。生活の拠点はニューヨーク郊外のマウント・ヴァーノン（Mount Vernon）に置いた。二人の息子を授かり、彼らが成人するまでは家族の生活を支えるため、自身の技量を生かしてガラス製品や陶器の模様付けの職に就いていたブロッホだったが、一九七六年に生地フロスやダッハウを訪問したのを契機として、のちにホロコースト・シリーズと呼ばれる木版画及びアクリル画の制作に取り組み始めた。

このドイツ再訪は、それ以外の意味でも記憶されねばならない。なぜなら、三十数年ぶりに訪れた故郷で、ブロッホはマルタの死を知ったからだ。しかし、彼女は、ブロッホとの間に娘を残していた。その女性リディア・アベル（Lydia Abel, 1936–）とブロッホが、それぞれの多難な人生を歩んできた後初めて対面したのは、一九八五年のことだった。それ以降、肉身としての彼女との交流を深めるためにドイツを頻繁に訪れ、あわせて現地で自身の作品展示も行った。その結果、ホロコーストの時代を生き抜いた聾唖の美術家ブロッホの存在は、ドイツ、アメリカ双方で注目されるようになったのである。一九八七年に妻に先立たれた後も、こうして旺盛な活動を続けていったブロッホは、二〇〇二年九月一六日にその生涯を終えた。

さて、こういう美術家ブロッホに、私がなぜ興味を抱いたのか、ことの起こりについてここで説明しておこう。彼の没後二年目に開催された展覧会を観るためにドイツまで出かけたのであるが、じつは、この人物がドイツでどのような人生を送り、それがこの国の政治や文化といかに関わったかを知ろうとすることが、私の当初の関心事ではなかったのである。

「絵による私の履歴」は、この美術家が生まれた、山岳地帯の狭間にあって穏やかな気配に包まれている小さな町の風景をもって始まり、自由の女神と超高層ビル群を背景として、彼の終の棲家となったニューヨーク郊外にある住宅と、成人した二人の息子を描いたところで終わっている。画面の中ほどには、ナチの台頭するさまやダッハウ強制収容所の光景もかなりのスペースをとって描かれているが、いまはまだそれらには触れない。その代わりに、次に出て来る、旅装をした青年画家が自身の亡命先として向かった都市の風景に目を凝らしてもらいたい（**口絵8**）。

中国の上海である。第二次世界大戦前夜から開戦直後にかけて、ビザ無しでも多くのユダヤ人亡命者を受け容れ、彼らの避難所となった上海、この地におけるブロッホの芸術家としての活動を知ったことが、この本の著述に向かう最初の促しになったのだった。

いま私が暮らしているのは兵庫県西宮市。ここから上海まで関西空港から飛び立って二時間余り、そんな至近距離にあるこの街が、一九九七年の早春、それまで一度も日本の外に出たことのない自分が、初めて訪れた外国の都市であった。その折の旅の目的は、私と同様に大学で日本近代文学を講じている友人たちとともにそこを訪れ、芥川龍之介、谷崎潤一郎、横光利一、武田泰淳といった文学者がこの都市を舞台とする作品を書いたことに思いを馳せながら、彼らを含む近代以降の日本人文学者や文化人と上海との関わりをできるだけ広い視野のもとに捉えていくことに置かれていた。そうした自分たちの企ては、まもなく一冊の図書（『言語都市・上海 1840–1945』一九九九年九月、藤原書店）となって一応結実し、他のメンバーは次なる目的地＝パリに向けて舵を切っていったが、私だけは上海への居残りを決めさせてもらった。

私の前に浮かぶ上海の幻影は十分に魅力的であった。文学史の陥没点を埋めていく作品が、この都市と関わった有名無名の小説家や詩人たちによって多く書かれたことがわかってきたし、文学と隣接する美術界や映画界で、注目すべき活動を展開した人々の存在にも気づくことができた。戦時下に発刊された日本語新聞と雑誌の紙面を繰って行けば、各国の思惑や駆け引きが集中して激しいメディア戦の様相を呈する上海にあって、そこに載った諸言説がどんな意味合いを持つのかについての考察も果たせたし、他方、日本語以外の新聞記事を追えば、多言語都市上海の観点から、日本人が捉えきれていない上海文化の奥行きも学べた。

そして、それと並行して、自らの文学者としてのありかたの根底に上海での生活体験を据えた人たちと出会えて直接の交流を持てたことも、私の上海への興味をさらに強くしてくれた。その一人が石上玄一郎氏（本名＝上田重彦、一九一〇―二〇〇九）。北海道に生まれ、青森の旧制弘前高等学校では太宰治と同窓、ファシズムの波が言論界に及ぶ中、ナチズム批判の匕首《あいくち》を忍ばせた小説「精神病学教室」（一九四二年）を発表した石上氏は、その後、半亡命的に移動して来た上海にあって、敗戦間際のこの都市に棲息する日本人の文化人や文学者の精神状態がけっして一枚岩の様相を呈してはいなかったこと、その中で「中日文化協会上海分会」といった、半国策的な文化団体に所属した自分がどんな動き方を選択したのかについて、事後半世紀以上隔てて出会った私を前にして、剛直な居住まいを保持したまま、潜熱を帯びた口調で語ってくれたのだった。

もう一人は林京子氏（一九三〇―二〇一七）である。長崎での被爆体験をモチーフに据えた芥川賞受賞作「祭りの場」（一九七五年）の作者である林さんは、一方で上海で過ごした自身の幼少期や、戦時下の上海に渡った日本人の成人男女が自分たちの理想と現実の狭間に立たされていく姿を描いた小説も残している。そして、後者にあたる『予定時間』（一九九八年）を読んだ感想を手紙で伝えたことに対する丁寧な応えをいただいて以降、作品とゆかりのある上海のあちこちに赴いてそこで得た感懐や情報を知らせると、そのたびに自身の記憶の抽斗《ひきだし》を開けて、自らの上海物語を披歴してくださった林さんとのつながりは、彼女の亡くなる半年ほど前に電話でお話しした時まで続いた。静かな中にも凛とした精神を宿し、人間が生きることへの愛しさを持ち続けた林さんの語りの中に現れる人たちは、他の何ものとも差し替えることのできない、その人固有の生の息吹をいつも感じさせた。

ブロッホとの出会いも、こうした流れの中で起こった。一九四二年一二月、アジア・太平洋戦争が勃発して一年が経過した日本統治下の上海で、この美術家は『黄包車《わんぽっ》　上海の黄包車に関する木版画六十』(以下『黄包車』と略記)と題する版画集を、日本の詩人草野心平(一九〇三―一九八八)と共著の形で刊行する。〈蛙の詩人〉あるいは〈富士山の詩人〉として知られる草野心平は、この時期、汪兆銘(一八八三―一九四四)を首班とする「中華民国南京国民政府」の宣伝部顧問の肩書きを得て南京と上海を行き来しながら、詩の制作や両国間をつなぐ文化事業に関わる動きをとっていたが、そうした活動の途上で、上海の街を走る営業用の人力車とそれを引く車夫の生活に取材してブロッホが制作した木版画に、日本語ならびに中国語表記の詩的な解説を施していったのである。したがってこの書物は、正確にはブロッホと草野心平両者を著者とする、共同詩画集であると言うべきであろう。この本を実際に手にしたことが、私をブロッホの芸術と人生をめぐっての旅に向かわせるきっかけとなったのだった。

いま、振り返るなら、それは随分と長い年月を費やし、地理的空間的な広がりの生じていくものであったし、さまざまな学問上の領域に首を突っ込まねばならない体験を強いられる旅であった。

たとえば、『黄包車』中の詩と絵の関係からは、日本が宗主国の地位に昇りつめていた時期、上海はそこに避難して来たユダヤ人にとっていかなる場所であったかを、史料と実際の街歩きを通して具《つぶさ》に検討する課題が導かれてきたし、その一方では、亡命の途につくまでの本国ドイツにあってのブロッホの足どりが、ナチの掲げるアーリア化政策の下でどのように屈曲した道筋を辿っていったのかという問題についても、一応の見通しを立てていかねばならなかった。また、上海での亡命生活の後には、アメリカにおいてホロコーストを主題とする作品群の制作に取りかかり、かつまた一九七六年の再訪を機にドイツをしばしば訪れるという後半生がブロッホには控えており、そしてそれは、欧米にあって一九八〇年代からさかんになっていたホロコースト研究、それに連なる記憶アートあるいは想起の文化をめぐる研究についての知見を持つことを要請してきたのだった。

これらについての調査と考察を行った結果はこの先叙述していくことになるが、それはけっして完結の域には達していないことを予め断っておく。どの問題に対しても手探りの状態で取り組んでいくほかなく、その道の専門家からすれば考察の不徹底さが指摘されるケースも出てくるだろう。

が、そうしたおぼつかない足どりであっても、曲がりなりにも今日までのそれを支えてきてくれたものとして、私がいま、少しだけ声を大きくして述べておきたいのは、〈上海のブロッホ〉を起点として出発させた学びのプロセスの中で、それまで遠くの方にいた人たちが自分の方へじわじわと、あるいはその反対に突然にと言ってもよい感じで接近してきて、彼そして彼女たちの歩んで来た人生の前に、自分自身が生身のままさらされたのは、とても貴重な体験になり得たということだ。それに加えて、そのようにして関係者とのつながりが深まっていき、彼らから提供された情報が増えるにしたがって、自分がどうしてもその場所に行き、その地の現在を自分の目で見てみたいという衝動に突き動かされて、実際にそういった行動をとったことが、学術的に何かを達成できたという類いのものとは異なった、ある種の充足感や高揚感を与えてくれたことも、私は大切にしたいと思っている。

つまり、そこにはブロッホ当人が、まずは屹立している。二〇〇二年に彼が亡くなるまでのほんの一年余りの短い期間における、わずか三度の手紙のやりとりではあったが、ごつごつした筆致のブロック体の文字を通じて、彼の肉声をすぐそばで聞くことができたような気がした。彼が上海時代を想起する時、そこに欠落したものがあることを聞いて、それを埋めるのに役立つ資料、情報を提供して喜ばれたこともあれば、その一方で、上海ユダヤ難民と彼らを管理する日本人との関係についての公式的な歴史像の枠からはみ出していく感のある個人的な体験を聞かされて、その解決の糸口をどう見出したらよいのか、とまどいを覚えたこともある。そのことについて、可能ならばもっと踏み込んだ言葉のやりとりを行いたかったのだけれども、その機会が訪れるのよりも早く、ブロッホは逝ってしまった。彼が最後に寄こしてきた手紙には、二〇〇二年を迎える祝いの言葉とともに、デージーやアネモネに似た花々が挿し込まれた、銃弾で穴の開いたヘルメットが、中国の祝い事で用いられる「福」の字が貼られた棚から吊るされているといったオリジナルの木版画が、"PEACE"の文字も添えて同封されていた(図1)。

そして、ブロッホの娘のリディア・アベル氏との出会いが、何よりも私のそれからの動き方や思索のありかたを決定づけた。ダッハウでの展覧会を観終えた翌日、ニュルンベルク

図1
2001年12月12日付ブロッホの著者宛て書簡に同封されていた木版画

（Nürnberg）に移動して、その街で夫と暮らしている彼女と初めて会ったのだけれども、初対面の私の前で父の追憶に浸りながら、やがて堰を切ったかのように、彼女の母とブロッホとのつながり、そしてその愛する女性との別れを決行したブロッホが、それから五〇年が経過して初めて自分の前に現れた時の心の震え、さらにまた、その時にはすでに亡くなっていた母とともにそれまでに歩んで来た自らの足どりといったものを、アベルさん（と、これから先では、多く「さん」付けで呼ばせてもらうことにする）は語り始めたのだった。巨大な歴史の進行に巻き込まれ、翻弄されながら、それでもなお自分の力で自分の人生を紡いできたことの証の前に立たされて、何かしらの識見でもって対応することなどは愚かだと感じた私は、言うべき言葉などほとんど見出せなかった。ただ、その代わりに、こうした歴史の語り部の発した言葉に少しでも寄り添い、個としての人間が自らの置かれた歴史のうねりの中で、何を喜び、何を悲しみとして生きてきたのか、そしてまた、その人たちはどんな失意や苦悩を経験し、どんな智慧や勇気を拠り所としながら自分自身の人生をまっとうしていくのかを理解しようと試みることが、私自身が生きて行く上での糧になるのではないかといった啓示を与えられていたように思う。このことについては本書の終章で詳しく述べるつもりだ。

　それ以来、彼女との連絡、交際は今日まで続いている。その過程では、亡命先の上海でブロッホが出会って結婚した中国人鄭迪秀とアベルさんとの間に生まれた愛情のやりとりがどんなものであったかを知らされ、迪秀の生地である浙江省海寧市の硤石鎮《きょうせきちん》（シアシーヂェン、xia shi zhen）を訪れもしたし、現在もその街で暮らしている彼女の親族との交流の中から、今度はブロッホ―アベル―彼女の生母であるマルタをめぐるドラマのみならず、父の反対を押し切って、遠い異国から流れて来た人間とともに生きることを決意した、鄭迪秀の物語が立ち上がるのを覚える出来事もあった。

そして、すでに八〇歳を超えたアベルさんとの再会を果たした二〇一七年夏のドイツ再訪と、その翌年の夏の三回目のドイツ行きとでは、彼女と行をともにする形も含めて、ブロッホの人生が刻印された土地を巡り歩いた。その結果、二〇〇四年の初めてのドイツ行きの折には、ほぼ通常の観光ルートに沿う見物しかできなかったミュンヘンも、ブロッホの美術家としての出発期に、ナチズムの暗い影が否応なく差してきた場所として見えて来たし、「絵による私の履歴」の画像を通して想像していた彼の生地フロスは、町中の小高い場所にあるシナゴーグや彼の生家の前、あるいは町外れにあるユダヤ人共同墓地の中で語りと沈思を繰り返すアベルさんの姿を通して、ブロッホという人物をそれまで以上に生き生きと感じられる、忘れ難い場所となっていった。同様に、幼くして聾啞となった少年ブロッホを温かく迎え入れたチューリンゲン地方の小都市イエナの、それから一世紀以上が経過して目にする、澄明な空と光に包まれた街の全景も、やがて彼が得意にしていく水彩画の質感を思い起こさせるものとして、私の心を浮き立たせた。

以上を前書きとして本論に入るが、最初のうちは、私がブロッホと出会うきっかけとなった上海の地を中心とする彼の動向に関する叙述が、大半を占めることになるだろう。が、やがて文の運びは、そこからドイツへと及んでいき、中国の硤石鎮やブロッホ晩年のアメリカでの活動を間奏曲として組み込みながら、最後にはもう一度ドイツに戻って、いま紹介してきた自分が巡りあった人、絵画、光景との内的対話を前面に押し出すといったふうに、そのトーンを変えていくであろう。換言すれば、本書はブロッホという美術家の一生を、彼の言行に沿いながら時間軸を重視し、いわゆる精確な評伝としてまとめていくことのみを目標としていない。そうした体裁をとれるだけの資料が集まってくることに優先させて、いまの時点で自分の前に立ち現れてくる、ブロッホと彼を取り巻く人間たちを等身大のものとして受けとめていこうとした時、そこに現れる彼らの人生の大いなる位相に接してさまざまな感情が次第に溢れてきた、そのことの証を書き記しておきたいと思っている。

第I部

ブロッホの上海体験

上海到着2か月後に手がけた人力車のスケッチ（1940年7月）

1　上海租界とユダヤ人

二つのユダヤ人共同体

中国大陸を滔々《とうとう》と流れる長江（揚子江）が形成した江南デルタの上に位置する上海は、アヘン戦争の終結を告げる一八四二年の南京条約によって開港されて以降、長江の支流黄浦江西岸に設置された外国人居留地の「租界」を中心として急速に発展、二〇世紀前半には六〇を超す国籍を持つ人々が蝟集《いしゅう》する中国最大の国際都市として繁栄を極めた。今日、上海の観光スポットの一つになっている、黄浦江左岸に沿う外灘《ワイタン》地区（英語では「バンド（The Bund）」）には、主として一九二〇—三〇年代に竣工された、どっしりとした風格をそなえた石造りの建築物が並び立っており、そこに広がるコスモポリタン的な光景がそうした記憶をよみがえらせる。

こうした多国籍都市上海にブロッホが到着するのは一九四〇年のことだが、それよりも早い段階から、いわゆる難民となっての流着とは異なる形も含めて、ユダヤ人とこの街との関わりは生じていた。

すなわち、アヘン戦争終結後まもなくして、その出自はバグダッドの名家につながり、彼の父はボンベイで大英帝国の庇護の下で商人としての成功を収めていた、いわゆるセファルディ系ユダヤ人（スペインを発祥の地とし、やがてその分布が地中海一帯に広がっていったユダヤ人を称する）のイリアス・サッスーン（Sir Elias David Sassoon, 1820–1880）が来滬《らいこ》し、この都市で最初のユダヤ人コミュニティの礎を築いたのである。香港に次いでサッスーン商会の上海支店を創設したイリアスは、当初はアヘン貿易、その後は金属や棉《めん》織維の取引ならびに不動産事業により莫大な利益を上げていくが、商会のこうした進出と事業の拡大に伴って幹部職員やその家族も上海に移住、彼らの住居をはじめとして学校、病院、ユダヤ教の会堂であるシナゴーグが整備されていった。当初サッスーン商会の一員であった、ハルドゥーンやカドゥーリが新興財閥として頭角を現してくる二〇世紀初めになると、共同体の成員数は八〇〇人から一〇〇〇人ほどになった。サッスーン商会の事業は、イリアスの孫のエリス・ヴィクター・サッスーン（Sir Ellice Victor Sassoon, 1881–1961）に引き継がれた頃に最盛期を迎え、同財閥は上海の経済界を牛耳っていくが、それを視覚的に告げるものが一九二九年に竣工された財閥のオフィス、サッスーン・ハウスである。五階から一〇階までが上海屈指のホテル（＝キャセイホテル）として利用され、サッスーンの自室は最上階にあったという。この建築物の頂に設えられた緑色のピラミッド形の屋根は、今日でも一際目立って、人々の目を惹きつけている。

他方、ユダヤ人の中には、ロシアや中・東欧出身で一般にイーディッシュ語を使用するアシュケナジイ系ユダヤ人もいるが、彼らの上海への移動には、一九世紀末のロシアで起こった反ユダヤ運動（ポグロム）と、一九一七年のソビエト革命政権誕生とが関与している。帝政ロシア側に立った白系ロシア人が革命政府の追及から逃れたように、この時期帝国の領土内に住んでいたアシュケナジイ系ユダヤ人の一部は、シベリアを経由して中国に入った。当初、彼らの多くが選んだ居住地はハルビンであり、その先を目指す者は少なかったが、一九三一年の柳条湖事件（満洲事変）に端を発した日本軍の中国東北地方への侵攻がこの状態を変化させる。「満洲国」という金看板は掲げられたものの、そこでの生活不安が増すばかりの現実は彼らを南に向かわせ、一九三〇年代半ばの上海にあって、また新たなユダヤ人共同体が出来上がる。

このアシュケナジイ系に属する人たちのコミュニティは、それが作られた地域も、その構成員の階層や生業も、セファルディ系のそれとは異なっていた。つまり、財閥や富裕層に代表されるセファルディ系の人々が上海経済の心臓部であるバンド一帯に活動拠点を据えたのに対して、アシュケナジイ系のユダヤ人はそこからやや隔たった、租界の行政区分で言うと「フランス租界」方面に集住し、レストラン、食料品店、書店、洋服店などの自営業を中心とする生活を営んだのである。

以上、やや迂路を辿ったが、こうしてセファルディ系ユダヤ人とアシュケナジイ系ユダヤ人の共同体が、それぞれ上海で共同体を築いていったのに次いで、ナチの迫害を逃れたユダヤ人が、ドイツ・オーストリア方面から大挙してこの都市に押し寄せてきたのである。

亡命ユダヤ人の流着

上海バンドの北端、黄浦江に注ぎ込む蘇州河には、上海を歌った戦前の日本の流行歌の歌詞中にその名をよく見かける「ガーデン・ブリッジ」(中国語表記＝外白渡橋)が架かっている。その橋を渡って東進、これも黄浦江に流れ入っている虹口クリークを越えてさらに東に一・五キロほど進んだところに広がるのが提籃橋と呼ばれる街区である。戦前には日本郵船株式会社の定期旅客船長崎丸、上海丸の停泊地だった匯山《わいざん》碼頭《マトウ》がすぐそばに控え、現在は上海市によって「歴史文化風貌区」に指定されているこの地域が、ナチから逃れてきたユダヤ難民が生活を始めた場所だった。

この蘇州河以北、黄浦江に沿った共同租界の東端に位置する地域は「楊樹浦《ヤンジッポ》」とも呼ばれ、それ以前から倉庫や紡績工場が連なり、労働者たちの集合的家屋は塵烟《じんえん》にまみれ、華やかで繁栄した国際都市上海とはうらはらの雰囲気を漂わせていたが、一九三七年の第二次上海事変の際に繰り広げられた日中両軍の戦闘によって甚大な被害を蒙り、ユダヤ難民が陸続と上海に流れ込んでくる時点になっても、至るところに戦闘の生々しい傷跡が残されていた。

したがって、そこでの生活環境はけっして良好ではなかった。たとえば顧暁鳴主編・唐培吉等著『上海猶太人』（一九九二年八月、上海三聯書店）は、その間の事情について、フランス租界方面と比較すると物価は三〇％、家賃は七五％ほど楊樹浦地区の方が低かったと指摘している。

けれども、着の身着のまま同然の状態で到着した者が少なくはない難民たちにとって、それを気にかけていく余裕などない。一九三八、三九年をピークとして、ユダヤ人のドイツ国外移住禁止令が出された一九四一年一〇月までに、上海に辿り着いた亡命者の多くはこの地に集住していく（**図1-1**）。すなわち、ある者は上海欧州ユダヤ難民救助委員会（The Committee for Assistance of European Jewish Refugees in Shanghai、略称CFA、一九三八年一〇月設立）が提籃橋付近に随時開設した共同宿泊施設「ハイム」（Heim）に入り、それより少し金銭的に余裕のある者は、土地の言葉で里弄《リーロン》と呼ばれる長屋式家屋の中の一室を中国人や外国人の家主から借り受けるかして、上海での生活を始めていったのだった。

「ユダヤの悲しい楽園」

このように、経済的な基盤のない人々の生活は困難の中に始まったが、石鹸や絨

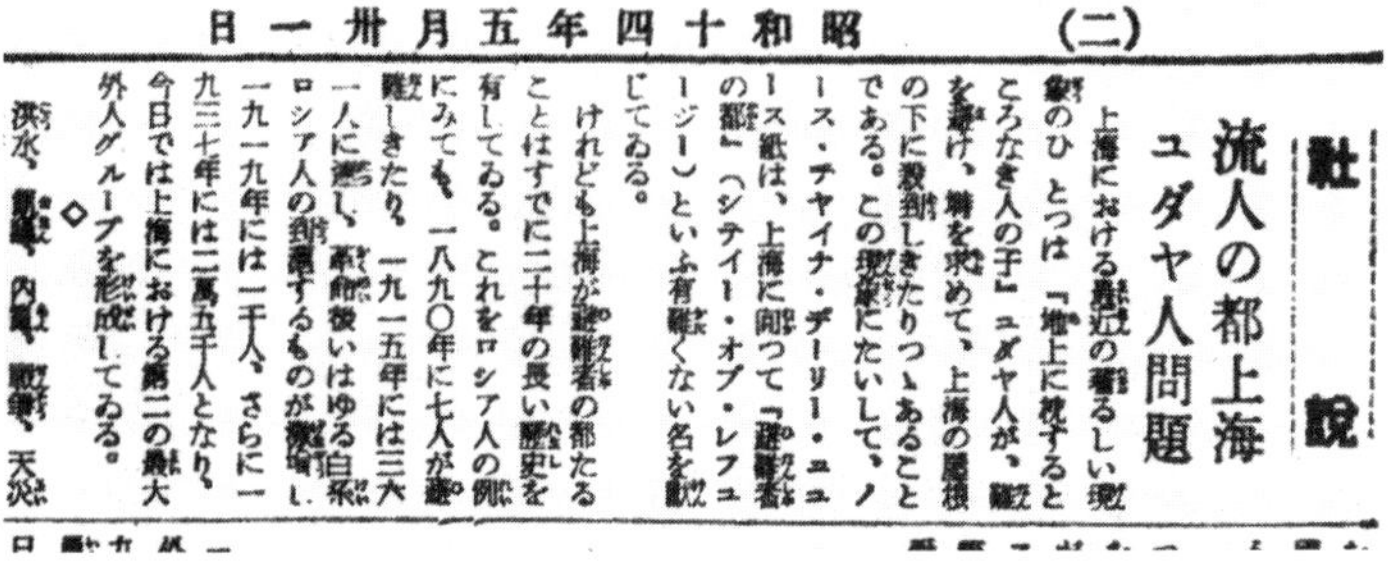
(二)　昭和十四年五月卅一日

社説

流人の都上海
ユダヤ人問題

上海における最近の著るしい現象のひとつは『地上に枕するところなき人の子』ユダヤ人が、難民を避け、職を求めて、上海の屋根の下に殺到しきたりつゝあることである。この現象にたいして、ノース・チャイナ・デーリー・ニュース紙は、上海に向って『避難者の都』（シテイー・オブ・レフュージー）といふ有難くない名を献じてゐる。

けれども上海が避難者の都たることはすでに二十年の長い歴史を有してゐる。これをロシア人の例にみても、一八九〇年に七人が避難しきたり、一九一五年には三六一人に激増し、革命後いはゆる白系ロシア人の到来するものが激増し、一九一九年には一千人、さらに一九三七年には二万五千人となり、今日では上海における第二の最大外人グループを形成してゐる。

◇

洪水、戦争、内乱、飢饉、天災

毯を売ったりして当初の生計を支え、かつまた、上海租界行政全般を司る工部局が事変後の荒廃した虹口地区の復興を企図して、同地区の商店や住宅の修復に用いるための金の貸し付けを行う規定を打ち出したことにも助けられて、ユダヤ人たちはこの地域を自分たちが好む生活環境に少しでも近づくものへと作り替えていった。その証を、上海を舞台にした小説で、一九四一年度上半期芥川賞を受賞した多田裕計「長江デルタ」の本文中に求めるなら、「日本航路の発着する匯山碼頭の近くへ来ると、半壊のコンクリートの工場跡が立っている。その向うに、我々は突然に清潔で明るい、地中海の匂いのする童話の国のような不思議な商店部落を発見する。これがユダヤの悲しい楽園なのだ。遥かに海を渡ってきた一群の放浪民族は、ここに上陸すると、まだ戦争の煙の立ち上っている土の上に、石の破片を彼等特異の建設的な頭脳と美学で組立てて、虹口の日本人地帯よりも見目美しい西洋風な街路をたちまち造ってしまったのだった」という一節を見出すことができよう。

そして、この叙述を実際の地誌に当てはめてみるなら、日本租界との通称があった虹口地区の東端にある提籃橋を起点として、その周囲に延びる匯山路（現・霍山路）、華徳路（現・長陽路）、舟山路などのほとりには、簡素な中にもヨーロッパ風の造りや構えを持つ住居と小店舗が立ち並び出し、レストランやカフェ、バーなども営業を開始、「リトル・ウィーン」（Little Vienna）と呼ばれる一角も出現したのである。また、文化的活動・施設の面においても、ヨーロッパユダヤ

図1-1
上海へのユダヤ人流入を伝える現地日本語新聞記事
（「大陸新報」1939年5月31日）

人芸術家協会（European Jewish Artists Society、略称ＥＪＡＳ）がプロモートするコンサートや演劇が、匯山路沿いにあったブロードウェイ・シアター（Broadway Theatre、百老匯大戯院）や茂海路（現・海門路）沿いのイースタン・シアター（Eastern Theatre、東海大戯院）で開催されるとともに、ちょっとしたホールやクラブ、カフェやハイムでも、アマチュアに属する人々の参加する大小さまざまな催しが盛んに行われた。

それに加えて、楊樹浦で新たな街の建設に励む人々の姿を伝えようと、現地ユダヤ人スタッフが手掛けたドキュメンタリー映画の製作に、日中合弁の映画会社である中華映画会社（中国名＝中華電影股份有限公司）が協力する動きも生じていった。一九三九年一二月一六日の現地日本語日刊新聞「大陸新報」夕刊には、それに関する写真入りの記事が載った。映画の題名の記載はないが、当時この街の映画工作に関わった人々（清水晶、松崎啓次、辻久一ら）の回想によれば「祖国を追われて」（*Under Exile*）だと思われる。

このように、楊樹浦から提籃橋にかけて彼らのコミュニティが作られていった初期の頃、文化的活動も含めてユダヤ人難民の生活にいくらかの潤いがあった背景には、一九三八年一二月の五相会議（首相近衛文麿はじめ外相・陸相・海相・蔵相による会議）で決定された「対猶基本方針」の存在もあったと考えられる。すなわち、「現在日、満、支ニ居住スル猶太人ニ対シテハ他国人ト同様公正ニ取扱ヒ之ヲ特別ニ排斥スルガ如キ処置ニ出ヅルコトナシ」という条項があるように、ナチス・ドイツがとったそれとは違い、友好的とまでは言えなくても比較的寛大な措置を、その支配地域に流入して来たユダヤ人に対して日本がとろうとしていることが確認できる。また、現地にあっては、ユダヤ人問題のエキスパート的な存在であった犬塚惟重《これしげ》海軍大佐を機関長として、三九年四月に上海海軍武官府内に設置された「犬塚機関」が、難民たちの生活をある程度庇護する方針を打ち出したことも、このことと関係している。多くのユダヤ人指導者層を自国内に抱え、日本の南進政策に反感を募らせていくアメリカとの対立を緩和するためという政治的意図が背景にあったとは言え、劣悪な生活環境下に置かれたユダヤ難民子女を、軍当局が市中心区に収容、保護する動きもとられたりした。

2 行動するブロッホ　一九四〇、四一年

コンテ・ロッソ号から見たもの

　さて、本書の主人公、ブロッホが上海に着いたのは、前節で述べたような状態にユダヤ難民が置かれていた一九四〇年五月だった。それより一年半ほど前にダッハウ強制収容所に収監されたことをはじめとする、ブロッホのドイツ時代についての考察、それと関わる彼の作品の紹介は、私がダッハウで行われていたブロッホ展を観るため、そしてニュルンベルク在住のアベルさんと会うために初めてドイツに赴いた時のことを振り返る際に行うことにして、まずは彼が亡命の途についたところからの動きを追っていこう。

　その当時、ユダヤ人のヨーロッパからの脱出経路の一つとしてあったのが、船舶を利用して地中海を横断するそれであった。一九四〇年四月一二日、イタリアの船会社ロイド・トリエステーノ社の所有船コンテ・ロッソ（赤の伯爵）号はヴェネチアを出航、ブロッホは船上の人となる。総トン数一万七〇〇〇トン余りのこの旅客船は、地中海を渡り、スエズ運河を抜け、アラビ

写真1-1
ブロッホが乗船したコンテ・ロッソ号

ア半島に沿って紅海を南下、インド洋に出た後は、シンガポール、マニラ、香港に寄港し、予定としては二十数日後に目的地上海に着くだろう（写真1－1）。

いま私の手元には、アベルさんから提供された、航海中のブロッホ当人を撮った写真がある（写真1－2）。デッキ上の船具に腰を下ろし、サングラスをかけた彼は白い歯を見せて笑っている。ようやくにして得た解放感に浸っているようにも見える。磊落《らいらく》な笑いと言ってもいいかもしれない。

この船旅の最中にブロッホが水彩で描いた風景画は、のちに上海での展覧会に出展されたが、現時点でそのうち三点の作品を、これもまたアベルさんのご厚意により確認することができた。今日まで公開されていないこれらの作品を、彼女の快諾を得て写真版として掲げ（口絵9）、それぞれについて若干のコメントを付けておこう。

一枚目は、スエズ運河の北端にあり、運河の開通（一八六九年）後に交通の要所として急速に栄えたポートサイドの港湾風景を描いたものである。画面右下には“16. APRIL”のサインが認められる。ヴェネチア

を出港した四日後であり、地中海の旅は順調に進んだのであろう。

　次はスエズ運河航行中に描いたもの。全長一六四キロの運河のどこかの風景をスケッチしたものだが、夜が明けてまもないのか、それとも日没が近づいた頃なのだろうか、淡紅色のグラデーションによってやわらかい美しさが生じている空の色が印象的だ。

　そして、三枚目の作品に描かれたアデン湾の光景は、アラビア半島の南端に位置するこの港湾都市の風土的なたたずまいをたしかに伝えてくる。雲の切れ目から覗く空の少しくすんだ青色に目をやれば、暑さの絶頂を迎えるにはまだ間があるといった気がしてくる。が、インド洋から吹きつけてくる風がもたらす熱気は、やはり空気の中にこもっているようだ。港の背後に聳《そび》える山の、ところどころ黒ずみ、全体としては赤茶に焼けた岩肌が、そうした自然の苛酷さを伝えてくる。しかし、それは陸地でのこと。画家が海の水を彩色するのに用いたエメラルドのそれに近い緑色は、画面全体の色調に変化をもたらし、そこだけ生色が取り戻されている感を与えてこな

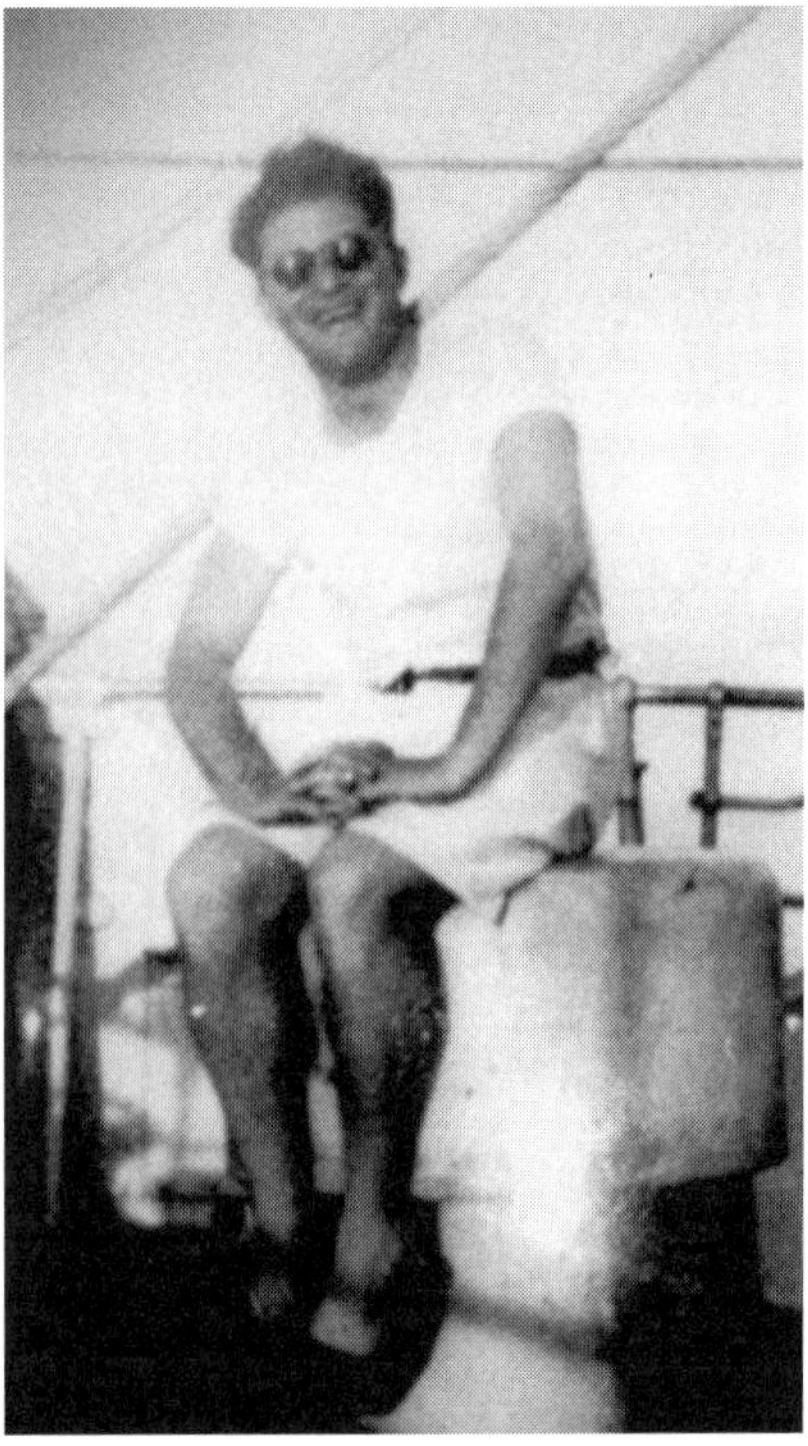

写真1-2
デッキ上のブロッホ

いだろうか。

ところで、古くから紅海、インド洋航行の要衝の地であったアデンは、それ以前から海軍基地をここに設けていたイギリスが、一九三七年にアデン植民地としてインドから切り離して以降、軍事的、経済的な植民地都市としての機能をさらに強化させてきた港湾都市でもあった。ブロッホが乗ったコンテ・ロッソ号は、たぶん四月二〇日前後にそこに寄港、その後船足を一路インド洋に向けた。

が、それから一月半ほど後、この脱出ルートは断たれた。一九四〇年六月一〇日のイタリアの対英・仏宣戦布告によって、一般船舶の地中海航路が封鎖されたからである。同月一三日付、上海で発行されていた邦字新聞「大陸新報」の紙面には、「伊空軍アデン〔紅海入口〕爆撃」の活字が躍った。まだヨーロッパに留まっていて、彼と同じ行程をとろうとしていた同胞の生の可能性はこれによりまた一段と狭められ、その少し前、船上のブロッホが、甲板上を吹き渡る風と頭上から降り注ぐ陽光のもとでスケッチの愉楽に浸っていたアデンは、爆音と硝煙の中に掻き消されていったのだった。

フランス租界で暮らし始める

ブロッホの乗ったコンテ・ロッソ号は、一九四〇年五月九日に上海に到着した。奇しくもその日は、彼の母セルマの命日であった。わが子を出産してから一ヶ月余りでに世を去ったセルマが、自宅に戻れず病院に入っていた時、その心を慰めようとして夫のシモンは嬰児が健やかであることを告げる手紙を送ったが、それを旅装の一隅に大切にとどめて、ブロッホは亡命地上海に到着したのだった。

タラップを降りていく難民のうち、親類や知人の送金に頼って生活を始めていくのが困難な者たちは、ガーデン・ブリッジの下を流れて黄浦江に注ぐ蘇州河の左岸に立つエムバンクメント・ハウス（現・河浜大楼）で事務を執っていた上海欧州ユダヤ難民救助委員会からの指示を受けた後、そのまま同所に入るか、一九三九年以降数ヶ所のハイムが開設されていた提籃橋方面で避難生活を始めていった。

ところで、上海到着直後のブロッホが旅装を解いた場所は、「フランス租界」の一郭であった。租界都市上海にあって、経済活動の中枢的な役割を担うのが共同租界であり、とりわけバンドに林立する銀行や大企業のオフィス街がそれを景観的に伝えてくるとすれば、フランス租界の方は、それよりは小規模な商業活動地域であるとともに、緑に包まれた公園、プラタナスの植わった街路、個人が所有する閑静で広壮な西洋風住宅などが、その土地の代名詞となるような場所であった。

そんなエリアの趙主教路（Route Maresca）のほとりに、ブロッホは居を定めた。現在の道路名

写真1-3
五原路（旧・趙主教路）と、五原路372弄
1-9号のたたずまい（2005年3月撮影）

は五原路。正確な地番は「三七二弄三号」。この情報は、上海に亡命してきたユダヤ人研究に先鞭をつけた元上海社会科学院信息（＝情報）研究所訳審（＝教授）の許歩曾氏から得た。

私が、実際にその場所を訪ねたのは二〇〇五年三月だった。往時はアヴェニュー・ジョッフル（Avenue Joffre）と呼ばれていたフランス租界を東西に走るメイン・ストリートで、現在は上海有数の繁華街の一つに数えられる淮海中路を西進し、常熟路とぶつかったところでさらに西に向かう道が五原路（現在の最寄り駅は地下鉄一号線の「常熟路」）である。淮海中路と比べれば道幅も半分以下、大型店舗やデパートもなく、プラタナスの街路樹が両脇に続いている、比較的閑静な街路を歩いて数分のところに、「金波邨」というなかなか揮《ふる》った名称を記した標識を入口に出した集合住宅地があったのだが、その中の一棟が、ブロッホが上海で最初に住んだ家屋であった（写真1－3）。

往時とさほど外観が変わっていないように思

われ、一号から九号まで各家屋の造作は共通している。二階建ての屋根の上に採光用の出窓が取り付けられていて、ちょっと凝った造りである。許氏が、晩年になって上海を訪れたブロッホ本人から聞き出した話によると、これらの家屋の家主は中国人であったが、落成後二棟を外国人が借り受け、その借家人がさらに他の外国人に貸し出したとのこと。たぶん、ブロッホが住むようになったのは、その時点であろう。食事も提供していたので"Boarding House"（賄いつきの下宿）と呼ばれていたそうである。

日本に赴く

ここで気になるのが、ブロッホの経済事情、生活資金の出どころである。難民たちの多くが彼らの居住地に定めた楊樹浦地区に比べて、物価も地価も高いこの地域で生活を営んでいこうとするならば、それなりの金子が必要なはずだ。当初南米のボリビアへの亡命を考えて出国ビザを申請したが領事館から拒絶されたため、それを断念せざるを得なかったブロッホに上海行きをすすめた、当時アメリカに在住していた異母兄のフリッツをはじめとする血縁者からの金銭的支援があったらしい。アジア・太平洋戦争が勃発する一年半前のことであるから、海外からの送金も、まだそれほど困難な状態にはなっていなかった時期である。

そういう経済的な余裕があったことを示唆することとして、一九四一年早春に、日本への四週間あまりの旅にブロッホが出かけていることが挙げられよう。この時期、上海での亡命生活を始めていたユダヤ人の中で、日本を旅する機会を得た者はどれほどいたのだろうか？　また、ほとんど同じ頃の日本の海港都市神戸に、あの杉原千畝の〝命のビザ〟を手にした者も含めて、ポーランドやバルト三国方面からのユダヤ難民が、シベリア鉄道の終着点ウラジオストックから北日本汽船の連絡船天草丸に乗船して敦賀に上陸するというように、困難な旅を経てようやく辿り着いたことと比べれば、ブロッホのとったこの行動は意外な感をもたらしてくる。が、ともあれ、ブロッホの日本滞留のあらましをわかる範囲で綴ってみよう。

彼は子どもの頃からスキーを愛好していた。例の「絵による私の履歴」の中にも、スキーに興じる少年時代の自分や、ドイツを脱出しヴェネチアの駅に到着した際にスキー板を手にしている自分の姿を描いているが、今回の旅では信州志賀高原と新潟妙高高原・赤倉温泉でそれを楽しんでいる。次いで、東京、日光、箱根、奈良、京都方面も回ったことを、二〇〇一年四月一五日付の私信でブロッホは告げて来てくれていたが、なるほどここでニューヨークにあるレオ・ベック・インスティテュート（Leo Baeck Institute）が編集し、ユダヤ歴史センター（Center for Jewish History）がインターネットで公開している〝Guide to the David Ludwig Bloch Collection, 1981–1997〟（以下「ブロッホ・コレクション」と略記）を閲覧すると、〝NARA HOTEL〟というブロッホの自筆メモが付いている、一九四一年三月七日の「ランチメニュー」（！）をタイプで印刷したものが見つかった。そこに印刷された絵のデザインは、奈良春日大社あたりをイメージしたものであろうか、藤の花房と、台座の部分に鹿の姿を彫りつけた石塔とが組み合わされたものとなっている。

旅行先で描いた水彩のスケッチも何点か残っている。その一つが“Japanese Alps”（日本アルプス）と題する、二月二一日にスケッチされたもの（**図1-2**）。青がうっすらと溶け込んだ白色を基調として、雪を被った連山の光景が描かれているが、その山容は彼がドイツで見慣れていたそれとも通い合うものではなかったか。

東京での写生画もある。三月六日の作で、その日の朝、宿泊先のホテル・ヤシマ（父親からの情報提供をもとにアベルさんが絵の写真版に付したメモでは“Yashima”なのだが、おそらくは「湯島」ではなかろうか）の窓から東京の街路と家並みを望見し、短時間で描き上げたもの（**図1-3**）。緑色を主調とする後景は皇居の方角にあたっているが、

図1-2
「日本アルプス」〔水彩〕
（Japanese Alps, 1941.2.21）

図1-3
「東京街路風景」〔水彩〕
（Tokyo-Strassen szene, 1941.3.6）

ホテルの窓から眺めるだけでは飽き足らなくなったブロッホは、そのまま皇居の近くまで出かけていき、時局柄不審な人物と判断されたら誰何《すいか》される危険を冒して、急いで戸外でのスケッチを済ませたというエピソードも残っている（残念ながら、そちらのスケッチは未見）。ほかに歌舞伎を観る機会も得た。また、ミュンヘンでの芸術学校時代に関心を持つに至った日本の浮世絵木版画、とりわけ東洲斎写楽の作品を入手する。具体的な美術書の書名や購入時期がすべてその折であったかどうかは不明だが、ブロッホからの私信には、自分は写楽の本を三冊手元に置いているとの言葉も記されている。

郎静山撮影個展

このように、日本語のやりとりができない外国人として、また、それに輪をかけて聾唖であるが故に、コミュニケーション・ツールの確保に難渋する場合もさぞあっただろうに、ブロッホはかなりの収穫を日本の旅で得たようだ。こうした彼の能動性は、芸術家としての道を歩んでいくにあたって、美の渉猟にあっては常に貪欲な姿勢を貫いていこうとする精神や、安定した将来のヴィジョンが約束されていない亡命者として、いま自分が生存しているこの一瞬一瞬の時をかけがえのないものとして享受していこうとする思いによって支えられているのではないか。そして、その傾向は上海に戻っても、継続していく。

レオ・ベック・インスティテュートの「ブロッホ・コレクション」中には、一九四一年の前半に集中して、当時の上海で開かれた芸術的イベントに関するカタログやプログラムが三点入っている。ブロッホによる書き込みが認められるものとそうでないものとがあり、本人の証言も残されていないのだが、彼がそれらの会場に足を運んだであろうという蓋然性に基づいて叙述を進めていくことにする。

その一つ目が、写真家郎静山の第一四回撮影個展のカタログである。会場は、バンドを起点として始まる、共同租界のメイン・ストリートの南京路にある大新公司（Sun Company）、開催期間は三月一一日から一六日まで（ブロッホが出かけたとすれば、日本から上海に戻った直後だろう）。ついでに言えば、それよりかなり以前の一九二七年、南京路七三号にはアシュケナジイ系ユダヤ人で写真家のサム・サンゼッティ（Sam Sanzetti、名前の発音を中国語で表記すれば沈石蒂）が上海美術照相館（「照相」は「写真」の意）を開設、営業を始めていた。

一八九二年に江蘇省で生まれた郎静山は、一九二八年に華社（中華撮影学社）の設立に参加したのを皮切りに、「時代」や「良友」といった上海のビジュアル系雑誌ともコンタクトをとり、国際写真コンペにもしばしば参加、一九九五年に没するまで生涯現役、集錦技法（フォト・モンタージュ）と伝統的な山水画の趣とを調和させた風景写真を撮り続け、現代中国芸術写真の普及と発展に多大な功績を残した写真家である。一九四一年時点での個展開催数が通算で「第一四回」であることからも、その精力的な活動ぶりがうかがわれるが、展示作品の大半は、自らが出向いた中国各地への旅の産物であった。カタログ冒頭の「序文」で、写真家は、自分の写したものが「美しく、静かで、安らかな情緒に満ちた、私の魂の憧れわたる土地の光景である」と述べているが、そのように説明された作品群は、ジャンルの相違こそあれ、水彩を通して眼の前にひろがる風景の持つ質感を捉えることを目標の一つに置いているブロッホにとって、何かしらの刺《し》戟《げき》を与えなかっただろうか。

たとえば、写真本体は確認できないが、「序文」に続けて掲載されている作品タイトルと解説文の中から、“The Sentinel”の場合を取り上げて考えてみたい。まず、ここでの“Sentinel”が、語義通りの番人や見張りといった人間を指すのではなく、ある仏塔(Pagoda)の擬人的表現であることを確認しておく。写真家は、銭塘江の上流、杭州から南昌に向かう途中にあって物資の集積港ともなっているLanchi(蘭溪)の町の近くで、それを目にしてカメラに収めたのであるが、その折の印象を、この仏塔がまるで町を守る年老いた番人のように、青い空に向かって聳え立っていたと記している。

そして、郎静山のそうした言葉をなぞるかのように描かれている印象を与えてくる水彩画が、ブロッホの作品中にもあるのである。そのタイトルは「塔と墓」。斜面一帯が墓地となっている丘の上に仏塔が立っている光景を、麓の方から見上げてスケッチしたものだ。時間的には随分後の一九四七年に、場所も浙江省海寧の硤石鎮近辺で制作されたものだから、郎の写真との間に直接的な因果関係はない。が、構図的な面から類推した時、ブロッホの水彩画に描かれた仏塔の方も、何やら古参の斥候兵《せっこうへい》のように映じて来て、そこから自然と人事が溶け合った、朗の写真が醸し出す雰囲気に接近する一種の気韻や生動感が立ち上ってはこないだろうか。

国楽演奏会と現代絵画展覧会

次いで、ブロッホが赴いたと推測されるのが、四月八日の晩に蘭心大戯院《ライシャム・シアター》（Lyceum Theatre）で行われた国楽演奏会である。この催しを主催した国楽研究会は、礼楽に端を発し、芝居と手を携えて変遷を遂げてきた中国伝統音楽の保持と普及を図るためにこの一九四〇年に設立された団体で、顧問の一人には一九三一年から上海に定住し、それ以前の代表作である「北京胡同」、「琴心波光」に加えて、「香篆幻境」、「古刹驚夢」といった中西融合の音楽劇の制作と上演によって斯界《しかい》の注目を集めていた、ロシア出身のユダヤ人音楽家、アーロン・アヴシャロモフ（Aaron Avshalomov, 1894–1965）がいた。

一方、演奏会会場の蘭心大戯院は、イギリス人の演劇愛好家たちによって一八六六年にバンドに近接した円明園路で開場、一九三一年にその第三代としてフランス租界の邁爾西愛路（Route Mercier、現・茂名南路）と蒲石路（Route Bourgeat、現・長楽路）が交わるところに移転してきた、由緒ある劇場である。そして、一九三〇年代半ばから四〇年代前半にかけては、共同租界行政の中核を担う工部局に属する工部局交響楽団（一九四三年の租界消滅後は、上海音楽協会の傘下にある上海交響楽団）の演奏会、革命後のロシアから流れてきた舞踏家たちが旗揚げした上海バレエ・リュス（Shanghai Ballet Russe）による「コッペリア」、「白鳥の湖」といったロシア・バレエの上演、さらには中国旅行劇団や上海聯芸劇社をはじめとする、中国演劇界の近代化の実現を目指して組織された話劇団の公演もさかんに行われるなどして、上海劇場文化の一大拠点となった。

さて、その劇場で当夜は「漢宮秋月」、「潯陽夜月」など、全部で一一曲が奏された。琵琶、揚《よう》琴《きん》、鐘、鼓、二胡による合奏もあれば、洞簫《どうしょう》と呼ばれる吹奏楽器の独奏もある。ブロッホは場内に響きわたる旋律や、自分に迫ってくる空気の波動を、全身これ〈耳〉にして受け容れていったのではないか。それに、平劇「覇王別姫」中にある「虞姫舞剣の一場」や、古代神話に基づいた物語としてよく知られる「嫦娥奔月」を脚色した「帯の舞」といったパフォーマンスもあって、そちらの方もブロッホの〈目〉を楽しませたであろう。

なお、プログラムは中国語・英語の二種類があるが、後者の方で関係者の名が列記されている頁を見ると、賛助会員のMr. Ning Tse-moh（任悔初）とMr. Dick Huang（王逸才）、出演者（演奏者）のMr. Sung Yue-tuh（孫裕徳＝国楽研究会会長）のわきに「×」のマークがつけられ、ブロッホによる書き込みがある。二つ目の単語の綴りがわかりにくいが、おそらくは“CLOSE

FRIENDS OF MINE”——上海時代にあっての自分の親しい友人たちと記しているのだろう。これらの人物とブロッホとの間にはどんなつながりがあったのだろうか（図1-4）。孫裕徳との場合はその一部がわかった。それについては第Ⅳ部で紹介する。

それから二ヶ月後の六月中旬、郎静山の写真展会場となった大新公司の四階画庁で、今度は中国人の現代美術家たちによる「現代絵画展覧会」が開催された。出品目録によれば、二一名の画家の名と一一五点の作品タイトルが紹介されており、頒布会も兼ねていたのか、出品作の価格がそれぞれ弗《ドル》建てで記載されている。

ここで、上海出身の洋画家で日本とも深いつながりのあった陳抱一（一八九二—一九四五）について触れておく。留学先の日本では東京美術学校に通い、彼と結婚して名前を陳范美と改めた日本人女性の飯塚鶴を伴って帰国、上海北郊の江湾《キャンワン》にあった陳家花園と呼ばれる広壮な敷地内にアトリエを構え、中華芸術大学の設立にも尽力した。大正末年に小説家の谷崎潤一郎が上海に遊んだ折には親交を結び、彼に広東狗（チャウチャウ犬）を贈った。その後、

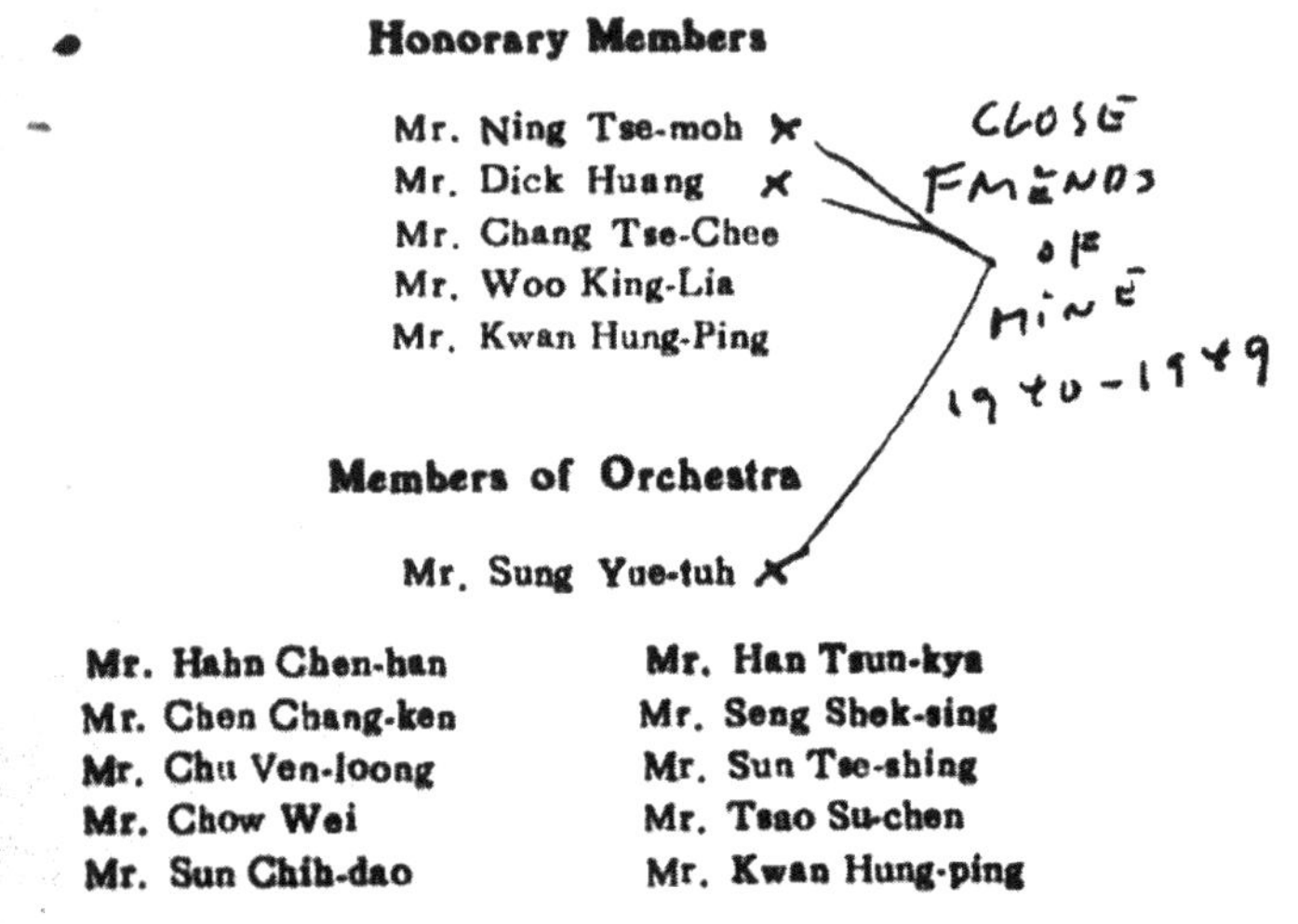
Honorary Members

Mr. Ning Tse-moh ×
Mr. Dick Huang ×
Mr. Chang Tse-Chee
Mr. Woo King-Lia
Mr. Kwan Hung-Ping

Members of Orchestra

Mr. Sung Yue-tuh ×

Mr. Hahn Chen-han	Mr. Han Tsun-kya
Mr. Chen Chang-ken	Mr. Seng Shek-sing
Mr. Chu Ven-loong	Mr. Sun Tse-shing
Mr. Chow Wei	Mr. Tsao Su-chen
Mr. Sun Chih-dao	Mr. Kwan Hung-ping

第一次上海事変（一九三二年）の折に日本軍の砲火によってアトリエを焼失、彼とその妻と娘をモデルとして武田泰淳が書いた短編小説「女の国籍」（「小説新潮」一九五一年一〇月）中の表現を借りれば、「暗鬱な隠者」となって晩年を送り、終戦直前に没している。

　この陳抱一は「現代絵画展覧会」に参加していないが、代わりに中華芸術大学で彼に師事し、留学先の日本でも、陳と交遊のあった有島生馬や中川紀元からも学んだ、關紫蘭という女性画家が作品を寄せている。それ以前に「藤蘿花」（一九三一年）のような明快な色彩と独特のフォルムを持つ作品によって注目されていた關紫蘭は、同展覧会に八点の作品を出品したが、うち四点は「花」、「茨茹花」、「紫菖蒲」、「洋芹花」というように、やはり〈花〉を主題としていた。そして、展覧会目録中「紫菖蒲 Flowers」と印字されている横に、ブロッホは“VANGOGH”との書き込みを残している。言うまでもなく、〝炎の画家〟ヴィンセント・ヴァン・ゴッホのことである。植物を描いた彼の作品中に、「ひまわり」ほど有名ではないが、「アイリス（Iris）」をテーマにしたものが複数あったことが思い浮かぶ。おそらく、關紫蘭が「紫菖蒲」のタイトルで描いたものも、日本で古来から親しまれてきた「あやめ（綾目）」や「しょうぶ（菖蒲）」ではなく、ヨーロッパ・地中海が原産地で、量感ある花弁を持った「ジャーマン・アイリス」の類いだったのではないか。その絵を前にしたブロッホは、題材的な重なりとともに、西洋近代絵画史の観点から評するならいわゆる後期印象派の傾向が、いま、ここで活動している中国人の洋画家の作品

図1-4
国楽演奏会プログラムへの
ブロッホの書き込み

に及んでいることを発見して感興を覚え、こうしたメモを書きつけたのだと思う。

上海租界文化の奥行き

以上、上海到着後一年余りが経過した時点でのブロッホの動きをやや詳しく追ってみた。その結果、美術の枠内に収まることなく、写真展や音楽会にも出向くといった——しかもそれらの主宰者は中国人アーティストでもあった——ジャンル横断的で、異民族との文化交渉にも積極的な芸術家としての行動を取ろうとし、かつまた、その機会に恵まれていた彼の姿が、多少ながらも見えて来た。

おそらく、こうしたことが可能となるには、ブロッホという人格の中に宿っていた能動的な資性が与っていたと思われる。が、それと同時に、当時の上海の街にあった文化的な環境が、この少し後にやって来る戦時下の時代にあってのそれと比べるなら、良好な状態を保っていたから——といった理由も考えられるのではないだろうか。

たしかに、一九四一年ともなれば、第二次上海事変が一応の収束を見てから三年が経過、この中国との軍事衝突で自軍にとって有利な結果を得た日本は、上海統治の力点を軍事的プレゼンスの誇示から、「上海の明朗化」を合い言葉にして、上海の文化界全般に対してのヘゲモニーを掌握することに移しつつあった。たとえば、上海バレエ・リュスによるバレエ特別公演の会場として、同バレエ団の活動拠点としてのフランス租界にあるライシャム・シアターではなく、上海在留邦人の大多数が居住していた虹口地区にあるリッツ劇場が充てられたのである。これが一九四一年五月のことである。

が、その一方、同月のライシャム・シアターでは、"XCDN Calling"と銘打つレビューが連夜の活況を呈していた。すなわち、上海の街頭から選び抜かれたコーラスガールのカラフルで華麗なステップを皮切りに、アメリカで制作されたミュージカル映画の主題歌が歌われ、メヌエット、ガボット、ワルツ、ポルカ、タンゴ、コンガといったさまざまな民族舞踊が舞台で繰り広げられたのである。幕間には世界各地を巡業していた中国人手品師のLong Tak Sam（郎徳山）が登場、観衆をアッと言わせる芸を披露してみせた。こうして劇場内は、ハリウッドやラテンに通じる熱気で満たされていく。自民族の文化をそれが生まれた土地を離れても疑似体験することができ、かつまた異文化との接触もおおらかになされる、そういった上海という街の性格は、まだまだ健在であったといえる。

ユダヤ難民たちの文化的イベントも、この時期はかなり自由が利いていたようで、事前の情宣活動も余念がなく、結構大がかりな形で開かれている。その一つが、ヨーロッパユダヤ人芸術家協会が主催したオペラ風コンサートである。これもまた一九四一年五月一〇日の晩に開かれた。会場は、北京西路一六二三号にあった上海ジューイッシュ・クラブ・シアター（Shanghai Jewish

Club Theatre）であったと思われる。現地発行のフランス語の日刊新聞「ル・ジュルナル・ド・シャンハイ」（Le Journal de Shanghaï、法文上海日報）のその日の紙面には、このコンサートをプロデュースした評論家・ジャーナリストのアルフレッド・ドライフース（Alfred Dreifuss）をはじめとし、上海のユダヤ教堂独唱者の地位にあるマックス・ウォーシャウアー（Max Warschauer）、ソプラノ歌手として同胞の間では知れ渡っているマーゴリンスキー夫人（Irene Margolinski）ら、あわせて七名の出演者・関係者の顔写真入りのポスターが、大きく掲載された。

攻勢を仕掛ける日本

むろん、そうだからと言って、上海ユダヤ難民の文化的な環境が彼らにとって満足のいく形で保証されていたわけではない。楊樹浦で新たな生活を始めた同胞の姿を伝えるドキュメンタリー映画、「祖国を追われて」の撮影が始まったことについてはすでに述べたが、結局、この映画は完成を見ずして終える。それが何時であったか確定できないが、一九四〇年九月にはベルリンで日独伊三国の軍事同盟が調印される運びとなり、その前後にあって同盟国ドイツの排猶《はいゆう》政策への配慮も働いたのではないか。『上海租界映画私史』（一九九五年一一月、新潮社）の著者である清水晶は、くだんの映画製作はユダヤ人の自発性も汲み取りながらほぼ八分通り進んでいたものの、軍から無条件中止の命令を下されて闇の中に葬られたと回想している。

　また、上海で発行されていた日本語新聞紙上におけるユダヤ人の動向に取材した記事を見ても、彼らの存在を卑下した言説が目立ってくる。たとえば、一九四一年七月二七日付「大陸新報」朝刊第二面には、「独ソ戦上海に飛び火／白露とユダヤ／匯山路で数十名大格闘」という見出しを持つ記事が載った。提籃橋地域内の匯山路と舟山路の交差点付近で、三夜連続して起きたドイツ系ユダヤ人と白系ロシア人との乱闘騒ぎを報じたものだが、ことの発端について当該記事は、「匯山路、舟山路の路上に白系側がヒトラーをこき下した文字を大書した為、憤慨したユダヤ側がこの文字を消した処、待ち伏せてゐた白系側が殴りかかつた」と説明しているのだが、白系ロシア人がヒトラーを侮辱したことに対して、彼の率いる第三帝国の専横によって国を追われて来た「ドイツ系ユダヤ人」が「憤慨した」などとは、どれほどの信憑性があるだろうか。もしかすると、いわゆる「同化ユダヤ人」としての屈折した心理がそこに作用していたかもしれないし、両者の間に平生から存在していた、生きていくために必要な仕事の奪い合いからくる反目も起因していたかもしれない。が、記事の書き手はそんなことは考慮していない。彼はユダヤ人難民と白系ロシア人とを同一視しているのだが、そのことも告げた「お互ひに国のない同じ立場にあるものだが緊迫する独ソ戦に興奮してこの乱闘を演じたものとみられる」という結びの一文を読む時、書き手の優越感がのさばり出ていることを感ぜずにはいられない。どこか揶揄めくこの表現は、彼らの争いをその一月前に欧州で火蓋の切られた独ソ戦のカリカチュアとして扱い、それを高みから見下して楽しもうとする心理から生まれているのだろうし、このように当事者性を無視した心理の持ち主にとって、この出来事は〝とんだご愛嬌〟なのだ。

D・L・ブロット「懐かしい日本の風景」

こうした状況の下、ブロッホの名前が上海の活字メディアの上に現れてくる。一九四一年八月二五日付「大陸新報」に掲載された「D・L・ブロット」（「ブロット」は原文通り）の署名入り記事「懐かしい日本の風景」である（図1―5）。この月の一四日から南京路の上海画廊で始まった独立美術協会（一九三〇年一一月に創立された日本人の洋画家団体。第一回独立展を東京府美術館で開催）の上海展を観に行き、斎藤長三の「信濃野面」をはじめとする出品作品の鑑賞を通して、「文化の花の根を腐らす湿気に満ちた上海にゐて、日本の箱根、日光、京都を懐かしく考へる」といった感懐を記した美術随想である。半年前の日本への旅の楽しさが回想されているわけだが、ところで、いったいどういう経緯でこのエッセイは現地の邦字新聞に掲載されたのだろうか。

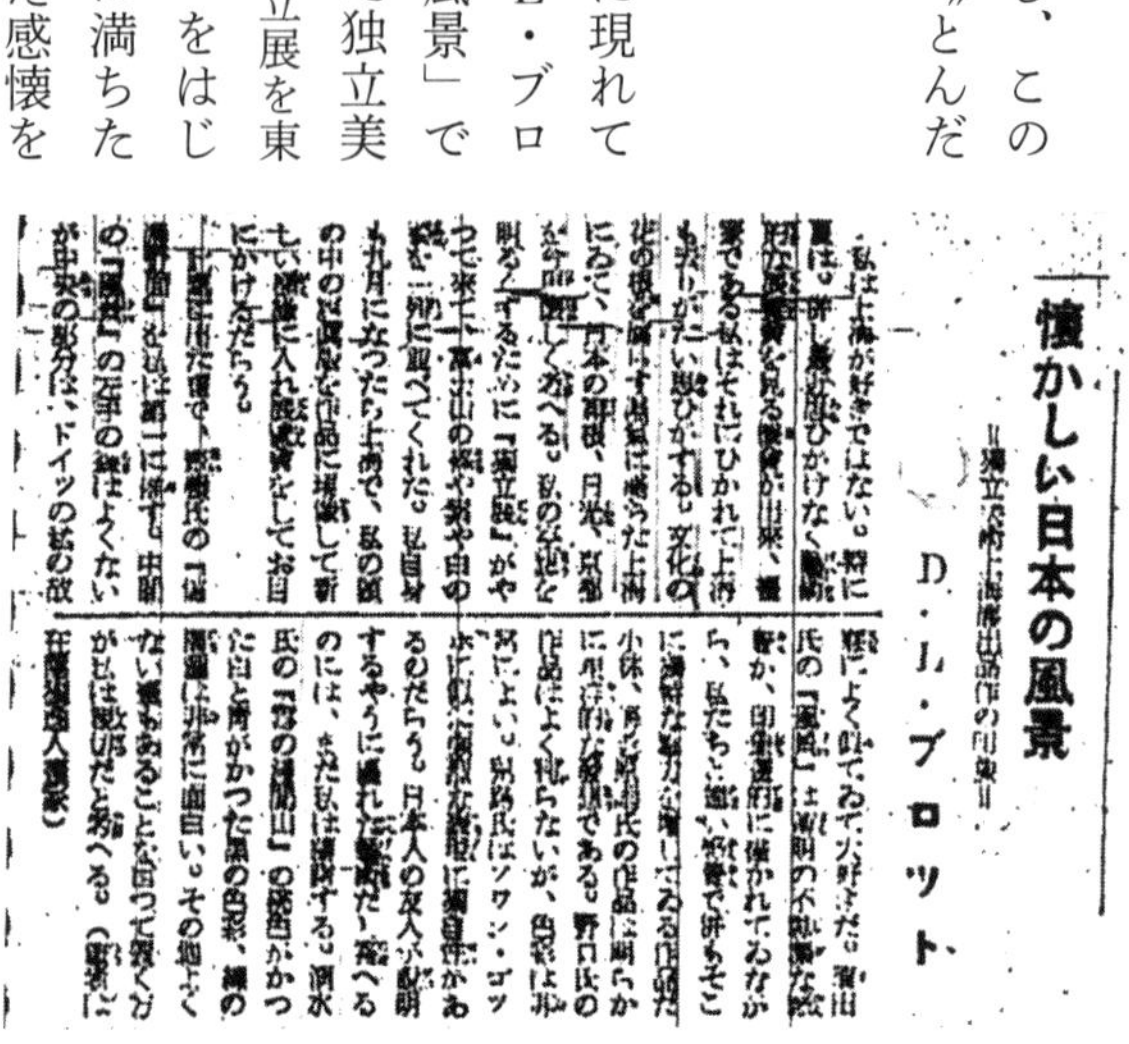
懐かしい日本の風景
D・L・ブロット

当時、東京の本店に対して上海支店の役割を持つ、この上海画廊の経営を任され、銀座の日動画廊から出張して来ていた清野比佐美の「連載・私的絵画の裏面史23」（「みづゑ」一九八一年五月）に、それに関連してきそうな記述がある。前後の回も含めて清野の回想文中には、同画廊に出入りする美術家やブローカーの姿が記されている——たとえば、尾羽打ち枯らした体の陳抱一夫婦も登場——のだが、当該の文章においては、その頃美術評論家と自称するユダヤ人が、ドイツ語原稿を画廊に持ち込んで来たことがあり、その際、満鉄支所（満鉄上海事務所のこと。日露戦争後に設立された一大国策会社の南満洲鉄道株式会社が、上海に事務所を開設したのは一九一一年のこと。その後幾多の変遷を経て、一九三二年には総裁直属の機関として独立、三六年には庶務と調査課の二課を設置、さらに三九年の満鉄全体の調査機関の拡充に伴って三〇〇名の人員を擁するに至った同事務所の存在は、日本が上海での統治体制を固めるにあたって等閑視できない影響力を持っていた）の紹介もあったので、画廊としては仕方なくそれを買い上げて訳し直し、片仮名署名を利用して「大陸新報」に掲載する運びとなったことが回想されている。

ここに出て来るユダヤ人は、持参した原稿の内容が美術評論、文字表記がドイツ語、片仮名署名で「大陸新報」に掲載といった点からすれば、いささか気になる存在に見えて来る。が、ブロッホと満鉄支所とのつながりを証明する資料は、現段階では見つかっていない。したがって、清野のこの回想中に現れるユダヤ人を、ブロッホ本人だと速断するのは難しい。しかし、画廊の

図1-5
「大陸新報」に掲載されたブロッホの美術エッセイ（1941年8月25日）

開設（一九四〇年四月）以降の「大陸新報」を繰っていっても、ブロッホ以外の片仮名署名で記事を寄せたユダヤ人の美術家や美術評論家は見出せないことも事実ではある。

あと一言付け加えると、「D・L・ブロット」の署名入り記事「懐かしい日本の風景」の文末にある筆者紹介は「在滬独逸人画家」となっている。ナチが海外在住ユダヤ人の国籍を剝奪する法（「ユダヤ人の国籍喪失に関するドイツ国公民法第一一令」）を布告するのは一九四一年一一月だから、この表記自体はそれほど問題にせずともよいか。ただ、それとは別に、実際に彼らとの交渉があってから四〇年近い時が経過していても、往時の上海にいた亡命芸術家たちに注がれる清野のまなざしが、「得体の知れない輩」に向けられるものとほぼ重なる印象を持ったものとして、換言すれば、支配者の位置に自らが立つことによって生じるバイアスから自由になりきれていないものとして伝わってきたことは、ここに書きとどめておきたい。

話を戻して、この記事に彼がいかに関わったかについて生前のブロッホにも直接問い合わせたが、それに対しては、「日本人洋画団体を取り上げた私の評論についてあなたがお尋ねのことに関しては、申しわけありませんが、思い出せません」といった返答しか得られなかった。が、ともあれ、ブロッホのエッセイは日本語に訳され、現地上海で国策新聞としての役割を担っている「大陸新報」に載った。そして、そこで発信されたものは、日本のよき文化風土にアクセントを置いている。

結論を急ぐつもりはないが、この事例は、亡命地上海での生活を始めたブロッホが立っている場所を、さまざまな角度から考察していかねばならないことを示唆していると思う。先に私は、美に対する自由な渉猟者としてのブロッホの姿を強調した。が、上海の政治や文化はいったい誰に帰属するのかといった観点を導入した時、いま取り上げているブロッホの仕事は、そうした見方だけでは説明しきれないものを含んでいる。つまり、彼の宗主国日本との対抗関係がいかなるものであったかについて、考えを巡らしていかねばならないのだが、それは彼を単なる被支配者の位置に据え置くことにはなっていかないだろうし、さりとて日本文化に対するおためごかしの称揚といった戦法をとる、したたかな亡命芸術家像を導くことにもならないだろう。おそらくは、上海の歴史的状況を形成するさまざまなファクターがブロッホの裡に入り込んでいて、それらによって存在している錯綜体としての価値判断が、彼の芸術的営為を〈日本〉に近づけていきもすれば、反対に遠ざけてもいくのではないか。と、このようなことをあえて書きつけるのは、このエッセイの掲載から四ヶ月後に始まったアジア・太平洋戦争以後、すなわち日本による上海全域支配以降のブロッホの芸術家としての足跡を追ってみた時、彼が上海に亡命してきた美術家としては初の個展を、くだんの画廊である上海画廊で開いたからなのである。

上海画廊

ここで、上海画廊についても説明しておく。一九四〇年四月、共同租界の中心にあたる南京路二一二号で開業した同画廊は、東京銀座に本店を置く日動画廊の上海支店であるとともに、上海の文化統治を企図していた日本が、美術の分野において設置した橋頭堡としての役割も担わされていた。そのことは、この時期の「大陸新報」に掲載される上海画廊の広告中に、〝東亜の新建設〟という時代の流行語と気脈を通じ合わせた「建設美術館」という標語が出てくることからも察せられるし、上海でのアヘン密売によって莫大な利益を上げ、画廊の開業に際しても隠然たる勢力をふるった里見甫《はじめ》の肝煎りで、日本の傀儡政権としての性格を帯びて南京で発足した（一九四〇年三月）汪兆銘政権の要人たちの肖像画が、この画廊に招聘された日本人画家（矢島堅土）によって制作されたことからも確かめられる。

むろん、にわか仕立ての、鳴り物入りのデモンストレーションの性格を有して始まった事業と経営であったから、気宇壮大ではあっても、実質的にはほとんど成果が上がらず、租界文化に通暁した外国人から冷笑される事態も生じた。たとえば、多くの作品を展覧に供するために、会場をあえてフランス租界内のフランス倶楽部に定め、画廊の開設と期を合わせて開催した「現代日本大家油絵展」（一九四〇年五月）の場合、出品作のレベルの低さが現地露字新聞紙上で皮肉られる始末であったと、前出清野比佐美の回想文は記している。

とはいえ、始めたかぎりは初志を少しでも貫徹させようとする力学も一方では働く。小規模ながらも現地で結成された美術団体の展覧会、団体には属さないがそれなりの知名度のある在留画家の個展が頻繁に開かれた。また、内地の中央画壇との緊密な交流を図るため、独立美術展が一九四〇年八月に開かれたことも見て来た通りである。アジア・太平洋戦争が勃発、上海文化界の再編成が急がれる中、漫画家の可東みの助（一九〇三?—一九四七）の呼びかけに枢軸国側の立場に移ったサパジョウをはじめとする外国人の漫画家が応じて結成された上海漫画倶楽部は、一九四二年には二回、同倶楽部の展覧会を上海画廊で開催した。そして、同年一二月一六日から二〇日にかけて、画廊開設以来、最初の外国人亡命美術家の個人展覧会として開かれたのがブロッホの作品展だったのである。

3 白緑黒個人展覧会の開催と『黄包車』の刊行　一九四二年

ブロッッホ展、上海画廊で開かる

ブロッホの個人展覧会が上海画廊で開催された一九四二年一二月までに、彼が上海に到着してから一年と半年余りが経過している。その間、ブロッホは上海の街中や近郊でのスケッチにいそしむとともに、人力車ならびに人力車夫の生活に取材した木版画の制作も手がけるようになっていた。また、同胞の美術家たちとの共同画展ならびに上海画廊とは別の会場で個展を開いていた。

『ダーヴィト・ルートヴィヒ・ブロッホ木刻集　上海１９４０―１９４９』（"David Ludwig Bloch / Holzschnitte 木刻集 Woodcuts / Shanghai 1940–1949", 1997, Monumenta Serica, Sankt Augustin Germany、以降『ブロッホ木刻集』と略記）を編んだバルバラ・ホスター（Barbara Hoster）、カタリーナ・ヴェンツェル＝トイバー（Katharina Wentel-Teuber）両氏が同書に載せた「ダーヴィト・ルートヴィヒ・ブロッホ　その生涯と作品」（Leben und Werk von David Ludwig Bloch）をはじめとする管見の資料に拠ってその概略を記すと、①一九四〇年一二月一日から三一日まで共同租界の静安寺路（現・

南京西路）にある時代公司で「六人画展」、②一九四一年九月二一日から一〇月一五日まで静安寺路のモダン・ホームズ展示場で初の個展、③同年一一月七日から三〇日までモダン・ホームズとR・サンド家具店展示場で、オランダ出身のユダヤ人画家ハンス・ジャコビイ（Hans Jacoby, 1900–1984）らと、油絵・水彩画・版画の展覧会を開催、という具合になる。彼の活動圏が独立美術協会の上海展を観に行き、日本の風土自然を懐かしむといった点とは別のところにもあったことを示唆していて重要なのだが、残念ながら各展覧会の実態は十全には把握できない。情報はあくまで断片的なものにとどまるが、それでもモダン・ホームズでの個展会場に展示された「パリとウィーンの間」（BETWEEN PARIS AND VIENNA）と題する風景画を例にとるなら、そこに描き込まれた鉄道線路、電信柱、踏切番小屋の配置の妙が一つの物語的な世界を作り上げていると述べてブロッホの才覚を買った同時代評が、現地ユダヤ人コミュニティが発行していた日刊新聞「シャンハイ・ジューイッシュ・クロニクル」中に拾える。

さて、上海画廊のブロッホ展の方は、幸いなことに目録が残っており、それを見れば出品された五〇点の水彩画のタイトルと制作年が確認できる（ちなみに、前年のモダン・ホームズにおける個展に出品された水彩画の数も五〇点であったとの情報がある。仮にその情報が合っているなら、「パリとウィーンの間」がどちらの展覧会にも出品されていることから推して、おそらくは上海画廊の個展会場でも、何点かの取捨選択はあっても、前年の個展で展示されたものがかなり出展されたと思われる。そして、この一年間で新たに制作された作品――目録で制作年が「1942」となっているもの――が、そこに加わったと考えられる）。

各作品のタイトルは英語及び日本語の二ヶ国語で記されているが、以下、便宜的に英語表記のタイトルを先に出し、作品の内容やモチーフが理解しやすくなるとの判断

28	〃 Ⅱ〔上海近郊〕	（1942）
29	AUTUMN〔秋〕	（1942）
30	ZI KA WEI〔徐家匯〕	（1941）
31	WASHING DAY〔洗濯の日〕	（1941）
32	CANAL SCENE〔河〕	（1942）
33	A VILLAGE SCENE Ⅲ〔上海近郊〕	（1942）
34	A GARDEN SCENE〔庭〕	（1942）
35	FLOWERS〔花〕	（1942）
36	THE BUND〔黄浦灘〕	（1942）
37	STILL LIFE（MASKS）〔仮面〕	（1938）
38	A DANUBIAN LANDSCAPE Ⅲ〔ドナウ河上流〕	（1938）
39	CLOUDS AT SUNSET〔夕焼〕	（1937）
40	THE MIDDAY SUN〔昼間の太陽〕	（1941）
41	BETWEEN PARIS AND VIENNA〔パリとヴィアナの間の鉄道〕	（1937）
42	PASSAU ON THE DANUBE〔ドナウ河畔の都〕	（1938）
43	A SUBURB OF SHANGHAI〔上海郊外〕	（1942）
44	THE BOHEMIAN FOREST AT BOGEN〔ボヘミアンの森〕	（1938）
45	CANTON ROAD〔広東路〕	（1940）
46	THE EVENING SUN（DANUBE）〔ドナウ河の夕暮〕	（1938）
47	RIVER BARGES—HAMBURG〔ハムブルクの小舟〕	（1935）
48	CACTUSES〔サボテン〕	（1942）
49	A BUNCH OF FLOWERS〔一束の花〕	（1942）
50	A VILLAGE〔或る村〕	（1942）

CATALOGUE D.L.BLOCH'S EXHIBITION
〔白緑黒個人展覧会目次〕

から、日本語表記の方は原文のまま、その後の括弧内に入れて、目録掲載順に紹介しよう。なお、冒頭の人名表記に「白緑黒」という漢字が当てられているけれども、これは「BLOCH」を上海風に発音した際、それに一番近い漢字を当てはめて表記したものである。三つの文字すべてが色彩に関わるなんて、画家冥利に尽きるといってよい。このたまさかの幸運はブロッホをいたく喜ばせた

1	A DANUBIAN LANDSCAPE Ⅰ〔ドナウ河上流〕	(1938)
2	LANDSCAPE DANUBE〔ドナウ河上流〕	(1938)
3	A FOREST FIRE〔野火〕	(1938)
4	A ROAD THROUGH A FOREST〔森の路〕	(1938)
5	TWO ROADS〔断層〕	(1936)
6	WINTER IN THE BAVARIAN ALPS (LENGGRIES)〔バアバリアのアルプス〕	(1938)
7	AFTER THE RAIN〔雨後〕	(1936)
8	EVENING CLOUDS〔夏の暮(南独)〕	(1936)
9	A BAVARIAN VILLAGE (STRAUBING)〔街裏(バアヴアリア)〕	(1937)
10	A VIEW OF THE DANUBE (PLAINS)〔ドナウの平原〕	(1937)
11	THE BOHEMIAN FOREST AT BERNARDS HOEHE〔ボヘミアの森〕	(1937)
12	THE HARVEST〔収穫〕	(1936)
13	A DANUBIAN LANDSCAPE Ⅱ〔夕の雲〕	(1937)
14	DOROMITA (AUSTRIA)〔ドロミット(北伊)〕	(1938)
15	A SKY IN THE SOUTH SEAS—COLOMBO〔南海の雲〕	(1940)
16	SHIGA HEIGHTS (JAPAN) VIEW OF THE VALLEY〔志賀高原〕	(1941)
17	〃 JAPANESE ALPS〔 〃 〕	(1941)
18	〃 FROM THE HOTEL〔 〃 〕	(1941)
19	SUN FLOWERS〔日向花〕	(1942)
20	GERANIUMS〔ゼラニウム〕	(1942)
21	LAKE CONSTANCE (GERMANY)〔ボウデン湖〕	(1935)
22	EDINBURGH ROAD〔エデンバラ路〕	(1942)
23	A FIELD SCENE〔上海郊外〕	(1942)
24	INSIDE A TEMPLE〔寺の中〕	(1941)
25	LITTLE CORNER OF CHINA〔支那の或る片隅〕	(1942)
26	A STREET SCENE Ⅰ〔上海の街〕	(1942)
27	A VILLAGE SCENE Ⅰ〔上海近郊〕	(1942)

に違いない。展覧会の開催を日・中・英の三ヶ国語で伝えるパレットの形をしたポスターが、それぞれ白・緑・黒の三色を地の色としている点にも、そのことはうかがわれよう（口絵12）。上海での活動を開始して以降、彼はこの「白緑黒」の三文字を装飾的なものにした印（図1-6）を作成、自身の版画の落款として用いるようになった。

郊外のスケッチ

目録中には、ドイツでの画学生時代に制作した作品も多数含まれている。ドナウ河流域を中心にドイツ国内の各地に足を運んでそこで目にした土地の風光を写生したものや、商業デザイナーの職を得て一時滞在したニーダーバイエルンのシュトラウビング（Straubing）の町を描いたものなど、彼と郷土とのつながりを想像させるものだ。一方、「15」の"A SKY IN THE SOUTH SEAS – COLOMBO"はどんな絵だったのだろう。実見はかなわないが、あのコンテ・ロッソ号から眺めて描いたアデン湾の光景に続いて、南海の空と海の色がそこにもきらめいていたのではないか。

そして、上海にやって来てから描いたスケッチの数々。エデンバラ（エジンバラ）路、徐家匯《じょかわい》、黄浦灘、広東路のように写生地が特定できるものもあるが、どう呼ばれているかわからない街裏

図1-6
「白」「緑」「黒」の三文字を用いたブロッホの印

や道端、そしてまた郊外の一郭で目にする畑、人家のたたずまいや中国人の生活風景を描いたものからは、画家ブロッホと〈上海〉とのなまの出会いが感得できそうだ。

そういった印象を与えてくるブロッホの水彩画を四点紹介しよう（**図1-7**）。いずれもリディア・アベル氏が写真に撮って提供してくれたもので、個々の写真に付された作品タイトル（以下日本語訳として紹介）ならびに制作時期を記すと、①「洗濯物のかかっている上海の（民家の）中庭」（一九四〇年一二月一一日、括弧内の表記は大橋が補った）、②「上海の墓地」（一九四一年三月）、③「中国の台所」（一九四二年六月）、④「上海の農家の中庭と落花生を挽く道具」（一九四二年）となる。目録中のタイトル表記との間には若干の違いがあって、正確な対応関係の確かめにくいものもあるが、描かれてあるものの内容から推すに、これらの水彩画が実際には出展されていたと判断してまず間違いないだろう。

洗濯物を干した民家の軒先を描いた絵を観ていると、なにやらそこからは、乾きつつある衣類が放つ、日向臭い匂いが伝わってくるような気がする。黒い瓦で葺いた白壁の家のような形の墓の周りには、むせ返るような草や土の香が広がっている。大きな竈がしつらえてある、土間を兼ねた薄暗い台所、あるいは農家の中庭にぽつんと据え置かれたままの落花生を挽く素朴な器具。今すぐにでも、光線の差し込む戸口や土塀の向う側から、黒い褲子《クーツ》を穿いた主婦や藁帽子をかぶった農夫が姿を現しそうな気配が漂う。私には、画家としてのブロッホが、この土地で初めて目にしたものから受けた新鮮な驚きに背中を押され、やわらかな筆の動きと彩色の際に用いる繊細なグラデーションとを拠りどころに、中国の民衆が発散する生の息遣いへの接近を試みているように思える。そして、そのようにして彼が捉えたものは、会場に足を運んだ人々をして自分たちの生活風景を見直す機会を与えるとともに、吉生の「白緑黒的「黄包車」及水彩画」（「太平洋周報」一九四三年一月一九日）や、丁山の『白緑黒』芸展 水彩画與木刻的個展」（中国語新聞からの切り抜きの形で確認済みだが、出典は不詳、発行時期は一九四二年一二月中と推定）が、それらとともに展示された上海に来るまでの旅の所産である一連の風景画から受けた印象も絡めて、「色彩の用い方などは（中略）明るく楽しげなものとなり、水の効果に至っては非常に大きな進歩がある」、「めまぐるしく変化し、とらえどころのないように見える空が、絵の中に見事に取り込まれている」、「古来、我が国の画人は『万巻の書に親しみ、万里の道を往く』という言葉で芸術に携わる者の心構えを示したが、氏の活動はこの言葉を

図1-7
①「洗濯物のかかっている上海の（民家の）中庭」（Hof in Shanghai mit wasche, 1940.12.11）
②「上海の墓地」（Graber in Shanghai, 1941.3）

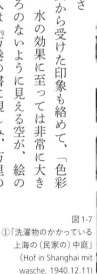

そのまま表している」といった賛辞を贈ったように、一定の評判は得ていったのである。

ブロッホ展開催の意義

ところで、見てきたように上海画廊は、上海における日本の文化統治を実効あらしめる役割を担わされていたのだが、そういう場所で、いわゆる〈文化の建設〉戦といったイデオロギーとはほぼ無縁に思われるブロッホの作品が、アジア・太平洋戦争開戦一年後の時にあたって展覧に供された意義はどんなところにあるのだろうか。ブロッホ展は、この後で取り上げる予定の日本の詩人草野心平との合著の体裁をとった詩画集『黄包車』（一九四二年一二月五日、太平書局）の刊行とほぼ時節を合わせて開かれたので、この書物の発行元の太平書局と印刷所の太平出版印刷公司の経営責任者であった写真家の名取洋之助と、その友人である草

③「中国の台所」
(Chinesische Küche, 1942.6)
④「上海の農家の中庭と落花生を挽く道具」
(Hof in Shanghai mit Erdnussmühle, 1942)
〔すべて水彩〕

野からの働きかけが画廊に対してあったかもしれないが、詳しいことはわからない。

ただ、レオ・ベック・インスティテュートの「ブロッホ・コレクション」中には、同展覧会の案内状がある。しかもそれには、「今般左記の如く木版画及水彩画の展覧会を催すことになりき《ママ》した。在滬独逸人の見た上海の諸容貌を日本人の方々に見て頂き御批評を得んことを祈っております」という言葉で始まる日本語でのそれ以外に、「光臨指教」（「指教」は、自らの活動や作品について他人の批評や助言を請う時に用いる中国語の常套句）の文字のポイントを大きくして紙面中央に印刷した中国語と、“Requests / The Pleasure of Your Attendance of his Exhibition of Water Colors & Woodcuts”と記された英語との三種類があった。多言語都市上海の性格の一端が反映されているような様態だが、そこにはどんな事情が介在しているのだろうか。

じつは、この頃になると、開設当初と比べて画廊の存続意義には翳りが見え始めていたのだった。と言うのも、第二次上海事変からしばらくの間は、中国大陸を活動場所とする従軍画家が頻繁に往来、逗留した上海であったが、米英との開戦により軍の主力が南方に移り、それに従って美術による建設戦の舞台たる「支那」の重要度が薄れてきていたからである。陰のオーナー里見甫の意向もあって、経営責任者の清野は東京に引き上げていたし、画廊の経営は同じビルの階下で営業していたトリコロール喫茶店に移譲されていた。また、在滬邦人美術家たちも互いに何度かの離合集散を繰り返しており、それが上海美術報国会として一元化されるのも、まだ先のことであった。

　こうしたことをふまえて、前記案内状の文面も含めてブロッホの個展開催が持ち得た宣伝効果を想像するならば、「在滬独逸人」という触書を額面通りに受けとめる者に対しては、それは美術の分野におけるドイツと日本の枢軸国としての絆を印象付ける役割を果たすのかもしれないし、同じ表記に「ドイツから亡命してきたユダヤ人」の意味を読み取る者に対しては、それは日本の庇護の下にあれば、流氓《りゅうぼう》の民という不遇な存在であっても、彼が制作した作品が日の目を見るチャンスを与えられることの証明となるのかもしれない。けれども、上海画廊に飾られたブロッホの作品は、プロパガンディストの思惑に左右されることなく、自由に息づくことができている。その意味で、上海の文化統治を果たそうとする側が用意したブロッホの利用の仕方は、案外とルーズで、箍《たが》の外れたものであったとも言えよう。しかし、次いでブロッホが残したもう一つの仕事である、例の草野心平との共同詩画集の方に目を向ければ、事情はいささか異なって見えてくるのである。

木版画家としてのブロッホ

『黄包車』という書物の存在を知ったこと、本書の冒頭で述べたように、このことが私を亡命ユダヤ人芸術家のブロッホに向かわせるきっかけとなったのである。

書名として選ばれた「黄包車」とは、当時の上海で主要な交通手段の一つとなっていた営業用人力車のことである。自家用と区別するために桐油でもって座席を黄色にしていたのでこう呼ばれたが、本の表紙カバーはやや茶がかった黄色を地としており、その上に、多くの黄包車が整然と並んでいるさまが黒色、"BLOCH"を上海語の発音にならって漢字で表記した「卜白緑黒」刻という文字と、書名、発行所名（太平書局）とが赤色で印刷されている（口絵11）。判型はB6判、総頁数は一二〇頁（ただしノンブルは各見開きの左側のみに付いているので「60」で終わる）のそれほど大きくはない作りで、各見開きの左側の頁にブロッホの制作した木版画が印刷され、右側の頁にはそれについての説明が日本語と中国語で載っている。たとえば、巻頭に置かれた作品は、一台の黄包車を引いて駆けだそうとする車夫の姿を斜め後ろから捉えたものであり、「大上海／二萬二千八百のなかの一つ」（「／」は改行を表わす。以下同）と、「大上海二萬二千八百之一」という言葉が、それと対応して載っているというように、である。ちなみに「二萬二千八百」は、この時期の上海で営業していた黄包車の概数である。

ここで、ブロッホと木版画技術との関わりについても確認しておこう。すでに、ミュンヘンでの公立応用芸術学校時代に木版画の理論や技術について修得する機会はあったが、それと本格的に取り組み、実践の場に移したのは、上海に来てからのことだと思われる。その際、彼が選択した版画の手法は、日本の版画として関心を抱いた写楽の作品に代表される板目木版画ではなく、

写真1-4
ブロッホが作品を彫り込んだ鉄木の版木
（2017年9月撮影）

一八世紀末にイギリスで考案されたのを皮切りに、ヨーロッパ各地で書籍の挿絵として需要の高まりを見せていった木口《こぐち》木版画のそれであった。すなわち、木を輪切りに切り出して得た、表面が硬質な木口板を版木として使用し、ビュランと呼ばれる刃の先端が斜めに切り落とされた専用の道具を用いて、彫りを進めていく手法である。これによって得られる画像は、精密にして繊細な線の彫りを持ち味とするが、版木として好適なツゲ（黄楊）のように硬質な木材は、上海では入手できなかった。ブロッホは、その代用として、中国では「鉄木」と呼ばれるブナ（山毛欅）に目を付けた。実際に、ブロッホが彫った版木を手にとってみる機会があったが、たしかにとても硬くて、密度もあるのだろう、それ自体の体積は小さいが、ずっしりとした重さのあるものだった（写真1-4）。また、刷り上がった版画のサイズは、大体が一〇センチ四方に収まるものだが、個々の大きさはまちまちである。原理的には、木の太さのサイズまでしか版木がとれないからといった理由もあろうが、それとは別に、ブロッホの版木の入手先が、彼が上海で知り合った、棺桶作り職人のところだったという面白いエピソードも残っている。つまり、この職人が売り物となる棺桶を成形していく工程で切ったり棄てたりしていった形や大きさの違う木材を、ブロッホはもらい受け、版木として

活用したのである。

草野心平との出会い

このように、版木集めという点一つをとっても、自身の作品制作に相応しい環境を整えるためにブロッホが舐めた苦労はなかなかのものだったのではないか。近親者からの送金以外に、どうやって収入の伝手《つて》を得たのだろう。時期は定かではないが、たぶん上海で暮らし始めてまもない頃、ガラス製品や貴金属の研磨の技術を買われて、中国人が経営する店舗に雇われたこともあったが、店の商品が紛失した際にそれを盗んだ嫌疑をかけられたことに憤り、すぐにそこを辞したこともあるらしい。彼が考案した洋酒店の宣伝用ポスターが残っていて、こんな形での小遣い稼ぎをしたこともあったのだろう。が、そうした生活の合間を縫いつつ、ブロッホは黄包車夫に関するスケッチを書き溜め、それらをもとにした木版画の制作に取り組んでいく。そうやって、まがりなりにも仕上げた私家版としての"Ricksha"(力車)を持ち込んだ先が太平書局(太平出版印刷公司)を経営する名取洋之助のところであり、そこで彼に紹介されたのが草野心平だったのである。

説明がやや重複するけれども、太平出版印刷公司は、アジア・太平洋戦争開戦直後の上海で、日本陸軍がイギリスの印刷会社ミリントン・プレスを敵性資産として接収して改称したものである。そして、その経営を委託されたのが名取洋之助、ドイツ留学中から報道写真家として名を成し、この時期対外宣伝に重きを置くグラフ誌の編纂にも注力していた人物である。

一方、昭和に入ってすぐ『第百階級』（一九二八年一一月、銅鑼社）を出版したのを皮切りとして、詩誌「歴程」の創刊（一九三五年）、詩集『富士山』（一九四三年七月、昭森社）の刊行など、昭和詩史に残る多くの仕事を残している草野は、一九四〇年八月以降、汪兆銘南京国民政府宣伝部顧問として南京に在住していたが、南京と上海、さらには日本内地との間を頻繁に行き来し、第一回大東亜文学者大会の開催、「中日文化」や「黄鳥」といった総合文化誌や文学雑誌の発行をはじめとして、日中の文化・文学交流に関わる、正と負双方の観点から見て、注目すべき活動をこの時期展開していた。そして、名取の友人でもある草野は、彼からの協力要請を容れて太平出版印刷公司の顧問の地位に就くとともに、同社の出版部門である太平書局の立ち上げに際しても力を貸していくこととなる。

ブロッホ書簡が明かすもの

名取と草野は戦時下の上海にあって、日本の文化政策を遂行するにあたって中軸的な役割を果たしていたわけだが、私家版の版画集を持って両人と渡りをつけに行ったブロッホの裡《うち》に、そうした点について、はたしてどういった思慮が働いていたのだろうか。例の美術随想「懐かしい日本の風景」が前年の「大陸新報」に載っていたから、彼の存在は同新聞の発行元である大陸新報社を中心とする情報網では多分知られていたと思われるが、そこに向けてブロッホが積極的に働きかけたのか、あるいは誰かの奨めがあって彼が動いたのか、はたまたその二つともあったのか、その詳細についてはわからない。代わりにいま伝えることができるのは、二〇〇一年四月一五日付のブロッホ本人から私宛てに送って寄こした私信中にあった、『黄包車』刊行前後のことを想起している言葉である。

それによると、最初に出来上がった私家版の"Ricksha"を名取のところに持参したところ（残念ながら、この行動をとった理由やその経緯についてブロッホは書いていない）、彼は自分との間に正式な出版契約を結ぶことなく、そこに載っている木版画を無断で使用して『黄包車』を出版したのだという。また、版画作品の解説を担当した草野心平とのつながりはと言えば、自分が草野と直接顔を合わせたのは「一度だけ」にすぎなかったし、ドイツ語しか使用できない自分は、草野が『黄包車』に掲載した日本語と中国語による説明は理解できずにいたし、（驚かれるかもしれないが）それから六〇年近い歳月が経過したいまも、その状況はなお続いている（つまり、いまだに自分は草野がどんな解説を自分の版画に対して付けたのかを知らないでいる）ことをブロッホは告げていた。さらに、些少なりとも支払われるべき、『黄包車』刊行に関わる金銭的報酬も皆無であったという言葉も付け加えられていた。以上のことを綴ったブロッホの書簡は「口絵10」に掲げておいたので参看されたい。

ブロッホのこうした発言に基づくなら、国内で刊行された図書中、ブロッホの存在に言及した点では希少価値があるとは言え、三神真彦『わがままいっぱい名取洋之助』（一九八八年四月、筑摩書房）が提示している「草野・名取共通の友人ブロッホ」という捉え方は再考する余地が出て来るだろう。その反対に、ややうがった見方ではあるが、刊行までのプロセスならびに事後処理の仕方がブロッホにとって不本意であったことは事実にせよ、まがりなりにも『黄包車』を公刊し、ブロッホの作品に日の目を見させる結果を生じさせた点に、草野と名取の功を見出すこともできなくもない。加えて、ブロッホ当人には伝わらなかったけれども、『黄包車』を手にとった者で、日本語もしくは中国語を解する者にとっては、後述するようにブロッホの版画と草野の解説の言葉とがその魅力を互いに引き立てている側面が理解され、それによりこの本への注目度が増したのではないかといったことも想像できる。が、他方において、ブロッホの回想が示している、この本の出版をプロデュースする側が体現したある種の傲慢さ、支配者の優越意識というものが『黄包車』のテクストそれ自体の中にも浸透してしまっていたことも、今日それを手に取る私たちは認めざるを得ない。ブロッホと草野の共同詩画集『黄包車』が纏っている、そんな光と影の諸相を追ってみよう。

『黄包車』、反響を呼ぶ

『黄包車』刊行直後、かなりの数の上海の各国語新聞ならびに雑誌メディアがこの書物に注目した。

ユダヤ人コミュニティを代表する新聞「シャンハイ・ジューイッシュ・クロニクル」が反応したのは一応もっともなこととして、他にも英・仏・中・露・日の新聞や雑誌にも、『黄包車』の出版やブロッホの芸術活動を取り上げる記事が出た。『ブロッホ木刻集』の編者バルバラ・ホスター氏から提供された、ブロッホ本人が切り抜きの形で所持していた同時代評を、それぞれ筆者名（無署名ならその旨を記す）・掲載紙誌・発行年月日の項目に分け、記事タイトル（原則的に日本語に訳して表記）・掲載紙誌・発行年月日の項目に分け、表としてまとめてみる。詩画集の刊行と時を同じくして上海画廊で開催された、ブロッホの個展の方に力点を置いた評もあるが、丁山のタイトルからもわかるように、この展覧会場にも『黄包車』の内容と重なる木版画が一〇点展示されていた。そうしたものも含めてこれらの評を一瞥してみると、相当の評判

筆者名	記事タイトル	掲載雑誌	発行年月日
ノーマン・フライン	「人力車引きに出会う」	「ザ・シャンハイ・イヴニング・ポスト&マーキュリー」	1942年12月16日
ゲルトルーデ・ヘルツベルク	〔タイトル不詳〕	「シャンハイ・ジューイッシュ・クロニクル」	1943年1月5日
署名あり（判読不能）	「画評　素描の手堅さD・L・ブロッホ氏の個展」	「大陸新報」	1942年12月20日
J・H・L	「人力車の本　D・L・ブロッホの木版画シリーズ」	“Our Life—Unser Leben”	1943年1月
Sax Damous	“Houang Pao Tch'o!”	“La Revue Nationale Chinoise, Quatorzieme annee”	不詳
無署名	「デッサンで捉えた人力車夫の生」	“Le Journal de Shanghai”	不詳
W・Y・トン	「上海アート・ギャラリーのD・L・ブロッホ展」	ドイツ語表記だが出典不詳	本文内容から推して1942年12月
丁山	「『白緑黒』芸展 水彩画與木刻的個展」	中国語新聞からの切り抜きだが出典不詳	本文内容から推して1942年12月
吉生	「白緑黒的『黄包車』及水彩画」	「太平洋周報」	1943年1月19日
Galsworthy Wong	“Woodcut Artist. A Rickshaw Collection Helped Him to Success”	「中国ダイジェスト」	1942年12月

を呼んだことがわかる。とくにノーマン・フライン（Normann Flynn）の「人力車引きに出会う」（"Meet the Ricsha Puller"）の場合は、ブロッホの顔写真ならびに一二点もの図版を交え、まるまる一頁分を割いて同書の紹介にあたっているという入れ込みようだ（図1-8）。

さて、これらの同時代評がブロッホの木版画に下した評価はどんなものだったか。印象に残る評言をいくつか摘記して訳出してみよう。

　およそ二年前から上海に住み、亡命した者の中でも最高の才能を持つ一人とみなされているJ・D《ママ》・ブロッホは、この人力車夫という民衆の世界に踏み込んで、愛情と理解をもって彼らの境遇を観察している。彼の天才的な手のなせる技によって版木と彫刻刀とは自在に動き、人間という引き手をつないだ車の日常が生き生きと再現されている。何らの余分な飾りをつけることもなく、きわめて客観的かつ自然主義的に、ごくわずかな最小限の線で刻まれた魅惑的な図

Evening Post & Mercury, Wednesday, December 16, 1942

Meet The Ricsha Puller

Artist Gives Close-Up

This Is His Typical Day As Traced In Bloch's Woodcuts

Humor, Pathos Painted

By NORMAN FLYNN

図1-8
ノーマン・フライン「人力車引きに出会う」
（Meet the Ricsha Puller）

が、小さな画面に収まっている。（ゲルトルーデ・ヘルツベルク）

人力車夫と彼が引く力車を題材とする六〇の木版画を載せたこの魅力的な本は、中国ならびに中国人関連の書籍リストを豊かにする上で見事な役割を果たした。（中略）人力車夫の生はその職掌だけでは規定できない。つまり、その存在と彼が引く力車は、我々が通念として抱いている自分たちの移動手段といったことだけを意味しない。ブロッホが惹かれているのは、車夫の生活の有為転変が伝えて来る、もっと広い意味を持った人間味や共感を誘うもの、ユーモアやペーソスを感じさせるものなのである。（J・H・L）

彼の木版画は柔らかいタッチではなく、硬くて無愛想な印象を与えてくる（こうした特徴は木口木版という制作技法にも拠っているが、それが大方の理由ではない）が、攻撃的なものではない。むしろ、鑑賞者をしてふだんは気づくことのない心の内面に降り立たせ、情感が強く動く機会をもたらすものである。鑑賞者は、人力車夫が味わっている仕事のつらさやしんどさ、そして彼らの苦難を感じることさえあるだろう。しかし、この苦痛も作品の中にあっては、穏やかな表現様式、真に中国的なユーモアによって救われている。（W・Y・トン）

いかがであろうか。総じて言えば、これまで芸術としての感興を起こす対象として扱われてこなかった、黄包車という交通手段とそれを引く車夫の生活とが、この版画家の手にかかると一種の訴求力をもって鑑賞者の印象にとどまることが、評価の要として捉えられている。そして、社会の底辺で生きていかねばならない黄包車車夫の生活の諸相を、ささやかながらも生き生きと捉えたブロッホの版画を観る者は、それを通して彼らに対する版画家のシンパシーを感じとる。とともに、社会の暗部を正面から告発するような攻撃的な精神よりも、もう少し心を柔かな状態に向かわせていくようなユーモアやペーソスといったものの方を鑑賞者は感じとる——と、こんな風にブロッホの作品を特徴づけるのが、これらの評の大方の傾向であると思う。

さらに、これらの評言とそれに見合うブロッホの作風とが、一九三〇年代初めの上海で魯迅によって点火され、その後の国内における政治的社会的状況の激烈な変化に伴って各地に広がっていった、現代中国における新興版画（新木刻）運動の志向するものとは一線を劃《かく》していたことにも触れておきたい。この新興版画運動を概括するなら、それはソビエトの作家たちやドイツの女性版画家ケーテ・コルヴィッツ（Käthe Kollwitz, 1867–1945）の作品に触発され、木刻こそ大衆のために現実を描き、満洲事変に端を発する自国の危機を訴えかける武器たり得るという方向性を切り開いていくものであった。その結果、若き中国人の版画家たちが創造する作品は、たとえば木刻刀特有の刀味を遺憾なく発揮した太くダイナミックな線や、蜂起する民衆、隊列を組む労働者というように、対象となるものが画面いっぱいに彫り込まれ、彼らの情熱が溢れかえる印象をもたらしてくる画面構成を通じて、作品と享受者との間に、国防や抗戦に向けての奮起や連帯の絆が生じていく。

が、ブロッホの作品にはそうした兆候は見出し難い。その点を、たとえばいま紹介した同時代評の一つは、彼が手にする彫刻刀が「何らの余分な飾りをつけることもなく」、「ごくわずかな最小限の線で刻」むといった言葉で説明しているが、それはただ単に、ブロッホの版画の技法を説明したものとして已《や》むものではなく、それ以外の問題も含意している。つまり、自分が手にする版木を鋭く削り取っていき、もうそれ以上は行えないという結果として生まれてくる、余計なものは剝ぎとって、最小限の線描で対象を摑んでいく作品のたたずまいは、命をつないで生きていくためには、そのこととは直結しない無駄なものは捨て去り、削り取って、必要最低限のものを残しておくことから始めなくてはならない、そういった亡命者の生のありかた

図1-9
『黄包車』掲載の木版画3点

(A)

(B)

と重なるものとして捉えられるのだ。

画文交響の世界

話題をもう一度『黄包車』がさまざまな反響を呼んだことに戻して、具体的にどんな作品がそれらにあてはまるのか、実際に『黄包車』中の版画を通して考えてみよう（図1―9）。最初に取り上げるのは、乗客を乗せた車の梶棒を下ろして質屋（壁の上の「當」の文字が職種を表している）の建物を見上げている車夫の後ろ姿（A）、荷物が山のように積まれた黄包車を引いて前のめりになって歩き出している車夫の姿（B）、何かとがめられることでもしでかしたのか、彼らを追いかけて来るインド人の巡査（アジア・太平洋戦争開戦によって上海の英国勢力が失われた後も、英植民地のインド出身の者がそのまま租界の交通整理・警備の職に就いていたと考えられる）から逃げようと、五人の車夫が黄包車を引いていっせいに駆け出した姿（C）を捉えた三作品である。いずれも、ふだん何気なく街中で目撃されている黄

(C)

包車車夫の生活断片を捉えたものだ。

そして、これらの構図にとって、うってつけのナレーションを果たしているのが、それぞれの版画の対向頁に日本語・中国語の二ヶ国語で印刷されている草野心平の言葉なのだ。ためしに日本語ヴァージョンの方を紹介すると、（A）＝「車夫独白／「オレも質屋にくる位の身分になりてえもんだ」」、（B）＝「これだけのものが／もしも自分のものであつたら／汗をふきながら……／これだけのものが／全部もしも自分のものなら」、（C）＝「ふん／ひげやたあばんが／こわいんぢやないよ」となっている。ため息まじりに呟かれる、その日暮らしのやるせない思いを伝えてくるかと思えば、小気味よい啖呵を放つところに彼らの気概の表れを見て取っている、そうした草野の言葉は、車夫たちの汗と泥との混じった生活感情を上手く言い当てている。

また、それよりさらに詩的ウィットの富んだ表現が、ブロッホの作品を引き立てていくものもある。一例を挙げれば、雨中一人の車夫が傘をさして黄包車を引いていく姿を捉えた版画に付けられたもの。雨脚の強さを表す斜線の独特のタッチが、画面全体にグラフィック上の効果をもたらしているけれども、そこに持ち出されたのが「考へる傘」といった、これ以上文字数を減らしようのない言葉。何やら一介の車夫が市井《しせい》の大隠《たいいん》になったかのような感が生じてこないだろうか。もう一つは、炎天下であることを思わせる路上を動いていく一台の黄包車をモチーフとした作品の場合である。幌によってできた陰の中にいる乗客の姿は定かには見えない。ただ、この人物が

図1-10
草野の説明「考へる傘」に対応する木版画（右）と、
「うしろから白檀の香」に対応する木版画（左）

手にしている扇の面に貼られている紙だけが白く浮いて見える。おそらく妙齢の婦人が乗っているのだろうが、さてそれに応じたキャプションが、これまた「うしろから白檀の香」というシンプルなもの。けれども、この一言で、生涯を通じて妻帯するチャンスに巡りあえない車夫が、ほんの一瞬であれ、心ときめく機会を得たことが伝わってくる（図1-10）。

草野心平のこうした援護射撃が有効であることは、別の角度からも証明できる。つまり、先に書名を挙げておいた一九九七年にドイツで刊行された『ブロッホ木刻集』の巻末には、おそらくはブロッホ本人の意向も汲んだと思われる、独・英・中三ヶ国語の作品解説が載っているのだが、その表現と比較する手があるのだ。ほぼ標題と言っていい趣がある分、発想の温度差に留意する必要もあろうが、それらの中、草野が付けた「うしろから白檀の香」という解説に対応する中国語表記のものを見ると、それは「有蓋黄包車」となっている。ポエティカルな印象が生じやすい点において、どちらに軍配が上がるかは言うまでもないだろう。

同様に「ふん／ひげやたあばんが／こわいんぢやないよ」ならびに「考へる傘」のフレーズに対応するものも、「印度巡捕驅散黄包車」と「私人黄包車」という表現で已んでしまっている。英語ヴァージョンの方も紹介しておくと、それぞれ“The

policeman, a Sikh, disperses the rickshas because they obstruct the traffic.", "A private ricksha, better built and equipped. The ricksha coolie can afford an umbrella." となっているのだが、いずれにせよ両者とも即物的な物言い、文字通りの説明に終始してしまっている。それに対して草野の言葉が詩的エッセンスの滴りを感じさせるものとなっているのは見てきた通りだ。

二言語間の解説のずれ

ところで、『黄包車』にあっては、同じ版画作品に寄せられた日本語の解説と中国語のそれとの間に、意味の上でのずれが、稀にではあるが生じている。

たとえば、巻頭の「大上海／二萬二千八百のなかの一つ」に次いで置かれているブロッホの木版画は、大きな円卓を自分の前に置いた客を乗せて車夫が走り出す場面を捉えているが、それに付く日本語の解説が「ああ／天は群青／大食卓」であるのに対して、中国語の方は「嫦娥奔月」となっている。上海バンドの上に広がる空という嘱目の景に触発されたかのような写実的な表現と、中国古来の神話中の人物名を用いて一種の見立てに仕上げている表現というように、両者の発想の次元が随分と異なっている。仮に一歩譲って、頭上に広がる空へ吸い込まれていきそうな感覚から、月へ逃げて行く嫦娥《じょうが》のことが連想されるとしても、それは両者の表現それ自体が直接意味するものとはかけ離れている。

また、梶棒を下ろした車夫が、ぶかぶかの股引きをたくし上げて俯き加減の姿勢をとっている版画の場合も、日本語の方は「天気はよし／腹はよし」と意気揚々とした気分を伝えてくるが、「父母生我此身、／還生了両條腿」と記された中国語の方は、車夫のポーズと相俟って一面では車引き仕事のつらさを口にしているようにも受け取れて、両者を意味的に接続させることにとまどいを覚えてしまう（図1-11）。

『黄包車』の奥付を見るかぎり、この本の「著者」は草野心平一人である。青年時代に広州の嶺南大学に留学していた心平のことだから、同じ版画を前にして二通りのイメージが浮かび、それぞれを日本語と中国語とに書き分けたのかもしれない。が、そうではなくして、こうした言葉のちぐはぐさは、心平の酔狂や手すさびではなく、表面には登場してこないが中国語への翻訳者が実は介在していて、心平が提示する日本語を、それとは異なった意味の中国語に翻訳した結果生じていると、考えられなくもない。ではいったい何のために？　もし、くだんの人物が存在していたとして、彼は、アジア・太平洋戦争が開戦二年目に入った占領地上海での日本語の浸透を図ろうとする、宗主国日本の言語統治に対

ああ
天は群青
大食卓
「嫦娥奔月」
天氣はよし
腹はよし
父母生我此身，
還生了兩條腿。

図1-11
『黄包車』に掲載された版画2点と、日・中2ヶ国語の解説

する攪乱を狙おうとしたのか。だが、それにしては、いま見た二通りの中国語が意味している事柄は、それほど抵抗のニュアンスを持っていたとは言い難い。この点について明らかにし得る事実が今後出てくることを期待して、話を先に進めることにする。

草野の解説に表れたプロパガンダ性

『黄包車』が伝えてくる〈不協和音〉はもう一つある。しかもこちらの方は、それが生じる理由も含めて、はっきりと伝わってくる。つまりそれは、先に見てきた画文交響の世界とは真っ向から対立する、ブロッホの版画と草野の解説との間に生じている断層、亀裂という問題なのだ。

『黄包車』の後半には、「ＤＤ」というイルミネーションの浮かんだ夜の街路を、白人の水兵と姑娘《クーニャン》を乗せて黄包車車夫が駆けていく構図の版画が出てくる。「ＤＤ」とは「ＤＤＳ珈琲館」（DD's Night Club & Café Restaurant）、フランス租界の目抜き通りであるアベニュー・ジョッフルにあった、白系ロシア人が経営する有名な西洋料理店である。

　男は女の肩に腕を回し、女は男に身を寄せかけてというように、仲睦まじくご満悦の境にある車上のカップルと、その表情は見て取れずに、黒い人影となって車を引いている車夫との間に生じるコントラストの妙、それがこの版画の第一の見どころであろう。この版画を目にする鑑賞者の大半は、その日一日の生活費を稼ぐのに精一杯で、こういった男女の仲からは見放され

図1-12
「DDはまだある……」の説明と
それに対応する木版画

ている車夫の境涯をまずは思い浮かべるだろう。例の『ブロッホ木刻集』の解題を見ると、英語では"Lovers. The famous Café DD at Avenue Joffre, mostly frequented by sailors, can be seen in the background"、中国語ではより簡潔に「恋人、〝DD〟珈琲館前」というように、そうした受けとめ方にほぼつながる言葉が記されている。

ところが、草野心平が贈って寄こしたものはそうではなかった。日本語・中国語の双方を引こう。

DDはまだある……／大東亜戦争勃発以来／だがこんなメリケン風態は／みられなくなつた

DD還在……／大東亜戦争勃発以後、／這種風景已経没有了。　（図1－12）

車夫に対する関心がすっぽりと抜け落ちている。代わりにこの表現から伝わってくるのは、「大東亜戦争」が始まったことによってアメリカの勢力が上海から一掃されたことを言祝《ことほ》ぐ心性である。一九四一年一二月八日早暁、真珠湾奇襲と時を同じくしてアメリカの砲艦ウェーキ号を降伏させ、イギリスの砲

DDはまだある……
大東亞戰爭勃發以來
だがこんなメリケン風態は
みられなくなつた
DD還在……
大東亞戰爭爆發以後，
這種風景已經沒有了。

艦ペテルレ号を黄浦江に沈めた日本軍は、英米共同租界の心臓部にあたるバンドに旭日旗を翻らせ、以前にもまして敵性租界文化の駆逐と、大東亜共栄イデオロギーの喧伝に注力していったが、上海を舞台にして日本人の文学者が創作する作品世界も、それと付節を合わせていわゆる翼賛性を高めていく。その顕著な例が、「長江デルタ」(「大陸往来」一九四一年三月)で芥川賞を受賞した多田裕計が、それから二年後に刊行した小説『新世界』(一九四三年七月、大都書房)であろう。作者自ら「大東亜戦勃発の翌日」から「大きな感激にふるひながら書きつづつた」と「自序」で述べているこの小説は、題名に象徴されるように、「上海日本青年隊」を結成した主人公が、この都市でヨーロッパが築いてきたものに代わる「新道徳」や「新秩序」を創造するために心血を注いでいく過程を物語っているが、いま話題にしている草野の言葉も、この主人公の思いを代弁していると言えよう。

そしてまた、同じ版画集というジャンルに注目するなら、『黄包車』より半年後の一九四三年六月に蘇州で刊行された『清郷木刻集』が視野に入ってくる。タイトル中にある〈清郷〉とは、南京国民政府の首班汪兆銘を委員長として一九四一年五月に設立された「清郷委員会」が、この時期上海郊外の崑山、青浦から常熟、無錫、蘇州にかけての江南地帯で実践した「清郷工作」とつながっている。すなわち「和平・反共・建国」のラインで日本と結んだ汪政権は、蔣介石率いる重慶国民政府ならびに中国共産党に対抗、自らの陣営が支配する地域の拡充を目的として、清郷地区の確保・建設に注力しており、この版画集は、そうした政策の正当性を宣伝することを目的として刊行されたのだった。そこに掲載された、「新東亜建設」という標語をバックに大股で前進する人物を登場させた木版画や、「英美在華租界」の文字を掲げたビル群の模型が、汪政権サイドに立つ中国人の掌に返還されるシーンを構図中に取り込んだ版画は、モチーフ的に見て「メリケン風態」の消滅を祝福する草野の言説とかなり近接している。

『黄包車』刊行から現在に至るまで、自らが制作した版画を草野がどう解説したかについて、ブロッホが知る機会を与えられなかったことについては先述したが、彼の亡くなる一年前に、『黄包車』に掲載された日本語の解説をすべて英語に訳して知らせたところ、それに対して返ってきた二〇〇一年一〇月一一日付書簡の中には、「英語に訳してもらって初めて読めた草野の解説は、なかなか面白く、興味深く読めました」といった趣旨の言葉とともに、ある程度予測はしていたのだが、「でもそれは、当時の日本寄りの考え方を反映していますね」といった言葉が、さまざまな感懐がそこには込められていると言えそうな〝！〟の符号も添えて記されていたのである（**図1-13**）。

なるほど、「考へる傘」や「うしろから白檀の香」、さてはまた、アベニュー・

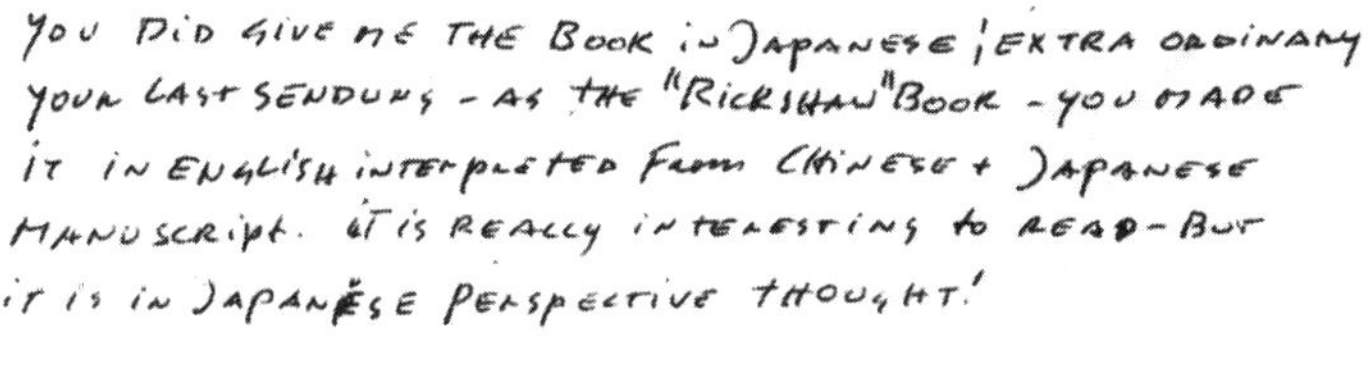
YOU DID GIVE ME THE BOOK IN JAPANESE; EXTRA ORDINARY
YOUR LAST SENDUNG - AS THE "RICKSHAW" BOOK - YOU MADE
IT IN ENGLISH INTERPRETED FROM CHINESE + JAPANESE
MANUSCRIPT. IT IS REALLY INTERESTING TO READ - BUT
IT IS IN JAPANESE PERSPECTIVE THOUGHT!

図1-13
ブロッホからの著者宛て書簡（2001年10月11日）の一節。
“It is in Japanese perspective thought!”という表現がある。

ジョッフルの脇を入った“LAVE LANE”の道端で休んでいる車夫の姿を捉えた版画に付いている「寝るもいろいろ／眠るもいろいろ」の類など、こういう意味深長で詩的エスプリの効いた言葉を前にすると、思わず“It is really interesting to read”と言ってみたくなる。そして、この書簡の最後では、今もまだ実現されていないが、草野のことを思い出して、いつか日本で自分の作品展を開いてみたいといった思いもブロッホは口にしている。だが、その一方、もう一度当面の問題に戻れば、版画の制作者ブロッホが抱懐していた創作的契機や、多くの享受者がそれを前にした時に覚える自然な心の動きを捻じ曲げる「日本寄りの考え方」、すなわち大東亜共栄を言祝ぐ政治的プロパガンダの言説を臆面もなくひけらかすような企ても、草野心平を「著作者」とする『黄包車』は持っていたのだった。

「東亜民族団結行進曲」と『黄包車』

そして、こうした企てに狙われたブロッホの作品はまだあった。それは中国人の一家が黄包車に分乗して皆で外出する姿を捉えた版画である。

いまからどこへ行くのだろうか、一行からは和やかな気分が伝わってくる。車夫たちの足どりもそれと調子を合わせて軽快そうだし、彼らと一緒になって駆けていく小犬の姿も微笑ましい。ちなみに『ブロッホ木刻集』の解題では“Family outing with dog”——「全家出游」となっている。

図1-14
「崑崙與富士」に始まる歌詞とそれに対応する木版画
（レイアウトの関係上、歌詞を版画の下に持ってきて示す）

中国語ヴァージョンの前にもう一句、「春風駘蕩」などといった言葉を付け足したくもなる、そんな雰囲気だ。

だが、翻ってこの版画の対向頁を見ると、そこには一目見ただけでそうしたイメージとは無関係なことがわかる、「崑崙與富士象徴我民族的力量」といった文字と、それが歌詞の一節であることを示す楽譜が印刷されているのだ。これはいったい何なのか（図1－14）。

『近代日本総合年表』（第三版　一九九七年一一月、岩波書店）を繙くと、米英に対する宣戦の詔書が発布された二日後、東京の新聞通信社八社が主催する「米英撃滅国民大会」が後楽園で挙行され、その余波が各地に及んでいったという記述があるが、東亜新秩序の確立を目指す日本との結びつきを強めていた汪兆銘政権も、南京をはじめとする中国国内の主要都市でこれに倣う動きをとっていった。もちろん、上海の場合も例外ではなく、一九四二年二月初めには同政権肝煎りの中華民族反英美協会が発足した。同協会は五月に入ると「米英撃滅週間」なるキャン

ペーンを張り、それにちなんだイベントを実施するが、それに向けての気運を高め、この催しを成功裡に導くために「東亜民族団結行進曲」の公募も開始していた。その結果、一等入選作が決定、作詞・作曲者の紹介と合わせてその歌詞も日本語に翻訳されて、五月二五日付「大陸新報」朝刊に掲載されたのだが、何とその歌の冒頭の一節がくだんの言葉なのだ。

> 崑崙と富士は我等民族の力を象徴し／青天と旭日は我等団結の光芒たり／ひたむきに前進せよ意志は堅く定まれり（／）甘苦を同じうして東亜を□（一字判読不能）り南洋を解放し新秩序を完成せん／世界に光りたちかへり／前途は燦として幸福窮りなし

これが歌詞の全文である。プロパガンダ・ソング以外の何物でもないこの歌の作詞者は、国策会社としての性格の強い中支那振興株式会社（一九三八年一一月創設）の傘下にあった華中水電社員の劉家驥《き》、作曲者は汪政権が接収した元上海音楽専科学校教師の黄河亭。ということは、『黄包車』に持ち込まれた「崑崙與富士象徴我民族的力量」という言葉＝詞は草野心平のオリジナルではないのだ。

劉家驥作詞の「東亜民族団結行進曲」は、「屠れ民族の敵」と題して「撃滅週間第一日」目の上海の街の様子を報じた記事の中で紹介されたが、その二日前の記事（「米英撃滅週間の多彩な行

事決る　三万人の大行進　華やかな〝撃滅花電車〟」）は、この曲を吹き込んだ一万枚のレコードが「全支各地をはじめ日本、満洲、南方各国の放送局、娯楽機関、各種民間団体、学校」に配布されることを報じていた。そして、こうした報道言説との近接性に基づくならば、『黄包車』の中に草野が投げ込んだ「崑崙與富士象徴我民族的力量」という文句は、何やら日本及び汪政権の勢力圏内にばらまかれた「一万枚」に次ぐ、「一万一枚」目の宣伝レコードの役を果たしているように思えてくる。

一枚のポスター

ところが、ここで私たちは意外な事実に逢着してしまう。それは、例の「ブロッホ・コレクション」の中に、「打倒英美」の文字の刷り込まれた一枚のポスターもしくはビラらしき資料が入っているという事実である。画面の中央で獅子吼《ししく》し、戦闘態勢に入ろうとしている兵士の戦闘帽には青天白日旗のマークが付いているので、これが例の汪政権サイドの中華民族反英美協会が実施した「米英撃滅」のイベントに対応している可能性は高い。

どうしてこんなものがブロッホの手元にあったのだろう？　ひょっとするとこの絵を描いたのはブロッホ本人ではなかったか？　もしそうだとすれば、『黄包車』では「東亜民族団結行進曲」によって自らの作品の芸術的価値を損なわれた彼が、今度はその加害者の側に回ってしまったことになる。その動きは唯々《いい》諾々《だくだく》と何の逡巡もなくとられたのか、それとも経済的な不如意から已むを得ずこんな仕事を引き受けたのか。

　仮に後者の理由に因っていたとしても、それは見様によっては彼の立ち位置の不確かさを表していると言えるかもしれない。侵略者に対する抵抗の意思を貫くために、京劇俳優の梅蘭芳は髭をたくわえて舞台に上ることを拒絶したし、中国古典文学の鑑定人として定評のあった鄭振鐸は、淪陥期の上海にあって日本の放ったスパイの目を逃れるために偽名を用い、多くの危険にさらされながらも書物の収集をはかり、「玄覧堂叢書」と名付けた歴史的著作を刊行したという事実も語り継がれているわけだから。とは言え、彼らの正しい、英雄的な行為を引き合いに出して、ブロッホを批判の対象とすることにも私はためらいを覚えてしまう。歴史の事後的な判断からすれば、後ろめたいものや、辻褄の合わないものを体現したり、それらに組み込まれていく事態も経験しているのだろうが、そうやって生きる時を持ったのもブロッホであったと、彼の人間としての姿をまるごと捉えていくことの方が、この書の目的に照らせば大切な気がしてくる。そして、ここでの問題について少しだけブロッホを弁護するなら、このポスター画のタッチが稚拙にすぎ、やっつけ仕事の域を出ていないことを指摘しておきたい。逆説的ではあるが、そんな出来栄えのよくないもの——それを手にとって見ても、敵愾心が燃えてきそうもないギャグ調の絵——に仕上げたことは、この種の仕事に対してブロッホの芸術家としての良心が加担していないことを意味している。

　話を戻して、ブロッホの版画が草野の解説によってプロパガンダの道具にされてしまった証をあと一つ挙げておこう。『黄包車』収録の六〇点の作品中、最後の一つ手前に掲載された版画は、人力車の部品がばらばらになった光景を捉えたものである（図1-15）。読者が本の頁を最初から繰るのと同時進行で走り続けてきた黄包車が、ついには方々が傷んで使い物にならなくなってしまった、ということだろうか。もっとも『ブロッホ木刻集』解題では"A new ricksha is assembled from several broken ones"――中国語ヴァージョンの方でも「以舊摒新」というように、人力車の〈再製〉の方にアクセントが置かれている。そして、この版画に草野が付けた解説も「世界全体の建直し」である。

〈再製〉と「建直し」、両者は意味の表層では結びつく。が、「世界全体の」が気になる。察しのいい読者の皆さんが気づかれたように、『黄包車』刊行当時の時代のコンテクストをふまえるなら、この書を上海で手にとる人たちも、この表現に東亜全体の「建直し」、大東亜共栄圏建設の夢が含意されていることをすぐに察知していったに違い

図1-15
「世界全体の建直し」の説明とそれに対応する木版画

ない。

日本のユダヤ政策の転換

さて、ここまでブロッホの上海時代の前半（最初の二年間）を追ってきた。彼の活動に焦点を合わせたため、この都市に漂着したユダヤ人を取り巻く全体状況が、アジア・太平洋戦争開戦後どのように変化したかについては省筆したところもある。いま、その点について簡単にまとめると、アメリカとの戦端が開かれたことによって、先述した犬塚機関を中心に進められていたユダヤ人政策の意義が失われたことがまずは挙げられる。犬塚は海上勤務の内報を受けて三ヶ月後に上海から離れた。事実上の更迭である。

しかも、一九四二年一月に、日本政府は「緊急猶太人対策」なるものを打ち出した。これは、ドイツが海外在住ユダヤ人の国籍を剝奪する法（「ユダヤ人の国籍喪失に関するドイツ国公民法第一一令」）を四一年一一月に布告、年明けと同時に効力を生じさせたのに呼応して、日本もまた自国の占領地におけるドイツ系ユダヤ人を「無国籍」ユダヤ人として取り扱うこと、また「帝国ノ施策」に合致しない者に対しての監視と警戒を厳重にすることを言明したものである。一九三八年の五相会議の決定に基本的には沿う形で実施されてきたユダヤ人対策は放棄され、無国籍者とされた上海のユダヤ人の運命は転換を余儀なくされていく。折しも、ニューヨークに本部を置くアメリカ・ユダヤ人合同分配委員会（American Jewish joint Distribution Committee、通称ジョイント、JDC）からの資金援助も日米開戦のため滞りはじめ、ために彼らの生活状態は悪化し、逼塞感が増していった。そして、敵性国民ないし敵性策動を行う危険があると判断された者が、日本軍によって逮捕、拘禁される事態も度重なっていった。『黄包車』の出版はこうした状況の中で行われたのである。

一方、太平洋上での戦局全体についても触れると、日本が優勢を保ったのは緒戦段階だけであり、ミッドウェー海戦、ガダルカナル島攻防戦で敗戦を喫した後は悪化の一途を辿っていった。そうした推移の中にあって、『黄包車』刊行から二ヶ月が経過した一九四三年二月一八日、ここ上海では「上海方面大日本陸海軍最高指揮官」名によって、上海地区無国籍避難民の居住と営業の制限に関する布告（「無国籍避難民隔離区」設置の布告）が発せられることになる。いわゆる「上海ゲットー」設置の布告である。この月にはガダルカナルからの日本軍の撤退は終了しており、また奇しくも同じ日のドイツでは、ナチの宣伝大臣ヨーゼフ・ゲッベルス（Joseph Goebbels, 1897–1945）がベルリンのスポーツ宮殿で「総力戦演説」を行う。

こうした状況の中、ブロッホもフランス租界にあった住居を離れて「上海ゲットー」へと移動、彼の上海物語も次のステージへと続くのだが、自分がブロッホの存在に関心を抱く、そもそものきっかけとなった『黄包車』をめぐる考察を済ませたいま、ここで叙述の方向を大きく旋回させることにする。つまり、元はといえば、日本近代文学の上海体験という研究上のテーマに照らした時、草野心平がそこに介在していたのでブロッホもまた考察対象として取り上げるに至ったのだが、亡命前のドイツと、上海を離れてアメリカに渡ってからの彼の人生の一斑も知り、また彼と直接連絡を取る機会を持てたことを通して、ブロッホはそうした個別の学術的テーマを超えて、彼の生の全体像に私を向かわせるべく迫ってきたのである。そのことを心の中で反芻しながら、ブロッホ展覧会開催の知らせをリディア・アベル氏から受け取り、取るものもとりあえず駆けつけた、二〇〇四年のドイツでの体験をもとにした叙述へと舵を切りたく思うのだ。

第II部

ナチズムの嵐の中で

鉤十字が刻み込まれた街路樹（「絵による私の履歴」部分）

1

就学の出発地ミュンヘン

聴覚障害の発症

ミュンヘン――この名称は、どんな都市のイメージを引き寄せるだろうか。ある人なら、きれいな色彩に満ちた広場と壮大なバロック風の寺院を中心にしてひろがる、トーマス・マンの短編「神の剣」の言葉を借りれば、晴れがましい光のもとに輝きわたる都市の光景を思い浮かべるかもしれない。また他の人だったら、第一次世界大戦後の疲弊困憊したドイツの社会的状況の中から出現したある男が、短期間のうちに人心を掌握、政界の頂点に昇りつめ、自らの野望を実現していくためにその場所を政治的祝祭空間に仕立て上げていった都市だと、答えるかもしれない。では、この書の主人公であるブロッホにとってのミュンヘンは、どういった場所として立ち現れてくるか。

生後まもなく両親を相次いで亡くし、フロスにいた母方の祖母の下で育てられていたブロッホは、次いで母方の伯父であるヴィルヘルム・アンスバッハー（Wilhelm Ansbacher）に引き取ら

写真2-1
ミュンヘン王宮州立聾啞施設外観

れ、ミュンヘンにやって来たのだった。当時この街のドレスナー銀行（Dresdner）の頭取の地位にあり、結婚はしていたが子のいなかったヴィルヘルムは幼い甥を温かく迎えたが、ほどなくして彼の健康上の問題に気づいた。それは、ミュンヘンに来る前に罹患した病気（髄膜炎）の予後の措置が充分でなかったために生じていた、聴覚機能の障害だった。すぐさま病院で診察、検査を受けさせたが、ブロッホの難聴は、就学時に達する直前の彼にとって、そうでない児童と一緒に学校生活を送るには難しい状態にあるとの診断が下された。

ブロッホの行く末を案じたヴィルヘルムは、ミュンヘン王宮州立聾唖施設（Königliche Landestaubstummenanstalt München）に幼い彼を入れて、口話による訓練をはじめとする教育をそこで受けさせることにした。現在は、ミュンヘン中心部を通っているUバーン（地下鉄）六号線「ゲーテプラッツ」駅のすぐ近くに、この聾唖学校はあった。設立は一八〇四年という歴史を持つ学校の校舎が重厚で堂々としていたことは、残っている写真（写真2-1）からもわかるし、その面影は現在同所に立っている、歯科医院などが入っている建築物の構えにも受け

München. K. Landes Taubstummenanstalt (Goethestr. 70).

継がれている。一九一〇年生まれのブロッホは、この学校の寄宿舎に五歳の時に入った。

王宮州立聾唖施設の教育環境

たまたま一九一五年から翌年にかけての同校の年間報告書（"Königliche Landestaubstummenanstalt München / Jahres-Bericht / pro1915/16"）を見る機会に恵まれ、ブロッホの家柄や彼を取り巻く教育環境について興味深い記述をいくつか見出せたので、それを紹介しておこう。

まず、この聾唖学校の在籍児童数だが、一九一五年度のそれは一五四名と報告されている。そのうち全寮制生徒一一四名、都市生徒（自宅から通学）四〇名、全体を通じての男女比はほぼ二：一である。各家庭が信仰している宗教に関する報告もあるが、カトリックが一三四名と圧倒的に多く、プロテスタントがそれに次ぎ、ユダヤ教を信奉する家庭の子弟はわずか四名、ブロッホはその中の一人であった。また、他の児童と比べて、入学時点におけるブロッホの目立つ点を挙げると、一九一五年の新入生一七名ならびに"I. Klasse"（Artikulationsklasse＝発声クラス）に入った一四名の中で、彼だけが五歳で最年少——他の児童は皆七歳から一〇歳——、加えて入学日も彼だけが五日遅れての九月二〇日となっている。年齢的な問題も含めて、寮生活、就学に順応できるかについての検討が行われ、入学許可が下りるまで日数が要したのか。そして、寮生活に入る者も含めてミュンヘン生まれがクラスの大半を占める中にあって、オーバープファルツ地方のフロスから来た生徒はブロッホだけだった。

とは言え、それらはまだ幼いブロッホ当人にとっては与り知らぬこと、ユダヤの安息日には、シナゴーグに勤めるラビ（宗教的指導者）の奥さんが焼いてくれるケーキを楽しみにし、日曜日は伯父の家に戻る。彼からスキーを教わり、その楽しさを知ったのもこの頃だった。そして夏休みには、祖母が待つフロスにも帰省した。名簿にはすでに故人として記載されているが、親の職業欄に"Großkaufmann"（卸売り商・大商人）と記されていたルートヴィヒ少年（戸籍上では彼の名前は"David"から始まるが、日常生活においてはそれが省かれるのがふつうであったらしい。実際、この報告書に掲載されている生徒名簿中でも"Ludwig Bloch"という表記になっている）は、この学校に八年間在籍し、一九二三年七月に修了した。卒業証明書が残されているが、総合評価としては能力、向学心、日常の生活態度のそれぞれに高い評価が下されており、学科科目ごとに見ても、発声や読唇術などの聾唖教育カリキュラム関連のものから、作文、計算、地理学、博物学、図画、工作などの半数が「抜群である」(hervorragend)、あと半数が「称賛に値する」(lobenswert) となっている。

が、この学校を出る半年前、一つの事件がブロッホを見舞っていた。伯父ヴィルヘルム・アンスバッハーの不慮の死である。一九二三年一月にバイエルンのアシャウ（Aschau）でスキー中に雪崩に巻き込まれたのだった。伯父の死後、以前からもそうした兆候のあった、甥に対して距離をとりがちだった伯母とブロッホの間の疎隔感が増していく。それでも幸いなことに、伯父は事故に遭う前に、王宮州立聾唖学校での教育課程を修了したブロッホが次に進むべき道についての手筈を整えていた。それは、チューリンゲン地方のイエナという町で、当時評判をとっていた聾唖者のための私立の高等教育機関にブロッホを進学させることであった。この学校がブロッホのその後の人生にもたらしたものについては、この先、私がイエナの町を訪ねた折のことを語る際に、それと併せて記すことにしよう。

街頭で見かけた「鉤十字」

王宮州立聾唖学校在学中の少年ブロッホが寄宿舎から一歩外に出れば、そこには一九二〇年代初めのミュンヘンの町があった。その街頭を歩む折、彼の目をふと引いたものが「絵による私の履歴」に描かれている。それは、両腕を上げた人体のように見える、一本の立ち木の幹に刻み込まれた、幾つもの「鉤十字」（ハーケンクロイツ）のしるしである。第Ⅱ部の扉に、「絵による私の履歴」の中の該当部分を掲げておいたので参看されたい。

ドイツ国内の当時の政治的状況を確認すると、ヒトラーがそれまで自身が属していた「ドイツ労働者党」（DAP）の党名を「国民社会主義ドイツ労働者党」（NSDAP）に改め、同党の主導者として政界に躍り出たのは一九二〇年のことだった。第一次世界大戦の戦後処理の大勢を決めたヴェルサイユ体制の下、巨額の賠償金を課せられて生じたインフレーションや、ラインラントの占領といった事態によって、社会全体が危機的状況に陥っていた国内の各地では、右傾化や全体主義的傾向を鮮明にした政治集団が次々と出現したが、ここバイエルンの都で、本来、郷土愛的な感情がそこには色濃く存在していたミュンヘンで、ヒトラーはそうした政治勢力を糾合させ、束ねてゆき、その頂点に立っていく。すなわち、ブロッホが一三歳を迎えた一九二三年のミュンヘンでは、一月にナチ党の初めての全国党大会が開催され、ハーケンクロイツのマークの入った隊旗が、ヒトラーから突撃隊に授与されたのだった。さらに一一月、市内のビヤホール「ビュルガーブロイケラー」店内で彼がピストルを発砲して暴動（ミュンヘン一揆）が起こる。事件そのものは二日間で終息し、ヒトラーも一時拘禁されたが、ナチズムの精神はそれによりさらに拍車がかけられ、勢いを増していった。

こうした事態と並行して、芸術における表現の自由が搾め木にかけられていく動きも始まっていた。彫刻家ルートヴィッヒ・ギースが十字架上のキリストが投げかけてくる悲しみを歪んだ線で造形した「磔刑像《たっけいぞう》」が、「望ましくない芸術」と非難され、ミュンヘンで開催された産業展覧会から取り除かれたのは一九二二年のことである。そして、この作品は一九三七年のミュンヘンで開催された退廃芸術展において、今度は展示室の中央に引きずり出され、スケープゴート的な役割を振り当てられていくことになる。

また、一九二三年四月のニュルンベルクでは、前年にナチ党に入党、ヒトラーに心酔するユーリウス・シュトライヒャー（Julius Streicher, 1885–1946）が反ユダヤ週刊新聞「シュトゥルマー」（Der Stürmer）を創刊、その発行部数は一九三三年にナチが政権を獲得すると急速に増え、芝健介『ヒトラーのニュルンベルク――第三帝国の光と影』（二〇〇〇年四月、吉川弘文館）の叙述によれば最盛時には四八万六〇〇〇を数えた。このようにして、ブロッホの周りでは歴史の歯車が不気味な音を立てて回り出していた。それを彼に視覚的に印象付けたのが、街路樹に刻み込まれたナチのシンボルマークだったのである。街の舗道のわきで見かけたこの徴《しるし》が意味するものを理解し、それに対して忠誠を誓った者たちが自分の人生にどんな災厄をもたらしてくるかをリアルに予想することができる年齢には、この時点でのブロッホはまだ達していなかっただろうが、ある異様な気配が自分のすぐ近くに立ち込めてきたことだけは直覚していたのではないだろうか。そして、彼らが自分にどんな禍《わざわい》を及ぼしてくるかをブロッホがはっきりと知らされるのは、それから一〇年ほど後に、再びミュンヘンで青年美術家としての第一歩を踏み出した時であった。

2 青年美術家誕生

ミュンヘン公立応用芸術学校とバイエルン・ユダヤ文化連盟

一九三四年――イエナでの学校生活を終えた後、故郷フロス近郊の製陶工場で働き出したのを皮切りに、オーバーフランケン、オーバープファルツ地域で陶磁器の絵付技術に関わる研鑽を積んできていたブロッホにとって、芸術家としての新たな、そして険しい道に踏み出す時節が到来した。すなわち、この年ミュンヘンの公立応用芸術学校（Staatsschule für Angewandte Kunst in München）に、彼は奨学金を得て入学する。創立が一八〇八年のこの美術の殿堂に入ったブロッホは、一九二〇年代から三〇年代にかけて書物の装幀家として知られていたフリッツ・ヘルムート・エームッケ（Fritz Helmuth Ehmcke）や、文字芸術家アナ・シモンス（Anna Simons）らの指導の下、グラフィック技術のうち木版画の習得を第一の課題とし、かつまた、線画や水彩画に関する理論と技術も習得していった。

その一方で、彼はバイエルン・ユダヤ文化連盟（Jüdischer Kulturbund in Bayern）にも参加していく。その前年の一一月には、ヒトラー政権で国民啓蒙・宣伝大臣の要職に就くゲッベルスが総裁を兼任する形で帝国文化院が設置され、すでに同年五月にドイツ中の大学町で吹き荒れた焚書《ふんしょ》の嵐に象徴されるように、文化活動全般に及ぶユダヤ人排除の動きが一段と苛烈さを増していたが、それに対抗すべくドイツで活動するユダヤ人の芸術家・文化人もまた、彼らの団結を図る場所や組織を作っていったのだった。『ホロコースト大事典』（二〇〇三年一〇月、柏書房）中で立項されている「ドイツのユダヤ人」では、ユダヤ文化連盟も帝国文化院と同じく一九三三年に設立され、「反ユダヤ諸法のために収入の道を失ったユダヤ人・知識人を組織に吸収する」とともに、「ユダヤ人共同体の文化的ニーズに応える」といった目的も有していた、と解説されている。ここでは、それと並行して設立されたバイエルン・ユダヤ文化連盟及び同連盟の一支部であるミュンヘン支部の初期（一九三四〜三五年）の活動の実態を、「バイエルン州ユダヤ人共同体新聞」(Bayerische Israelistische Gemeindezeitung) ならびにダーナ・スミス (Dana Smith) の論文「ユダヤ文化連盟バイエルンミュンヘン支部１９３４―１９３８」（アラン・E・シュタインヴァイス編『ミュンヘンのユダヤ人の歴史と文化』〔第二号、二〇一四年〕所収）を参照しながら見ておくことにしよう。

文化連盟の活動

バイエルン・ユダヤ文化連盟は、ユダヤ人音楽家であったエーリッヒ・エルク (Erich Erck) が、バイエルン州の教育・文化省長官ハンス・シェム（Hans Schemm）宛てにバイエルンの独立文化連盟設立に関する申請書を一九三三年一〇月に提出した結果、翌三四年二月九日に設立、ミュンヘン、ニュルンベルク、フュルト（Fürth）など、七支部体制で活動を開始した。

一九三四年三月一五日発行の「バイエルン州ユダヤ人共同体新聞」（以下「ユダヤ人共同体新聞」と略記）第六号には「バイエルン・ユダヤ文化連盟の課題」（Die Aufgaben des Jüdischen Kulturbunds in Bayern）という記事があり、それを見ると連盟が主として「講演会・討論会」、「音楽（コンサート）・演劇」、「美術」の三分野の催しに活動の軸足を置いていることがわかる。そして、それらを具体的に紹介、講評する記事の件数とその内容は、「バイエルン・ユダヤ文化連盟」（Jüdischer Kulturbunds in Bayern）欄を中心に、四月一五日発行の第八号では連盟の発足を祝して翌月開催されるさまざまな催しを報じるものが目白押しに並んだのをはじめ、第九号（五月一日発行）以降も、しばらくの間は紙面の一頁ないし二頁分を埋めて、連盟の活動が順調に展開していることを告げていく。

中でも、とりわけ掲載回数の多いのが音楽活動に関する記事である。エーリッヒ・エルク率いるミュンヘン文化連盟オーケストラ（Müünchener kulturbund-Orchster）の定期コンサートを紹介する記事と並んで、この街で活動している他のユダヤ人音楽家グループによるボーカルカルテット（Vokalquartett）や室内楽の夕べ、シナゴーグコーラス（Konzert des Synagogenchores; jüdischliturgisches）の催しを告げるものもあって多彩だ。演奏される曲目中、作曲家として人気を博したのはフェリックス・メンデルスゾーン（Felix Mendelssohn, 1809–1847）だが、モーツァルト、シューベルトらの楽曲も選ばれている。ダーナ・スミスの調査によれば、一九三四年三月から三八年一一月（この月にあの「帝国水晶の夜ポグロム」が起こった）までの間、ミュンヘンでは六一回ものコンサートが開かれたという。また、ステファン・フランケル（Stefan Frankel）のバイオリン・コンサート、ニュルンベルクの音楽家たちのコンサート、ライン・マインのユダヤ文化連盟に属する音楽家たちの弦楽カルテットの記事を見れば、バイエルン・ユダヤ文化連盟に加盟している他支部との交流や、「黄金の一九二〇年代」を築き上げた学問と芸術の都ベルリンとの文化的通路の獲得が図られていたこともわかったりして、これまた興味深い。

　講演会もまた、ベルリンをはじめとして各地から知識人や宗教的指導者（ラビ）を招いて随時開催されているし、文学に関しては、一九三四年一月に没したユダヤ人小説家のヤーコプ・ヴァッサーマン（Jakob Wassermann, 1873–1934）――明治の文豪森鷗外にも彼の小説を訳した「黄金杯」という作品があるが、ヴァッサーマンの著書は、彼の亡くなる年にドイツ全土で禁書扱いとなっていた――を大きく取り上げた記事が何度か出て来るのが注目される。「ドゥイノの悲歌」や「マルテの手記」で日本の文学者にも多大な影響を及ぼした、詩人ライナー・マリア・リルケ（Rainer Maria Rilke, 1875–1926）の生誕六〇年にちなんだ長文の記事もある。

図2-1
「ユダヤ文化連盟の友人と支援者」欄
（「バイエルン州ユダヤ人共同体新聞」19号、1934年10月1日）

演劇の方で目を惹くのが、大判の写真記事も見いだせる、マリオネット（操り人形劇）関連の記事である。スウェーデン出身の劇作家ストリンドベリ（Johan August Strindberg, 1849–1912）作「モーゼ」（Moses）は、エジプトを舞台にファラオの娘に命を助けられた小さなモーゼが、エジプト脱出を経て十戒を手に入れるまでをストーリーとする、「ユダヤ」的テーマを扱ったものである。観客の中には、パレスチナの地に故郷を再建しようとするシオニズムの動きに賛同する青年たちが多く含まれ、一九三五年一月にプロムナード通りにあるミュージックホールで公演された。

「ユダヤ人共同体新聞」で、これらの記事以外にもう一つ注目したいのは広告欄である。見開き二頁にわたるこの欄の名称は“Freund und Förderer des jüdischen Kulturbundes”（ユダヤ文化連盟の友人と支援者）となっていて、そこに用意された多くの広告枠を埋めたのが、マリエン広場をはじめ地元に根差したユダヤ人が個人経営する洋服、シガー、毛皮、写真機などの専門店や、ユダヤ人所有の著名なローカル企業（百貨店）のウールフェルダー（Uhlfelder）などの広告であった（**図2−1**）。この広

Freunde und Förderer des jüdisch. Kulturbundes

STOFFE Wolle, Seide und Baumwolle — S. Eichengrün & Co.

Wäsche-Ausstattungen Spitzen Gardinen — Rosa Klauber

Raff Wäsche-Ausstattungen

N. STARK & Cie. Karlsplatz 5 — Qualitäts-STOFFE für Herren- und Damen

Die gute Zigarre bei S. LEVINGER

Der Kürschnermeister für den eleganten Pelzwerk — Pelz-Reiss

Anton Grießl — Spezialhaus für Wäsche jeder Art

Troplowitz & Co. Optiker — OPTIK FOTO

FRANKFURTER SCHIRMFABRIK J. Mayersohn

Geschenk-Artikel in GOLD und SILBER — J. B. ROTHSTEIN

Herren-Damen-STOFFE Weinberger & Bissinger

S. Orljansky & Co. PELZE — NEUHAUSERSTR. 29

Druckarbeiten: Fernruf 73664-65

Qualitätskleidung bei ROSENFELDER Gegründet 1878 Bayerstraße 5

SCHÖNES HEIM — GEBR. REHBOCK DIENERSTRASSE 20

Münchener Veranstaltungen im Oktober 1934

VORTRAG mit Lichtbildern — Professor Dr. Franz Landsberger-Berlin „JUDENTUM UND MODERNE KUNST“

REZITATIONSABEND des Münchener Dichters Fritz Rosenthal

KONZERT — STEFAN FRENKEL (Berlin) Violine — Am Flügel: ALMA WEISS

GERSTLE & LOEFFLER — Das bekannte Haus für MODE und WÄSCHE

HEINRICH COHEN — Wollstoffe, Samte, Seidenstoffe, Spitzen, Schals, Knöpfe, Schließen

Freunde und Förderer des jüdisch. Kulturbundes

L. Bernheimer — EINRICHTUNGEN STOFFE · TEPPICHE ANTIQUITÄTEN

Alle Artikel des täglichen Bedarfs gut und billig — Uhlfelder

Tempo Modernes Kaufhaus

M. T. Wetzlar — Silber, Gold Reparaturen Umarbeitungen

MÜNCHENER GROSSHANDEL

H. & J. GUTMANN Großhandel in Kurzwaren

J. HEILBRONNER u. GUGGENHEIMER Großhandel in Kleiderstoffen und Baumwollwaren

Max Hirsch — München - Augsburg

E. C. Königsberger Tuchgroßhandlung

Albert Weil Tuchgroßhandlung

Max Wilmersdörfer

J. WILDBERG A.G. Großhandlung in Schuhwaren

Julius Levi Wollgarne Strickwaren

告料金による収入の一部が、バイエルン・ユダヤ文化連盟の活動を支えていくことにもなった。

グラフィックアート展への出品

一方、バイエルン・ユダヤ文化連盟による美術（視覚芸術）分野のイベントを報じる記事はさほど多くはない。が、その中で、ブロッホがこの連盟に関わっていることを確認できる記事が一つあった。一九三四年四月一一日発行の「ユダヤ人共同体新聞」特別号の第一面を見ると、「グラフィックアート展覧会」、「歌曲と室内楽の夕べ」、「晴れの夕べ」、「舞台劇『引受人』」の四つの催しが告知されているが、このうち三月二九日から五月一日までヘルツォーグ・ルドルフ通り（Herzog Rudolf Straße）一番で開催されている、地元バイエルンで活動中の芸術家たちの作品を展示した「グラフィックアート展覧会」に、ブロッホの作品も出品されたのだった。

そして、ブロッホの作品について具体的に言及しているのが、四月一五日発行の第八号に掲載された、“Dr.S.”の署名記事「文化連盟のグラフィックアート展覧会」（Graphische Ausstellung des Kulturbundes）である。評者はブロッホのリノリウム版画ならびに水彩風景画を取り上げ、それぞれ「フォーマットと自然把握の点でおとなしい」、「絵画全体が生き生きとした効果を得るためには、色彩の点を軽いタッチで置くことが肝要だが、そうした描写がまだ十分に実現されていない」と評している。さほど芳しい評価とは言えず、後者などほとんど苦言に近いが、それはブロッホだけに向けられたものではない。「この展覧会のレベルは、好感の持てる素人芸あるいはディレッタンティズムと、本格的な芸術作品のそれとの中間程度であると言えよう。旧習を脱する動きはほとんどなく、むしろ有名な作品に倣って多少ともそれに適合する傾向を示している方が勝っている」という総評が示しているように、展示された作品群はいずれのジャンルにおいても、当時まだ無名で、これから本格的に美術家として立っていこうとする人たちの手になるものであった。ブロッホもこうした芸術家の卵の一人として扱われているのであって、それ以上でもそれ以下でもない。まだ駆け出したばかりの、はたしてどのように伸びていくか、その答えはこれから先に待っている、そんなブロッホの現在を思い浮かべよう。なお、この展覧会はバイエルン・ユダヤ文化連盟にとっての移動展覧会という性格も持っていたらしい。『ブロッホ木刻集』解説には、ミュンヘンでの展示終了後、六月には会場をフュルト（ニュルンベルクに隣接する小都市で同連盟の支部の一つが置かれていた。ヤーコプ・ヴァッサーマンの生地でもある）に移して同様の展覧会が開かれたことが記されている。ブロッホの作品がそこでも出品されていれば、彼の活動圏がその分広がりを増していったと言えるのだが、「ユダヤ人共同体新聞」ではその事実を確認できず、フュルトのユダヤ記念館に問い合わせてみたが、その件については不明とのことだった。

短期間で已んだ店内装飾の仕事

一九三六年に入ると、ブロッホは宣伝用ポスター制作画家、店内装飾デザイナーの職を得て、ミュンヘンの学校を一時離れ、バイエルン東部、ニーダーバイエルン地方のシュトラウビングに移る。彼が雇用されたのはユダヤ人が所有権者であったザウター百貨店（Kaufhaus Sauter）である。この時期の彼が制作したポスターを数点確認できたが、その中の一つは町のランドマークでもある教会の尖塔と百貨店の建築物が屋根の海の中に聳え立っているグラフィックなデザイン、もう一つは男の子と女の子が戸外でボール遊びに興じている様子を描いた、童心をくすぐる感をもたらすものだった（図2－2）。

また、「第I部　ブロッホの上海体験」では、上海画廊で開催された彼の個人展覧会のことを取り上げたが、そこに展示された五〇点の水彩画の中に、一九三五年から三八年にかけてドイツ国内で制作されたものが含まれていたことも思い起こしておこう。それらがどの程度、バイエルン・ユダヤ文化連盟の催しと直接関わっていたのかは未詳だが、「ハムブルクの小舟」、「ドナウ河上流」、「ボウデン湖」、「ボヘミアの森」、「バアバリアのアルプス」といった絵のタイトルが示すように、その時期のブロッホは各地に足を向け、風景をスケッチしている。上海で開かれた個展

図2-2
ブロッホがデザインした
ザウター百貨店ポスター

図2-3
ブロッホが描いた
ライン川の風景〔水彩〕

の目録中にある題名からは確認できないが、ブロッホがライン川の中洲にある塔をスケッチした絵を図版として挙げておこう（図2－3）。この塔屋は外観から推して、あの伝説の舞台となったローレライの岩の近くに中世に築造されたプファルツ城の遺構だと思われる。

　だが、こうした穏やかな生活に浸れたのも束の間、ドイツ全土にわたってユダヤ人を経済活動から排除し、彼らの公民権を剥奪する動きが加速化していった。こうした動きは、すでに一九三三年四月時点のナチ指導部が煽動した、ドイツ国内のユダヤ商店を対象とするボイコット行動から始まっていたが、さらに三五年から三八年にかけて、いわゆる「アーリア条項」（ユダヤ系公務員の解雇、ユダヤ人富裕層に対する財産リスト申告の義務化、ユダヤ人医師・弁護士の就業禁止など）が矢継ぎ早に施行されていったのである。こうした状況の中で、前記ダーナ・スミスの報告を再度借りると、「ユダヤ人共同体新聞」の「ユダヤ文化連盟の友人と支援者」欄の広告スポット数は、一九三八年になると二九から一〇へと激減する。一方、バイエルン・ユダヤ文化連盟ミュンヘン支部の会員数も、ドイツ国外へ亡

命する者、あるいは活動の余地がまだ残されている国内の他地域へ移住する者もあって、前年の三七年には二〇％の減員を見た。加えて三八年六月には市内のメイン・シナゴーグが破壊され、そこにあった同連盟の本部も移転を余儀なくされるに至った。

ここでブロッホの置かれた状況に目を転じれば、彼が勤めるザウター百貨店の所有権も非ユダヤ人側に強制的に譲渡されてしまう。その結果、ブロッホは三八年一〇月にそこを解雇された。

ミュンヘンに戻って再び芸術学校に足を運んだものの、そこにもブロッホを迎え入れる席はなかった。実は、シュトラウビングに赴く前にも、ブロッホは自分が描いた素描画に、ユダヤ人に対するあてつけめく落書きをされていたが、いまはそれよりはるかに剝き出しの敵意が彼を取り巻いている。すでに月が替わって一一月に入っていた（**写真2－2**）。

写真2-2
ミュンヘン公立応用芸術学校
時代のブロッホ

3 ダッハウ抑留体験と芸術創造

水晶の夜

一九三八年一一月九日の晩、ナチの指導者たちはミュンヘンの旧市庁舎大広間に集まっていた。一五年前のその日にヒトラーがこの街で起こした武装蜂起を記念し、それ以後飛躍的な勢力拡大を遂げてきたナチズムの勝利を言祝ぐ恒例の行事を済ませた後のことである。

夕食会の最中、その二日前にポーランド系ユダヤ人青年ヘルシェル・ファイベル・グリューンシュパンに銃撃されて重傷を負った、在パリ・ドイツ大使館付外交官のエルンスト・フォム・ラートの死亡を伝える電報がヒトラー宛てに届いた。同席していた宣伝大臣ゲッベルスは、この報に接して異常なほど厳しい調子で彼と話し合った総統が退席した後、この出来事はドイツ帝国に対する世界ユダヤ主義の陰謀であり、自分たちは煮えたぎる民族精神の正当な蜂起を通してそれに報いる必要があることを強く示唆する演説をその場でやってのけた。そして、激越した調子で彼が発した言葉は、短時間のうちにほとんど指令同然の形となって、大管区宣伝局を経て党のるユダヤ人に対する報復の動きが国内各地でとられていったのだった。ユダヤ人に対する憎悪や敵意が、法的規制を無視した大量殺人の段階にまで達し、以後こうした狂宴の炎がますます燃え盛っていくのをあからさまに示したこの夜のことを、荒れ狂う暴力によって粉々に砕け散ったショーウィンドウのガラスが夜目にもしるく輝いていた光景とつなげて、「クリスタル・ナハト」（Kristallnacht ＝水晶の夜）と呼ぶことを知る人は多いと思う。

国家的機関が仕組んだ反ユダヤ的な襲撃と暴行によって、一晩のうちに全ドイツでおよそ一〇〇人のユダヤ人が殺害された。シナゴーグは少なくとも三〇〇近くが放火されて全焼するか、もしくは破壊され、ユダヤ人の商店や事業所で略奪と破壊の被害を被ったものは七五〇〇を数えた。ブロッホの作品が展示されたヘルツオーク・ルドルフ通りにあったユダヤ教会会堂や、「ユダヤ人共同体新聞」に広告を載せていたウールフェルダー・デパートも、その狼藉から逃れることはできなかった。

災禍はそれだけにとどまらなかった。日付の変わった一〇日の午前一時二〇分、親衛隊中将ハイドリヒがミュンヘンから発した特別至急電信中に、「今夜の事態が経過する中で、この事態のために動員された警察官のうち、つぎの局面に使用できる人員が整い次第、全管区において、既存の保護拘禁施設に収容できる限りのユダヤ人、とくに富裕なユダヤ人を逮捕のこと。まずは壮健なユダヤ人だけを逮捕して」云々といった言葉があるように（H・J・デッシャー『水晶の夜　ナチ第三帝国におけるユダヤ人迫害』〔小岸昭訳、一九九〇年七月、人文書院〕による）、約三万人のユダヤ人男性がそれから数日のうちに逮捕され、保護検束の名目によってブーヘンヴァルト（Buchenwald）、ザクセンハウゼン（Sachsenhausen）、ダッハウにあった強制収容所にそれぞれ収監されたのである。

このうちミュンヘン郊外のダッハウに収容されたのは約一万一〇〇〇人、その中にはバイエルン・ユダヤ文化連盟の立役者であるエーリッヒ・エルクをはじめ、ミュンヘン支部の主要メンバーも多く含まれていた。この年に開催したコンサートはわずか三回だったが、それでもなおそのことによって存続の証を立ててきた文化連盟の活動の息の根が止められたことは、火を見るより明らかであろう。一ヶ月後にベルリン以外の地域でのユダヤ文化連盟の活動は禁止され、さらに一二月三一日をもって、ドイツ・ユダヤ文化連盟の帝国連合に対しての公式的な粛清と解散を図る措置がとられても、もはや、それに抗う力を連盟は持っていなかった。

では、ブロッホはその時、どうしていたか？　「プロローグ」で彼の履歴を紹介した際にすでに伝えておいたように、彼もまたこのユダヤ人狩りの第一波から逃れることはできずに、ダッハウに収容されたのだった。まだしもの幸いは、その期間が約一ヶ月で済み、上海行きという次のステージを持ち得たことだったと言えるにしても……。

ダッハウへの拘引

二〇〇四年の三月下旬のある日、私はダッハウ強制収容所記念館（KZ-Gedenkstätte Dachau）を訪ねた。ミュンヘンから都市近郊鉄道のＳバーンに乗車して二〇分ほどでダッハウ駅着、そこからは路線バスを利用。車窓から見えるのは、ミュンヘンと比べると、ずっとこぢんまりとした閑静な町のたたずまい。一〇分弱にしてもう記念館入り口に到着した。

〈収容所〉といえばもっと遠くにあるのではという予想とは違った場所で降ろされ、最初はちょっと戸惑いを覚えたが、朝方から降るともなく降り続けている冷たい雨の中、がらんとした跡地に入り、かつて多くの収容宿舎がそこにあったことを示すコンクリートのブロックを左右に見ながら記念館の建物に向かって歩いて行くうちに、だんだんと腑に落ちてくるものを感じ始めた（写真２－３）。つまり、何かしらの不条理な理由で、これまでの日常から引き剝がされてしまった人がそのことを強く意識させられるのは、いまの自分が収監されているところとそれまで自分が暮らしていたところとの間に存在する、物理的な距離の隔たりということよりも、もっと内面的で心理的な変化というものに大きく因っているのではないかと、そ

う考え始めたからなのであった。そして、この種の孤絶感がいやがうえにも増していくための必要にして十分な条件とは、ふつうの人がふつうに生活を営む世界が、じつは収容者のすぐ間近にあるのを当人に意識させることなのではないか。手を伸ばせばすぐにでも届きそうな近くに日常の生活が存在しながらも、けっしてそれに触れることがかなわないことを感じさせる点において、この場所に開設された現実的な理由も後述するようにむろんあったとはいえ、ダッハウ強制収容所は絶好の場所に位置していたと言えよう。

　さて、ダッハウ強制収容所に送り込まれた日とその前後のことを、ブロッホはどのように記憶しているか。次に挙げるのは、ニューヨーク州ロチェスターにキャンパスを持つ、ロチェスター工科大学の学部の一つである国立聾工科大学（Rochester Institute of Technology's National Technical Institute for the Deaf）のサイト上にあった、「ピーターセンコレクション――暗がりの中での光――ダーヴィト・L・ブロッホ」（Petersen Collection—Light in the Shadows—David L. Bloch）の中で、取材を受けた時点で七七歳だったブロッホが、彼の自宅を訪ねたインタビュアーの問いに答えて、往時を回想して語ったもののあらましを訳出したものである。なお、ブロッホの語りの中には、聴覚障害の彼がピストルの発砲音を至近距離で聞いたくだりも出てくる。彼の聴覚はまったく音を聞き取れない状態ではなく、わずかではあるが残されていたとの近親者からの報告もあるが、それとともにインタビュアーに対して、そこには彼の空想も働いていたのではないかと思わ

写真2-3
ダッハウ強制収容所址。正面にあるのが記念館
（2004年3月撮影）

せるような答えかたをすることのうちに、その時の彼を取り巻く事態の深刻さや、それに対して全身の感覚でもって応じて生の活路を見出していこうとした、ブロッホの緊張しきった精神状態が投影されているように思う。

しかし、一九三八年になると、状況はあらゆる面で悪化の一途を辿った。ユダヤ人の商店を狙った襲撃や略奪が至るところで起こり、ユダヤ人は石をぶつけられもした。こうした乱暴狼藉が横行する中、私は外出を控えねばならなかった。私の下宿先の女主人は、外出したらさまざまな危険が予想されるので屋内にとどまるように忠告してくれたのだが、その日の夜、警官がやってきて私を逮捕し、そして私は警察署に連れていかれた。警官たちは私たちユダヤ人をそこに連行してきており、その場にいた巡査部長は、私たちが何をしでかしたかは知らないが、ともかく私たちを逮捕してここに連れてくるように命じられているのだと言い放った。ほどなくしてゲシュタポ（ナチス・ドイツ期、ドイツ警察の中にあった秘密警察部門を指す。大橋注）もそこに現れたが、彼らは制服ではなく平服を着ていた。

私たちは一台のトラックの荷台に押しやられ、集結地点と呼ばれていた場所へ運ばれていったが、そこには他の場所で逮捕されたユダヤ人も多数集められていた。何かがとても悪い方向に動いている、そう感じた時、ズドンという物凄い物音がした。私は「振り向くな、じっとそのままでいろ」と、自分に言い聞かせた。それから何時間もずっとそこに立たされてから、私たちはまた別のトラックに乗せられたが、その時にもズドンという音を耳にした。が、私はやはり身動きしないで、ただひたすら前方を見る姿勢を保っていた。移動中に、自分たちが連行されていくのがダッハウの収容施設であることがわかったが、周りに何人もの兵士がいるので、私はそのことを仲間に伝えるのをやめた。話したり、笑ったり、その他どんなこともできない、緊張して張り詰めた空気だけがその場を支配していた。とうとう到着した。そうそう、あなた（インタビュアーを指す）にお見せしたいものがある――と言ってブロッホは、ダッハウ強制収容所の光景をペンとインクを用いて描いた一枚の大きな絵を取り出してきたが、それには監視用の照明とその中に並ばされた人々、電流も流れる仕組みになった有刺鉄線を張り巡らした高い壁、収容者を押し込む何棟もの建物が、不気味な雰囲気を醸し出して描かれていた。ブロッホは続ける――これは私たちが着いた場所を描いたものだ。"Torhause"（記事中の表記はこうなっているが、"Jourhaus" のことだろう。一九三七年に設置されたこの「ジョアハウス」は、被収容者たちが収容所内に送り込まれる際に通過する唯一の場所であり、SS（SSはナチ親衛隊 Schutzstaffel の略号）の管理人室もすぐ横手に置かれていた。訳せば「（SSの）当直所・守衛所」といったところだろうか。さらに、ナチ政権時代にはプロパガンダ目的の収容所視察が一九三八年まで行われていたようだが、視察者たちがダッハウの「ジョアハウス」の門を通り抜ける時、そこにはナチがユダヤ人を収監する際に用いた、「労働が人を自由にする」（"ARBEIT WACHT FREI"）のスローガンを彫りつけた文字が掲げられていたという）と呼ばれていたが、なぜそのように名付けられていたかは私にはわからなかった。それはともあれ、収容所への入り口は一つだけ、私たちは完全に閉じ込められたのであり、そこから脱け出すことなど、有刺鉄線と監視人たちが施設全体を取り囲んでいるかぎり、できない相談だった。

私には、こんなにも多くの人がそこにいるのが信じられなかった。時刻は夜中の一時頃だったと思うが、夜陰が濃すぎて周囲の様子を見ることもできなかったので、正確にそうであったと言い切る自信はない。私は、ここでも前方だけを見て直立の姿勢をとり続けた。なぜなら、もし頭や首を少しでも廻したり動かしたりすれば、たちどころに監視人から頭を殴打されるのがわかっていたから。

私たちはそれぞれ割り当てられたバラックの中に入るように命じられ、それに従ったが、その状態はほとんど監禁と変わらなかった。食べ物も飲み物も供給されず、話をすることも許されなかったので、床の上に横たわるしかなかった。早朝の五時頃であっただろうか、私たちは全員起こされた。我々が持っていたものといえば、その時着ていた衣服の他に何もなかった。それから私たちは整列させられ、何度も何度も行進することを強いられた。休憩などなかったし、天候がどうであろうと、塀で囲まれた中を一日中行進させられる日がその後も続いたが、もはやそれは苦痛以外の何物でもなかった。最初の晩、食餌としてあてがわれたのは塩漬けの魚だった。食べられる代物ではなく、収監者は誰もそれに手をつけることができなかったが、しばらく後になると、他に何もないものだから、やむなくそれを口に入れるようになるのだった。来る日も来る日も私たちは行進させられるのであった。

ダッハウ強制収容所

ここで、ダッハウ強制収容所の沿革を確認しておきたい。同収容所は一九三三年三月、第一次世界大戦後に閉鎖されていた軍需工場とその敷地を利用して建設された、ドイツで最初の大規模な強制収容所である。開設当初はドイツ共産党員、社会民主主義者、各労働組合活動家ら、ナチ政権に抵抗する政治犯の収容を目的としていたが、やがてロマ（ジプシー）と呼ばれる流浪の民族や同性愛者、そしてまたユダヤ人も投獄の対象となっていった。

収監者の反抗の芽を摘み、彼らに対する監視体制を強めるために収容所内で定められた数々の罰則や決まりが、後続の収容所の範となる一方、ダッハウ強制収容所の規模は、一九四〇年に入ると格段の広がりを見せるに至った。その点を確かめると、収容所の全体は収容施設区域と遺体焼却炉区域との二区画から成り立ち、前者の長方形をした敷地は、高圧電流の走る有刺鉄条網、排水溝、七ヶ所に監視塔が設置された壁に囲まれている。敷地内には、拘留者用の建物が中央通路を挟んで二列で一七棟（一棟につき二〇〇人の収容が可能）ずつ並び、点呼広場を間に置いてそれらと向かい合う位置には、事務所、倉庫、作業場、そしてブンカー（牢獄）のある管理側の施設群が並ぶ。また、収容所周辺にはSS隊総司令部、医学校、経済・民事幹部学校といったSSの諸施設が抑留者の労働力を用いて建設され、こうしてダッハウ強制収容所のいわば複合施設化が整備された。

収容所が稼働を始めてから一九四五年四月末の抑留者解放に至るまで、あのアウシュヴィッツやトレブリンカのようないわゆる絶滅収容所とは違って、工業生産の労働力にユダヤ人を利用することにも重きを置く、いわば「第一カテゴリー」に属していた収容所とはいえ、ダッハウに収容された人々もさまざまな形で帰らぬ人となった。シャワーを浴びせると偽って大量の人間を窒息死に至らせる、化学薬品チクロンBを使うガス室がダッハウで稼働した記録はないが、絞首刑と銃殺刑、あるいはまた軍が要請する医学上の人体実験の被験者となって殺害されていったのである。そして、戦争末期になると前線に近い他の収容所からの移送者が相次ぎ、それによって過重収容の状態となった収容所内では食料不足による飢え、劣悪な衛生環境がもたらす伝染病が蔓延し、犠牲者の数は増加の一途を辿った。ダッハウ解放直後、この任務にあたったアメリカ軍の兵士たちは、一棟あたりの収容能力が三〇〇人とされている二〇棟のブロックに三万人が収容されているのと、構内に放置された四〇両の無蓋車両に一〇〇体前後の死体が放置されているのを目撃している。

こうした収容所の実態を、館内の展示はさまざまな角度から伝えてくる。逃亡を試みたが、発見されてその場で射殺されたのだろう、戸外の草叢《くさむら》の中に顔を突っ込んで死んでいる男、超高度での気圧の低下に対する耐久力を試されて表情に異状を来した男たちを撮った写真がある。館外の敷地に出てみると、この収容所の入り口にも「労働は自由をもたらす」の言葉がかかっていたことを知らされる。記念館と隣接した建物に入ると、そこには、薄暗い廊下を挟んで独房として使われていた小部屋が並んでいる。一方、同じ建物の入り口近くにはナチの職員らの詰め所がある。その部屋を出れば、懲罰により各房に拘禁された人々の恐怖や不安が、閉ざされた扉の向こうから確実に伝わってきたであろうに、彼らはそれにどう向き合っていたのだろうか。

詐術的な光

再び記念館に戻り、さていよいよその一角に設けてあるブロッホの作品展示場――「私の絵は私の言葉」(Meine Bilder sind meine Sprache) に入った。この展覧会に合わせて作られた目録を見てもわかるように、点数はさほど多くはないが、出品作品の内容は、上海時代の木版画と水彩画、ホロコーストをテーマとする木版画と絵画を中心として、習作時代に郷里にあるシナゴーグをスケッチしたもの、陶器工場での徒弟時代や商業デザイナーの職に就いていた時に描いた洋皿やカップの絵付けのための下絵、デパートの宣伝用ポスターと、多岐にわたっていた。また、館内の常設展示コーナーの方にも、目録で紹介される前から展示されていた作品がある。これらの中から、ブロッホのダッハウ拘留体験及びホロコーストという災厄をモチーフにしたもので、自分が初めてそれに接した時に印象に焼き付けられた作品を三点選んで、私なりの感想を記していこうと思う。

最初に取り上げたいのは、アクリル画の「ダッハウ強制収容所１９３８」（Concentration camp Dachau 1938）である。上海に亡命してまもない頃に絵の構図に適した形と大きさを具えた木材板を入手し、一九四一年時点では下地の色付けは済ませたものの、その後の作業は中断、実際に完成したのは一九七七年だったというように、作品の制作過程にも特徴のある作品だ。

いったい、ここにはどれほど多くの人間がいるのだろうか。ガラスケース内に展示されている縦三二センチ、横八三センチの画面には、ダッハウ強制収容所の点呼場一杯に収監者たちが整列させられている光景が描かれている（口絵15）。記念館で入手した資料集“CONCENTRATION CAMP DACHAU 1933–1945”（一九七八年）によると、一九三三年の開設から「帝国水晶の夜ポグロム」が生じた一九三八年まで、ダッハウ収容所に送り込まれた人々は三万一九四一名に達していたが、画面の右下には、ユダヤ人の収監服に縫い付けられた「ダビデの星」を象ったマークとともに、「２１０９６」という数字も書き込まれている。保護観察対象者として拘留されたブロッホにあてがわれた番号である。

夜の何時頃であろうか、青黒い色調で覆われた空の下、それよりもいっそう黝《くろ》ずんだ色をした監視塔と壁に囲まれた中で、収監者たちが直立不動の姿勢で整列させられている。少し前に召集を命じる声が拡声器を通じて響き渡ったが、いまはそれも止み、不気味な静寂が点呼場全体を支配しているような気にさせられる。あたかも深海の底を感じさせるようだが、そこに一つの変化をもたらすものとして、監視塔と壁面の何ヶ所かから放たれる電光がある。

そして、幾条かに分かれて地上に注がれているこの人工の光は、恐怖や不安に駆られている人々に救いをもたらすものではないように見えてくる。建築評論家飯島洋一の評論集『グラウンド・ゼロと現代建築』(二〇〇六年六月、青土社)中に、クロード・ランズマン『SHOAH《ショア》』が記録した、絶滅収容所から生還したユダヤ人の証言を引用して、ナチの親衛隊隊員が用いた非人間的な光について言及した箇所がある(「光の恐怖」)。すなわち、ナチの創案になる「ガス・トラック」に押し込められた人々が暗闇の中で恐慌を来して、その後の作業が滞るのを避けるため、SS隊員は彼らをそこに収容してから「数分間にわたって、照明装置を点灯させ」て安心感を与えた上で、今度は照明のスイッチを切り、それから一酸化炭素ガスを送り込んだのである。いわば、ここでの光は、絶望の淵に追い込まれた人々にとって、恩寵をもたらすと見せかけてそれを裏切っていく、いわば詐術的な光としての役目を十分すぎるくらい果たしているのだが、ブロッホの描いた絵の中にある光も、それと相通じていないか。

つまり、上方からの光に照らされれば、死と等価な暗黒の中に自分が置き去りにされるかもしれない恐怖心は一時的に紛らわされるかもしれない。しかし、そうなったからと言って、その後の彼の生がはたして保証されるのだろうか。いや、この光を浴びること自体が、かえって彼の存在が浮き上がり、周囲の者から引き離されて独房へ、そして死の淵へと連れ去られていく契機にすらなりかねないのだ。点呼場に並ばされた人々は、光線の届き方の違いによって、明るいところと翳りを帯びたところとに分かれて立っているけれども、結局のところ、双方ともに巨大な死の暈《かさ》の下に括り込まれてしまっているのではないだろうか。

少し脇道に逸れるが、ナチが創り出した光と聞いてもう一つ思い合わされるのは、一九三六年にニュルンベルクのツェッペリン広場で開催された党の集会時に出現した、「光の大伽藍《カテドラル》」である。党の御用建築家アルベルト・シュペーア（Albert Speer, 1905–1981）の発案で、広場の周囲に配置された一〇〇台を超える対空サーチライトが夜空に向けて放った光線は、六〇〇〇ないし八〇〇〇メートルの上空に達し、そこで広がった光は丸天井のドームのように見えたという。何本もの光の矢が垂直に上昇していき、その行く手に生じた壮大かつ神秘的な光の海は、ナチズムに心酔する人々の感情をいっそう高ぶらせたであろう。そのことを知った上でブロッホの絵に目をやれば、青黒い空にかすかに滲み入っている鈍い黄味を帯びた色彩は、監視塔から地上に向け

図2-4
「ダッハウ強制収容所1938」
（Concentration camp Dachau 1938, 部分）〔アクリル〕

て放たれる光線の照り返しのように見えてくる。そして目を凝らすと、画面中央の監視塔の上方で、そこだけ周囲の色調とはやや異なった黄ばんだ三角の形をしたものが浮かび上がっているのがわかる。この曖昧な明るさを宿した不思議な輪郭を持った図像は、宗教的といえるまでに高まったナチズムを視覚的に表象した、ツェッペリン広場上空にできた広大無辺な光の海に対する、ある種のアイロニーのようにも思われる。

不在の表象

アクリルで描かれた「ダッハウ強制収容所１９３８」の絵の中で、もう一つ注目されるのは、点呼場に並ばされた収監者たちの最後列（鑑賞者の側から見れば画面の一番手前）のところどころに置かれている、几帳面に折り畳まれた収監服の存在である（図2－4）。これが意味するものを考える上で、徐京植の「虐殺とアート」（「季刊　前夜」二号、二〇〇五年二月）を参照したい。徐は、第二次世界大戦中にラトビアのリエーバヤの地に集められたユダヤ人の女たちが、殺される直前に衣服を脱がされているところを撮った写真や、現代アーティストのクリスチャン・ボルタンスキーが制作した、散らばった

衣服を素材とするインスタレーションを紹介しながら、「不在の表象」という創作手法に言及している。そして、そこには「脱ぎ捨てられた衣服は「不在の表象」です。抜け殻によって、われわれはどんな想像を刺激されるか。不在の表象が、虐殺や戦争を芸術的に表象するときの一つの方法として、現代アートの世界では大きな役割を果たしています。それはまた適切に葬られなかった人々への追悼という意味を持っているわけです」という一節がある。

ブロッホの芸術家としての目が捉えた点呼場の土の上に置かれた衣服も、それと似た意味を帯びている。この衣服を見た私たちは、それを脱ぎ終えた後、その場から姿を消していった人たちがどうなっていったか、容易に想像できる。そして、脳裏に浮かぶ殺害の惨酷なイメージに加えて、さらに慄然とさせられるのは、それらの衣服が私たちの目の前できちんと折り畳まれていることだ。もしも、それが脱ぎ捨てられたままの状態であるなら、そこからはその衣服を身に着けていた人間の体温を、まだしも感じ取ることができるかもしれない。そうであってこそ「抜け殻」だと言えるのだが、折り畳まれた衣服の方は、もはや次にそれを着る人間を待つ用意しかしていなくて、前の人間のことはきれいに消し去った状態で存在している。そうなのだ、「抜け殻」ですらない衣服がここにある!

ダッハウ強制収容所記念館には、カール・フロイント（Karl Freund）の描いた「一九三八年一一月の点呼」（Appeal im November 1938）、と題する素描画も展示されている。キャプションに

図2-5
カール・フロイント画「一九三八年一一月の点呼」
（Appeal im November 1938）〔素描画〕

よれば一九三八年一二月一七日に描かれたことのわかるこちらの作品の方が、描き手がダッハウに抑留されていた期間中（キャプションでは彼の名前の後に〔1938–1939 im KZ Dachau〕とあり）に制作された筆致を感じさせる（図2-5）。つまり、見様によってはダッハウの現実をストレートに表現しているのが「一九三八年一一月の点呼」の方であって、それに比べるとブロッホの作品は、ある意味で芸術的仮構、様式化が目立っているとも言える。たとえば、「ダッハウ強制収容所1938」の絵の中では高い壁と監視塔が収監者を取り囲んで聳《そそ》り立っているけれども、実際にダッハウの南北に長い敷地の周囲に鉄条網が二重に張り巡らされ、監視塔が随所に設置されて収容所の陣容が整ったのは一九四〇年以降のことであった。また、「一九三八年一一月の点呼」においては「不在の表象」としての衣服は描かれておらず、これとても事実に即しているのはフロイントのスケッチの方なのかもしれない。が、いま大切なのは、そうした問題に拘泥するのを一旦ストップして、ブロッホが自身の制作した絵画の中に、几帳面に折り畳まれた収監服を描き入れたことが、

そうした表象を通してでしか伝えられない〈虚構の真実〉となって、ダッハウ強制収容所における人間性の剝奪という悲惨さに迫ることを意味していると理解することなのである。

乳母車と揺り籠

「不在の表象」という方法は、「私の絵は私の言葉」（Meine Bilder sind meine Sprache）の会場に展示されていた木版画作品の中にも見出せる。一九七九年に制作された「私の家族の歴史」（My Family History）がそれで、ホロコースト・シリーズの一つであるのだが、まず押さえたいのはこの作品のタイトルが、ブロッホ自身の体験とじかに結びつくものではなく、複数形の「私」の体験を指し示しているということである。つまり、この版画が伝えてくる出来事の中に実際に巻き込まれ、すでに生者の世界と別れを告げた場所からその日あったことを告げようとしている存在も「私」であるなら、そのことを直接体験しないまでもそれは誰の身の上にでも起こり得ることだと認識し、前者が味わったであろう恐怖心や絶望感を分有する姿勢をとっていく存在も、「私」なのである。こう考えながら、作品に目を向けてみよう。背後に雑木林がある空地に、乳母車、人形、手袋、靴、傘、楽器ケース、トランク、バッグ、帽子、そして家族を写した写真の入った額縁などが散乱している（図2−6）。

それを見ながらこんな思いが生まれてくる。それが何時かは襲来してくるだろうという怯えと予感はあったものの、実際にそれと遭遇した折には、やはり不意打ちを食らったかのように感覚されたであろうユダヤ人狩りという暴力が、少しでも身の安全が保障される場を求めて移動しつつあった一家を、この直後どのように扱ったのか。打ち捨てられた写真立ての中には、車輪の歪んだ空っぽの乳母車の中に寝かされていた嬰児も混じっているのか、五人ほどの人物が揃って写っている写真が入っているが、この人たちはあの雑木林の中の何処かで、最後はばらばらに引き離されて殺されたのだろう。絶望と恐怖に苛まれたまま、互いに心を寄り添わせることも許されず、一人ひとりの死を死んでいったのだろう。そして、その時、加害者がどんな行動をとったかと言えば、弾丸の無駄遣いをなくすために、嬰児を母親の身体と一括りにして、一発の銃弾で両者を屠ったかもしれぬ。

展示室の別の一角には、戦後アメリカに移住してからのブロッホの生活史の一齣を告げるものが置かれている。その中には、長男ダニエルの誕生（一九五一年）を喜んだ彼が刷った、「福」の文字の

図2-6
「私の家族の歴史」
（My Family History, 1979）〔木版〕

ついた揺りかご式のベビーベッドの版画があった（図2－7）。それから伝わってくる幸福感。一方、ついいましがたまで自分が見ていたのは車輪の歪んだ、乗り手不在の乳母車。この二つが私の頭の中でぶつかり合い、軋んだ音を発した。

虚空に漂う手

展示室の壁にかかったホロコーストを主題とする絵のサイズは、縦が一三インチ、横が四八インチ、比率に直せば一：四のそれでほぼ統一されているが、これはユダヤ人を絶滅収容所へ移送する有蓋貨車の形状を連想させる。そして、この有蓋貨車そのものを作品中に登場させたものが「移送中の手」（Hands in Passage）（一九七七年）と題した作品である（口絵16）。

蒸気機関車に牽引されて夜の雪原を走行する貨車が、画面の右手前から中央奥に向かって描かれている。一番手前の車体の下部には、ナチス・ドイツの国章である鷲のマーク、それ

図2-7
ブロッホが長男ダニエルの誕生を祝して摺った版画

と"KASSEL"という都市の名も記されている。ヴォルフガング・ベンツの『ホロコーストを学びたい人のために』(中村浩平・中村仁訳、二〇〇四年一月、柏書房)を繰ると、一九四一年秋から四二年にかけて、カッセルを含めたドイツ国内のそれぞれの集合地を出た移送列車に乗せられた一万七〇〇〇人のユダヤ人は、リガやミンスクといった東部地域のゲットー、あるいはイズビツァやビヤスキなどの中継収容所へと送られたが、前者のその後の運命を辿れば、一九四三年一一月にリガ＝スキロタヴォの「ユダヤ人ゲットー」が一掃された際に、収容者全員がナチの行動部隊Aによる射殺作戦の犠牲になり、後者の場合は、中継収容所に一旦は入った人たちは、その後ベウジェツやソブビルの絶滅収容所へと移送され、四三年春にガス室で死んだのではないか、という記述が出て来た。

再度アクリル画の方に目を向けると、同じ車両の上部にある空気取り入れ口から、白骨と化した両手が差し出されている。また、一両前の貨車は内部が透視されていて、そこには人体の形をとどめた骨が堆《うずたか》く重なっている。これらは、この中に押し込められていまはまだかろうじて生を保っている人たちの、そう遠くない未来の姿であろう。おそらく、こんなふうにどこの誰ともわからない骨に変えられてしまい、塵芥のように処理されていってしまうのが、この人たちの運命なのだ。

画面の左側、線路際に立つ電柱近くの空中に、先の白骨化した両手の持ち主が、そのような運命に抗って、自分がこの地上に確かに存在していたことを誰かに知ってもらいたくて飛ばしたのだろうか、こちらの方は皮膚の生色がまだ見て取れる、両手を描いた一枚の紙が漂っている。だが、そうやってみたところで、この人物がどこで、どのようにしてその生を終えていかなければならなかったかを明らかにすることは、はたしてできるのだろうか。そう思って生じる悲痛な叫び、それがまた、この展覧会の目録表紙に採られている木版画作品「泣き叫ぶ手たち」(Crying Hands)のモチーフと共振する(口絵20)。

彼の生の痕跡を印した一枚の紙切れを置き去りにしたまま、貨車は走り去っていく。その絵の上方には、白い雪原とは対照的な黒々とした闇が広がっている。星明かり一つ見られないこの黒は、彼の行く先に待っているものは不条理この上ない死であるとともに、彼の尊厳を守るために必要な、死の追跡という行為の不可能性も伝えてくる、二重の意味での深い絶望と悲しみの色ではないだろうか。

こうした思いに囚われながら、随分早い時刻に入館したのに、その日ダッハウのブロッホ展会場に、私は午後遅くまでとどまっていた。

4 別れに臨むブロッホとマルタ

リディア・アベル宅訪問

翌日、次の訪問地のニュルンベルクに向かう。ミュンヘン中央駅始発の高速列車ＩＣＥの車窓の外に広がる風景は、昨日よりさらに冷え込んでいるのか、最初のうちは人家の屋根も平野もうっすらと雪に覆われ、空も重たい灰色をしていたが、しばらくするとその色も少しは明るみ、ゆるやかな丘陵を背景に朱や茶を基調とした三角屋根をいただく民家が散在する光景が次々と視界に入ってくるようになった。ニュルンベルクまでの所要時間は二時間弱、駅で私を待っていてくれるのは、ブロッホの娘のリディア・アベルさんと彼女の御主人のウィリイ・アベルさん、二人の知り合いで、今回の私とアベルさんの対面に際して通訳の任を買って出てくださった、夫婦揃って彫刻と石版画の制作に携わっておられる加藤邦彦さん・温子さんである。

思い起こせば、上海に亡命したユダヤ人芸術家ブロッホの活動について、『黄包車』を中心として私が公の場で初めて報告したのは二〇〇二年一〇月、中国北京の首都師範大学で行われた日中文学交渉をめぐる国際研討会の折だった。前月の一六日にブロッホがニューヨークの二男ディーン・ブロッホ氏の家で亡くなったことを、『ブロッホ木刻集』の編者で、前に『黄包車』の同時代評を提供してくれたバルバラ・ホスター氏が、その三日後に書いて送ってきてくれた手紙で知った直後に開催された、シンポジウム分科会での発表であった。帰国後、ホスター氏からニュルンベルク在住のブロッホの御親族であるリディア・アベルさんの住所をうかがい、お悔やみの手紙を差しあげたところ、まもなくして返礼の手紙が届いた。これがアベルさんとの交流の最初である。手紙には最愛の父を失った悲しみとともに、娘として彼の生き方を尊崇する思いが綴られていた。それから一年余りが経った二〇〇四年初め、ブロッホの生前から進行していた展覧会の企画が、いまは彼の〝遺作〟展として開催の運びとなったことを彼女は告げてきた。その書簡と案内状を追いかけるようにして、加藤温子さんから自己紹介を兼ねた国際電話が入り、当日の夜はニュルンベルクに隣接する、加藤夫婦が暮らすフュルトの街で宿泊する手筈も整えた上で、アベルさんとの対面となったのである。

歴史的な風格の漂うニュルンベルク中央駅に到着した私を出迎えてくれたアベルさんは、小柄で品のいい、気の置けない感じの老婦人だった。それまでに何度かの電話口での会話を通じて私の耳が覚えている、加藤温子さんのやわらかで落ち着いた日本語の響きにほっとして、出迎えてくれた人たちと初対面の挨拶を交わし、アベルさんの家に向かう。駅のすぐ前に立つ煉瓦造りの堅牢な塔屋（フラウエントーア塔）と、城壁の内側に広がる旧市街の見物は後回しだ。アベルさんの夫のウィリイさんが運転する車が先導、それに続く加藤氏の車に乗せていただき、二〇分ほどで到着。市の中心部からやや離れた閑静な住宅街である。その中の、こぢんまりとして瀟洒なたたずまいをしたアベル家に招き入れられた。

その当座、ブロッホの作品に関する知識をまだそれほど持ってはいなかった私にとって、アベルさんが取り出して見せてくれた数々のブロッホの作品の実物と、写真に撮ってスクラップブックに整理してあるものとは、それらを前にして胸の高鳴りを覚えていくには十分すぎるものであった。むろん、半日やそこらでアベルさんの手元にあるもののすべてを目にすることは無理な相談だ。その後、二〇一七年と一八年にも訪問した折に、初めて見たものも随分あったし、それらも含めてブロッホの作品それ自体についての言及はもう少し後で行うことにする。その代わりにここでは、予め用意されていたものを私があらかた見終わった頃から、一九三六年生まれのアベルさんがその日の夜遅くまで語りつづけていった、彼女が辿ってきた人生、とりわけ彼女の生母とブロッホの関係について彼女がどんな話をしたかについて記していくことにしたい。

マルタ・マイヤーヘーファーの肖像

その娘の名はマルタと言った（**写真2－4**）。――マルタ・マイヤーヘーファー（Martha Meierhöfer）、一九一四年にフロスで生まれたこの女性がアベルさんの母親である。両親がユダヤ教徒ではないマルタの生家は、ブロッホの生家や彼の母方のアンスバッハー家がある「ユーデンベルク」(Judenberg、ユダヤ人の山)と呼ばれる地域から距離にして二キロほど離れた、フロスの町の東南端、プランケンハンマーやフロッセンビュルク(Flossenbürg)に向かう街道沿いにあった。

信仰は異なっていたが、アンスバッハー家とマルタの家の間には、衣類関連の商いをしているアンスバッハー家で客が買った生地を、マルタの母で裁縫上手なマルガレーテが洋服に縫い上げて納めに行くという関係が成り立っていた。一方、娘のマルタはニュルンベルクに出て、パンとケーキの販売店員の仕事をしていたが、交通事故に遭い、怪我の療治のために長期間勤めを休むことが認められなかったため、故郷に一時戻ってきた。そして、アンスバッハー家で働くこととなった。一九三二年のことである。

マルタとブロッホは、彼が休暇になってアンスバッハー家に帰省した折に出会った。二人は親しくなり、アンスバッハーの人たちもマルタに好感を抱いた。彼女は、同家で行われたユダヤ教の行事に参加することも許され、「ユダヤ人の山」にあるシナゴーグで行われるユダヤ人の結婚式に参列する機会も得た。ただ、マルタの両親は、ブロッホが聾唖であることと、互いの家が信

写真2-4
マルタ・マイヤーヘーファーの写真。
上が30歳、下が21歳の時

仰を異にしていることを気にかけたのだろうか、娘がブロッホとの交際を深めていくことをそれほど手放しでは喜ばなかった。

一方、ブロッホはマルタとの将来について、ミュンヘンでの芸術の勉強が修了したなら（彼が公立応用芸術学校に入ったのは一九三四年）、二人でイタリアに赴きたいと夢見ていた。当時、ドイツで暮らす多くの芸術家が憧れた場所がその地だったから。マルタもそれに同意していた。加えて、彼女は自らがユダヤ教に改宗することも念頭に置き始めていた。そんな彼女に対して、アンスバッハー夫人はユダヤの祝日に供する、特別な料理の調理法を教えてもくれた。

フロスでしばらくの時を過ごした後、マルタはニュルンベルクに戻り、元の職場に復帰、店員のリーダー格として販売業務以外の事務も任されるまでになる。こうして、彼女とブロッホの交際の舞台はこの街に移ったが、そこで二人を待ち受けていたものは、日増しに強まるナチズムの力の誇示とユダヤ人排撃の嵐であった。すなわち、ヒトラーの神格化を制作意図の一つとするレニ・リーフェンシュタール監督（Leni Riefenstahl, 1902–2003）の製作した記録映画『意志の勝利』が撮影の対象に選んだ、ナチの第六回党大会が、ニュルンベルクのルイトポルト・ホール、ルイトポルト・アリーナ、ツェッペリン広場などを会場として開かれたのは一九三四年九月であり、翌三五年には五万人収容予定の大会議場の建築工事が始まった。そして、前出芝健介『ヒトラーのニュルンベルク』の叙述を借りれば、このようなナチの隆盛を歓ぶ祝祭的な空気が広がっていく一方、同じ街中にあってはユダヤ商店ボイコット運動が多発、七月に入ると反ユダヤ週刊誌『シュテルマー』販売用の専用ケースが街角に置かれるようになった。

二人だけの最後のパーティ

前年に続いてこの年も党大会がニュルンベルクで開催されたのは九月であったが、大会の終盤に臨時に開かれた構成議員が全員ナチであった国会で、「ニュルンベルク法」の呼称でよく知られる、「ドイツ国民公法」ならびに「ドイツ人の血と名誉を守る法」が成立したのだった。人間の歴史に人種的観念を持ち込み、文化の創造者たる優秀なアーリア人種と、文化の破壊者、劣等種としてのユダヤ人を対置させることによって、後者を徹底的に排除しようとする反人間的な思想を極端なまでに推し進めたこの二法の内容のあらましを記すと、「ドイツ国民公法」とは、それによって二種類の帝国臣民区分を行うことを目的とするものであり、その結果、ドイツ人のみが完全な政治的諸権利を持つ帝国公民としての資格を有し、反対にユダヤ人は選挙権を奪われ、単なる帝国臣民として見なされるようになった。一方の「ドイツ人の血と名誉を守る法」は、ドイツ民族が存続するためにはドイツ人の血の純粋性を守る必要があるとの考えに立脚して、ユダヤ人と、ドイツ人あるいはその類縁の血を引く者とが結婚したり婚外関係を持ったりすることを禁止し、それぞれに違反した場合には「人種汚染犯罪」として処罰することを規定したものであった。

　このようにして、人間の選別化、差別化を一気に推し進めていく政治の暴力性の前に立たされた時、芸術家になることを夢見る聾唖のユダヤ人青年ブロッホと、町のケーキショップでの仕事に勤しむドイツ人の娘マルタの間に育まれてきた甘やかな世界は、それに抗う手段を見出せないまま、ふと気づけば突き崩されており、二人の愛を実現させる方途はどこにも見出せない状況に立ち至っていた。別れに臨んだ二人は、出席者が自分たち二人だけの最後の〈パーティ〉を開き、ブロッホはマルタに「友だちとしてさようなら」という言葉を贈ったという。

　ブロッホの念頭に浮かんでいたのは国外への脱出だった。そして、南米のボリビアに出国ビザを申請したが、聾唖を理由に領事館から拒絶され、そのまま国内にとどまらざるを得ない状況を強いられる。が、ブロッホはマルタへの連絡をそのまま断った。後年父との対面を果たしたリディア・アベルに向かって、友だちとしての別離という言葉の真意と併せて、その理由をブロッホはこう説明したという。

「いままでだって、もしかするとそういう目に遭っていたかもしれなかったが、私は彼女をもうこれ以上危険にさらしたくなかった。彼女は聡明で美しい人なのだから、自分がいなくなっても、きっと自分に代わる人生の同伴者を見つけられると信じることができたし、また、そうあってほしいと願ったからだ」

距離を置いた後にせめて手紙のやりとりくらいはと思っても、もし周囲に密告者がいれば——そのような人物が出てくる状況はますます募りつつあった——、相手のことを気遣い、自分のありのままの心を知ってもらおうとする行為が、逆に二人とも危害を蒙る事態を招く恐れがある。そう思ってあの人は連絡してこないのだと、自分の心に言い聞かせようとしても、そんな日々が続いていく中で、ブロッホがそばにいないことにたまらない淋しさを覚え、やがては彼の生存に対する疑いまでもがマルタの裡に広がってきたとしても、不思議ではなかっただろう。

やがて彼女は、自分が妊娠していることを知る。むろん、それをブロッホに知らせることもできないし、あるいはまた、子どもの父親の素性が周囲に知れてしまえば、自分も、生まれてくる子も、「人種的恥辱事件」の当事者という烙印を捺されかねない。しかし、そんな苦痛と不安に苛まれた時、あの日のブロッホが自分に対して告げた「友だちとして」のさよならが、彼にそこまでの深慮があったかどうかまでは確かめる術こそないが、はからずもいまの自分と自分の胎内に宿った新しい命を守る、護符のような役割を果たしていくことにも、マルタは気づかされたのではないか——と、私は想像する。健康を著しく損ねる状態となったマルタには、中絶という選択肢もあったが、彼女は一人で子どもを産み、育てていくことを決意する。そして、故郷フロスには戻らず、出産と育児に備えるための部屋を借りてそのままニュルンベルクにとどまったのだった。

リディアが生まれたのは一九三六年三月一三日である。ナチの第三帝国崩壊はまだ遠い先のこと、母娘が辿る道のりは険しいものだった。一方、ブロッホはと言えば、むろんマルタと自分の間に娘が授かったことを知る由もなかった。二人の間の連絡は一切途絶えていたのだから。亡命後初めてドイツを訪れ、生地フロスの地に立ち、すでにマルタが亡くなっていることを知ったのがきっかけとなって、ブロッホがリディア・アベルの前に姿を現したのは一九八五年のことだった。ブロッホとマルタを父母とするアベルさんにとって、自分たち家族にとっての約束の地がフロスであったことを、二〇一七年、一八年と連続してこのオーバープファルツの山間の町を訪ねてみた——前者の訪問に際してはアベルさんも同行——私も実感的に受けとめていったのだけれども、ブロッホの上海物語の続きがまだ残っていることを忘れてはならない。アジア・太平洋戦争が終盤に差し掛かった頃から、一九四九年に米国に移住していくまでの間に、彼を取り巻く環境はどう推移していったか、そしてまた、愛する人との別離を体験してきた彼の前に現れたもう一人の女神とは？　今度は、そちらの方に目を向けていこう。

第III部

上海ゲットー、提籃橋のほとりから

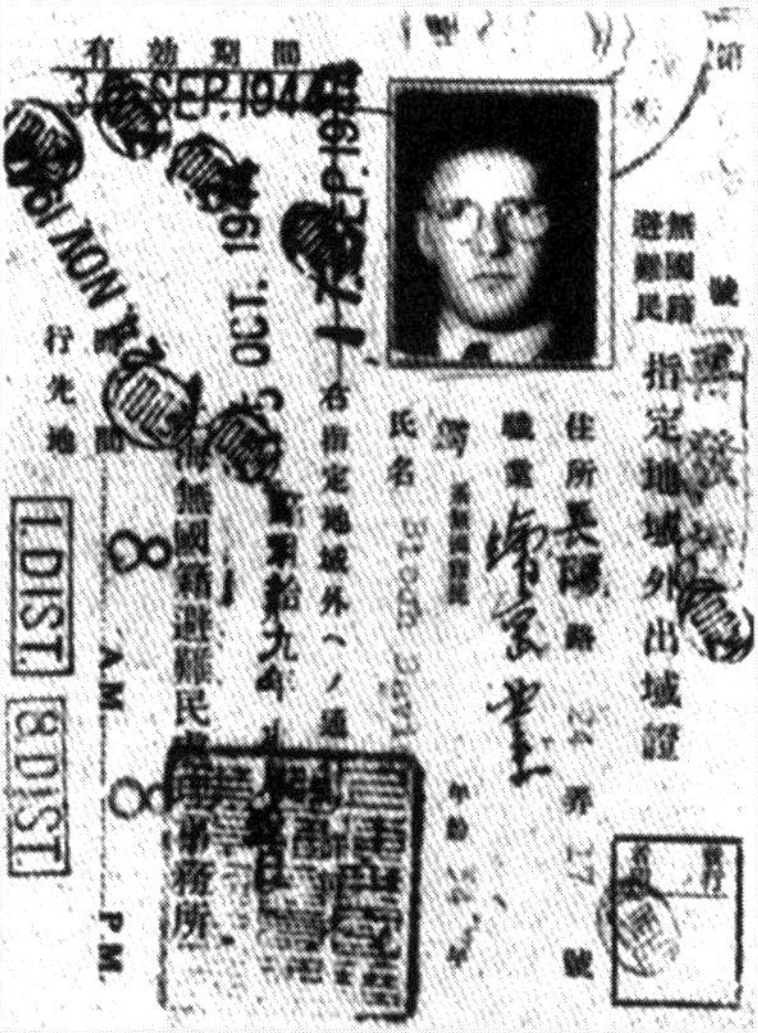

ブロッホが所持した「無国籍避難民 指定地域外出域證」

1 日本人が抱いたユダヤ人のイメージ

港都神戸という舞台

第I部を受けてブロッホの上海物語の後半部に直接入っていく前に、ナチズムの勢力拡大がもたらしたユダヤ人問題、あるいは亡命ユダヤ人の存在といったものに、日本にいる日本人はどのように関わっていったのかといった点について見ていくことにしたい。

と言うのも、最も多い時には二万人のユダヤ難民が生活していたために、虹口地域に雑居する日本人居留民や中国人も含めた上海租界の住人が、彼らの存在を間近で感じる機会もおそらくは多く持っていたことと比べて、同時代の〈内地〉で、異民族との交渉がはたしてどれだけ大規模かつ現実感を伴って起こり得たのかといった素朴な疑問に対して、ある程度の見取り図を提出することも肝要と考えるからである。

たとえば、総合月刊雑誌「改造」の誌面を繰れば、国際政経学会会長である増田正雄の「戦争と猶太人」（一九三九年一二月号）をはじめとして、ユダヤ人問題を扱った評論が拾えるけれども、それらの言説は、いわば思想的課題としてのユダヤ人を主題に据えるか、反ユダヤか親ユダヤかといったイデオロギーを前面に押し出したりしていて、生身のユダヤ人のイメージはあまり捕捉されていない。そしてまた、国際政経学会の機関誌「猶太研究」が伝えるユダヤ人の活動の実態も、「世界裏ニュース―極東―上海におけるロシヤ文化は猶太の統制下にあり」（一九四一年八月号）のように対岸の火事式の話題や、彼らの存在を危険視する言説ならいくらでもあるが、では日本において等身大のユダヤ人との出会いは如何に行われているかと問うても、この関心に応えてくれるものは見つからない。こうした場合と異なり、より身近な対象としてユダヤ人が当時の日本人の前に現れることはなかったのか？――港都神戸がこの問いに対して、ある程度の回答を与えてくれる。

それはブロッホの『黄包車』刊行よりは少し遡る、一九四〇年夏から四一年秋にかけての頃の出来事である。あの「命のビザ」で有名な、リトアニアのカウナスにあった日本領事館で領事代理の任に就いていた杉原千畝が発給した日本通過ビザを手にした者（いわゆる杉原サバイバー）も含めて、約五〇〇〇人のユダヤ難民がポーランドやドイツから神戸に流着した。彼らの多くは、神戸の山本通りにあった神戸ユダヤ人協会からの支援も受けつつ、三国同盟締結（一九四〇年九月）後の情勢の変化を察知して、英米系外国人が日本から退去したために空き家になっていた洋館やアパート――その多くは「異人館」の存在で現在の神戸観光のメッカとなっている北野坂から山本通りを経由、トアロードに至る区域にあった――に分宿し、チャンスを得た者から次の目的地に向かった。とはいえ、彼らの目的地は、相手国の入国制限や国際情勢の変化によって、当初抱いていた希望通りになるとは限らない。杉原サバイバーのポーランド人のグループは、はじめアメリカ行きを希望していたが、パレスチナへとその行く先が変更された。さらに、一九四一年七月の日本の仏印（フランス領インドシナ＝現在のベトナム・ラオス・カンボジアを合わせた地域）進駐によって生じた日米関係の悪化は、日本から北米、カナダ、南米に向かう外国航路欠航の事態を招くことになる。ではどうしたらよいか。まずは上海に移動した上、そこからマニラや香港などを経由して外国船を利用する手段に頼るしかない。こうした状況の推移や、入国ビザを取得できなかった人たちの処遇も理由の一斑となって、上海に移送される人員がこれ以降とみに増していった。それよりも前に神戸から離れていった難民もいるので、県外事課の調査によれば一九四一年三月末時点での滞留者数は一七〇〇名余りであったが、同年八月には約八〇〇名、九月にも二〇〇名のユダヤ難民が上海へ移動していったのである。

こうして、アジア・太平洋戦争開戦直前になると、神戸の街でユダヤ人難民の姿を見かけることはほとんどなくなったけれども、この見えなくなった存在は、そのまま人々の記憶から消え去ってはいかなった。現地の新聞報道、神戸出身の詩人が書いた詩、アマチュア写真家グループが開いた展覧会、そしてその頃はまだ少女の時を過ごしていた歌人の作品が、それぞれの立場で彼らと関わりを持っていた、あるいは持っていくことを伝えてくる。

丹平写真倶楽部「流氓ユダヤ」展

いま述べた四つの事例中、「着のみ着の儘」(「神戸新聞」一九四一年二月一四日)、「先づ明日のパンを」(同年二月一六日)、「奇観・お鬚の牧師さん部隊」(同年八月二九日)のように、その見出しを通じてユダヤ難民の悲惨さを仰々しく伝えたり、好奇の対象として捉えたりしている新聞記事を逐一取り上げることは止めよう。また、神戸のモダニズム文化を代表する詩人の竹中郁(一九〇四―一九八二)が「流浪の民」(「新文化」一九四一年七月)という詩を書いていることも注目されるが、作品の眼目は、ドイツ海軍がイギリスの巡洋戦艦フッドを撃沈したことを知らされた「大きな鷲鼻」をしたユダヤ人が、「神戸の動物園は仲々いいですなあと/噛んで吐き出すやうに答へ」(傍点=大橋)るさまをカリカチュアライズして捉える点にあると言えば事足りてしまいそうだ。むしろ、後の二つの事例にこだわってみたい。

その一つ目の展覧会のことだが、それは「流氓ユダヤ」というタイトルで、一九四一年五月に大阪朝日会館で開催された。主催したのは関西写真界を代表するアマチュア写真家集団の丹平写真倶楽部、出品者は安井仲治(一九〇三―一九四二)をはじめとする六名で、彼らは一九四一年の早春に神戸に赴き、山本通りの神戸ユダヤ協会、北野町異人館周辺で、当時この街に滞留していたユダヤ人の存在をカメラに収めたのだった。計一七の作品が出展された群作冒頭に、リーダー格の安井は「流氓の眉宇に漂ふものは、我々の考へて居る哀れのみでなく世界にばらまかれた陰影多き民族の強靭な生活力である。然し何んとしても悩みはかくせない。敗くるまじきは戦である。世々国土の恵沢を享けて生くる吾々をして深く物を想はしめる」という言葉を掲げた。「哀れのみでなく」、「陰影多き民族の強靭な生活力」をレンズを通して発見したことを語っていて注目されるが、文章の後半が気になる。そこには「世々国土の恵沢を享けて生くる吾々」という流氓の境遇にあるユダヤ人との相違に関心を向けていく心理が働いていて、そこから大和民族の卓越性が強調されていく地点までは、ほんのわずかな距離を隔てているにすぎない。

ただ、言葉の論理がこうした問題を含んでいたとしても、自分の目ともなるカメラのレンズを通して、その先にいる人物との間に無言の交感を果たした証を、安井の写真は確かに示している。洋館の鎧戸から顔だけを覗かせている一人の男を撮った「窓」が好例だ。あるいは、もう一人の会員である田淵銀芳《かねよし》（一九一七―一九九七）の作品「男」を取り上げてみてもいい（**写真3-1**）。この作品を掲載した「アサヒカメラ」一九四一年七月特別号の当該頁には、撮影に関わる

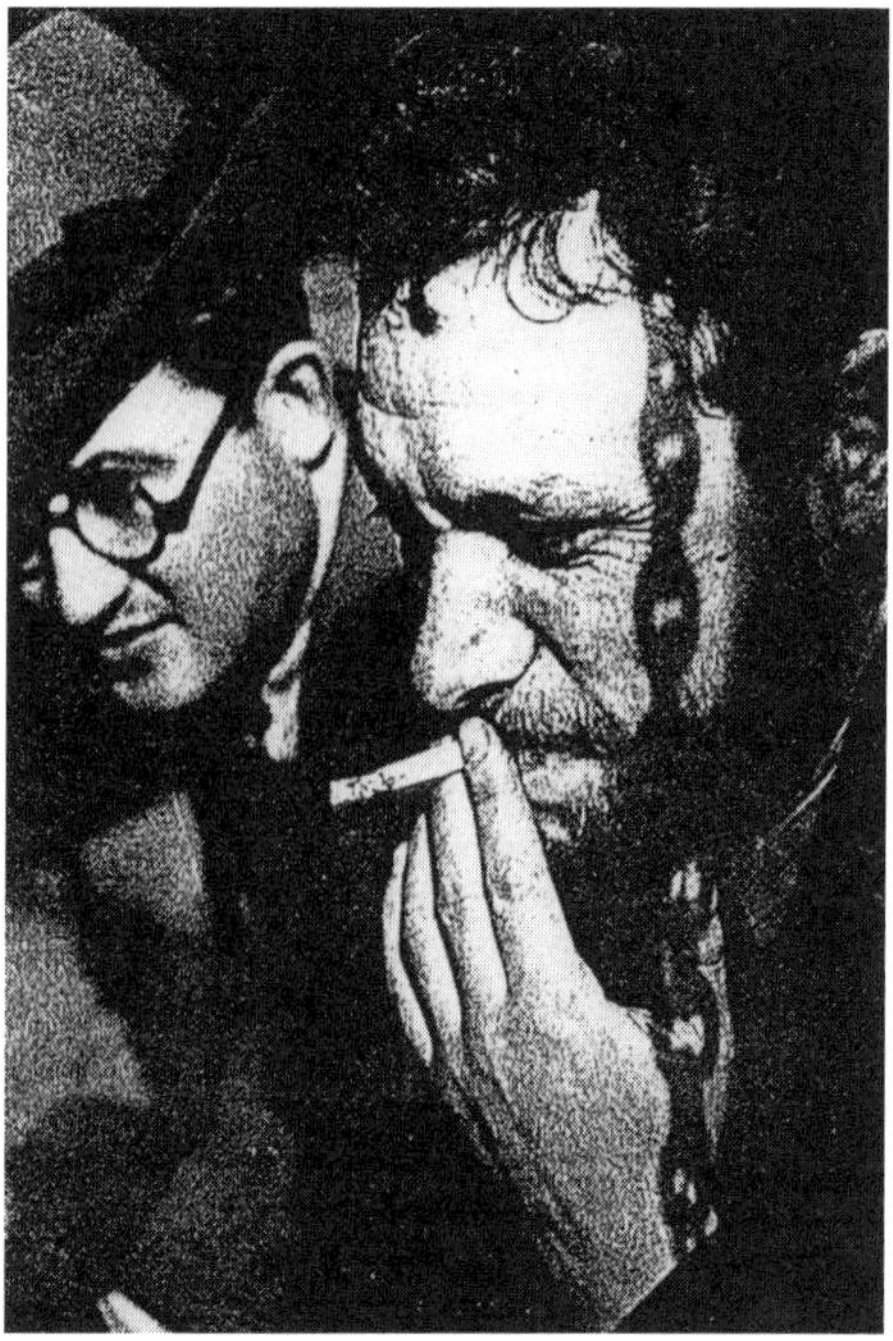

写真3-1
「流氓ユダヤ」出品作「男」
（撮影者・田淵銀芳）

情報の一つとして「午後4時頃」という撮影時刻が記されているが、春まだ浅き日の夕刻前の斜光を浴びた男の顔と、その上に投影されたブランコの鎖の形とに目を凝らしていると、このアマチュア写真家もまた、こうした光と影の交錯の中に、それと対応する亡命者の内面世界が浮かび上がる瞬間を、はしなくも捕捉していたように思われてくるのだ。田淵の「男」、安井の「窓」も含め、この展覧会に出品された写真のほとんどは、それから半世紀以上経った二〇世紀最後の年に、ワシントンのアメリカ合衆国ホロコースト記念博物館（United States Holocaust Memorial Museum,Washington, D.C.）で開催された、「脱出と救済」（FLIGHT AND RESCUE）と題する展覧会の折に制作された二〇〇頁を超える大型図録に、一頁に一作品ずつ掲載の形で紹介された。

少女が見たユダヤ人――山形裕子歌集『ぼっかぶり』

〝ぼっかぶり〟――現在の神戸であまり聞かれぬ言葉になってしまったらしい、ゴキブリのことをこのように呼びならわす兵庫弁を表題とする山形裕子（一九三一―二〇一五）の歌集『ぼっかぶり』が、あと一つの扱いたい対象である。刊行は二〇〇六年（ながらみ書房、水甕叢書第七八八篇）だが、収録作品の大半は、神戸で生まれ育った著者がようやくもの心のついた昭和一〇年代初めからアジア・太平洋戦争にかけての生活体験に取材しており、「あとがき」によれば、「五、六首の連作の形で、ひとつの物語を完結させ」る、「叙事詩に近い形」をとった歌いかたを試みたという。そして、同歌集に収められた、自分の目で見たユダヤ難民を歌ったものもその例にもれず、「夏の朝近所の大きな洋館にがやがや見知らぬ外人の列」から始まって、計一六首の作品が並んでいる。

それらの短歌群の基底を支えているものはと言えば、それは、人称としては明示されない少女の〈私〉を含めた神戸の街で暮らすある日本人の家族が、自分たちの前に突然現れ、やがて間なしに去っていったユダヤの人たちに対して寄せていく、自他の区別を取り払った等身大の感情といったものであろう。たとえば、「暑い日を洗濯ものも干せないで　なに食べてんのユダヤの人ら」と、こう問いかける子どもは、自分たちがごくふつうのあたりまえのものとして受けとめている日々の生活から「ユダヤの人」が遠ざけられていることを気にかけており、そうであるからこそ、その後に置かれる「夕立に駆け込んで来たユダヤの子　破《わ》れた大きな西瓜を抱いて」の歌からは、自分も「ユダヤの子」も、それにかぶりつく時には同じように西瓜のみずみずしい甘さを味わうであろうことが、何か大切なこととしてイメージされてくるのである。

「早うお逃げ　早うお逃げおばあちゃんはユダヤの子供に蛇の目持たせた」の歌の中に出てくる「おばあちゃん」の言動も見ておきたい。自分の目の前で人がつらく苦しそうにしている時、相手の出自や身分といったものは二の次にして、その窮地を救ってやりたいという思いをそのまま行動に移す人として、「おばあちゃん」は登場している。しかし、そうした無償の厚意は、無体な現実を前にしてどれだけの力を持ち得ていかれたのか。連作後半の一首は、「おばあちゃんのあげた蛇の目が見当たらぬ　置いてゆくのかユダヤの人よ」と歌われているのだ。たまたま、一九四一年八月二一日の「大阪毎日新聞」の記事中には、「蛇の目」ならぬ「番傘」を抱えて船出を待つ「ユダヤ娘」を撮った写真に添えて、〝番傘一本で追放〟という言葉が日本の古いしきたりの中にあることを伝える言葉が記されているが、このように苛酷な人生を受け入れていかねばならない人々の運命に、そのことを知った〈私〉は心を傾けている。そして、孫娘と同様にこの事実を知ってのことであろうか、連作最後の歌に登場する「おばあちゃん」は、「おばあちゃんはお台所で独り言おお寒ぶ寒ぶサブ佐分利信」と、不遇な民族に対する同情をこんな風な言いまわしに託して独りごちているのである。

上海のユダヤ人街はどう歌われたか

「発つんやなユダヤは港へ向うんや　歯刷子持った父さんが言う」が、仮に一九四一年八月の朝の出来事に由来するものだとしたら、先に触れたように神戸のユダヤ難民が次に向かったのは上海、この街に行き着いてそのまま滞留した者も多くいたに違いない。一九四三年二月四日付「大陸新報」に掲載された、上海文学研究会の一員でもある現地の詩人兼松信夫の「詩一章」は、その人たちもおそらくそこでの暮らしに加わった楊樹浦界隈（＝提籃橋付近）のユダヤ人町のたたずまいを、次のような言葉で捉えた。

混凝土道路上／風は冷えびえはためいてみえて／安ペンキの匂ひの夜が／明けて来る／夜／とりどりな街の灯や葉棕□のくらい□の□□（□は判読不能の文字）／吹き寄せられてくる／会話が／朝は／何か遠いむかしへの哀愁の湖のやうにのこされてゐる／楊樹浦附近／しらしらあけたユダヤ人らの午前の街だ、しかし神はそのひとときのみ／やすらいで憩んでゐる

判読しがたい文字や文意のやや取りにくい箇所もあるが、作品全体のトーンは穏やかにして静謐であることがそれなりに感得できるだろう。そして、その限りにおいて、楊樹浦のユダヤ人の暮らしぶりを取り上げた同紙の他の記事中に見かける、「漂泊民族のくたびれた生活のカゲ。無気力なブルースが女の唇から侘しく洩れる」（可東みの助「新上海百景28 疲れたユダヤ酒場」一九四二年五月二二日）や、「今では彼らの身についてしまったかのやうな頽廃的な、絶望的な生き方をまで肯定してしまってはなるまい。しみはあくまでしみである」（「新上海のしみ（完）祖なき娘は唄ふ 紅燈の蔭に淋し〝絶望の歌〟」一九四三年八月二二日）といった表現とは、一線を劃していることも了解できるだろう。しかし、それでは「詩一章」の作者である兼松がユダヤ人と同じ地平で出会っているかと思って読み直してみると、やはりその点は危うく感じられてこないだろ

うか。彼らの会話が「何か遠いむかしへの哀愁の湖のやうにのこされてゐる」と感覚されることは、それが持つエキセントリックな響きに対する好奇心が生じていることを示唆してはいても、いったい彼らがどんなことを語り合っているのか、その内容を理解しようとする意思が動き出すことまでは約束していない。「神はそのひとときのみ／やすらいで憩んでゐる」といった、あたかもエホバの神を連想させる宗教的なベールをかぶせられた「楊樹浦附近」の街からは、そこに住む人たちの生のありようが、仮にそこには苦痛の声も混じっているにしても、生き生きとした形で伝わってはこない。この詩の中のユダヤ人は詩人の観念の内にあってのみ捉えられており、彼の生に揺さぶりをかけていく力を持たない、言葉を奪われた存在なのだ。上海ユダヤ難民の生を窮地に追い込んでいく「上海ゲットー」設置の布告が出されたのは、この詩が掲載されてから二週間後のことだった。

2 上海ゲットーの設置とユダヤ人美術家たち

無国籍避難民隔離区設置の布告

すでに触れたように、アジア・太平洋戦争開戦以降、この地の全域支配に乗り出した日本は、上海ユダヤ難民に対して徐々に監視と警戒の姿勢を強めつつあった。また、緒戦段階とはうって変わった戦局の推移は、ここ上海においても総力戦体制の必要を訴える声を上げさせることとなり、それがこの都市の統治機構のありかたにまで及んだものとして、共同租界ならびにフランス租界が日本の意向を汲んだ汪兆銘政権に返還されていくのは、一九四三年七月と八月のことである。巨視的に見れば、このような政治的・軍事的要請の下で上海租界の再編成が図られていく流れの中に、「上海ゲットー」の設置も位置づけられる。一九四三年二月一八日付の現地日本語新聞「大陸新報」から、その布告文を引用する（**図3－1**）。

一、軍事上の必要に依り自今上海地域における無国籍避難民の居住及営業の地域を次の通り限

図3-1
無国籍避難民隔離区設置を一面で告げる現地日本語新聞「大陸新報」（1943年2月18日）

定す
　共同租界内兆豊路、茂海路及鄧脱路を継ぐ線の以東、楊樹浦クリーク以西、東熙華徳路、茂海路及匯山路を継ぐ線の以北、共同租界の境界線以南
二、現に前項の地域外に居住し又は営業する無国籍避難民は本布告の日より昭和十八年五月十八日迄の期間内にその住居又は営業所を前項の地域内に移転すべし
（略）
三、無国籍避難民にあらざる者は許可なくして第一項の地域内に移転することを得ず
四、本布告に違反し又は本布告実施の妨害となる所為ありたる者は処罰す

　ここで言われている「無国籍避難民」は、布告文の後に記載された陸海軍当局談の説明によれば「独逸圏（旧墺太利、『チェッコスロバキア』を含む）洪牙利及旧波蘭『ラトビア』『リトア

大陸新報
昭和十八年二月十八日　木曜日
上海地區無國籍避難民
居住、營業に制限
上海方面帝國陸海軍布告發す
布告全文
軍事上の措置
違反者は軍律で處罰
陸海軍當局

ニア』『エストニア』等より昭和十二年以降現在迄に上海に到来せる避難民にして現に無国籍なるもの」を指しているが、むろん、その大半を占めるのはユダヤ人であった。

「布告一」で告げられた地域は、東西が二・五〜三キロ、南北が〇・五〜一キロといった広さを持ち、そこにはあの「リトル・ウィーン」と呼ばれた提籃橋界隈の街並みも含まれていた（図3－2）。したがって、この布告の発布・施行後も、これまでと同じ場所に住み続ける者もいたわけだが、この区域に移ってくる者も含めて、ユダヤ人に対する監視体制をよりいっそう強化するところに、当局の目的は置かれていた。つまり、彼らを隔離区内に住まわせるのは「妄にその正業を抑圧せんとする趣旨に出づるものではない」が、「軍事上の見地より必要なる措置」というわけなのであって、それは「布告四」の警告と、布告全文が掲げられた後に「総領事館談」として、指定地内に現在居住している邦人に対して転住が要請されている点からも確かめられる。「布告二」が定めた日限の「五月十八日」時点では、この無国籍避難民隔離区内のユダヤ人は約一万三〇〇〇人を数えるに至った。

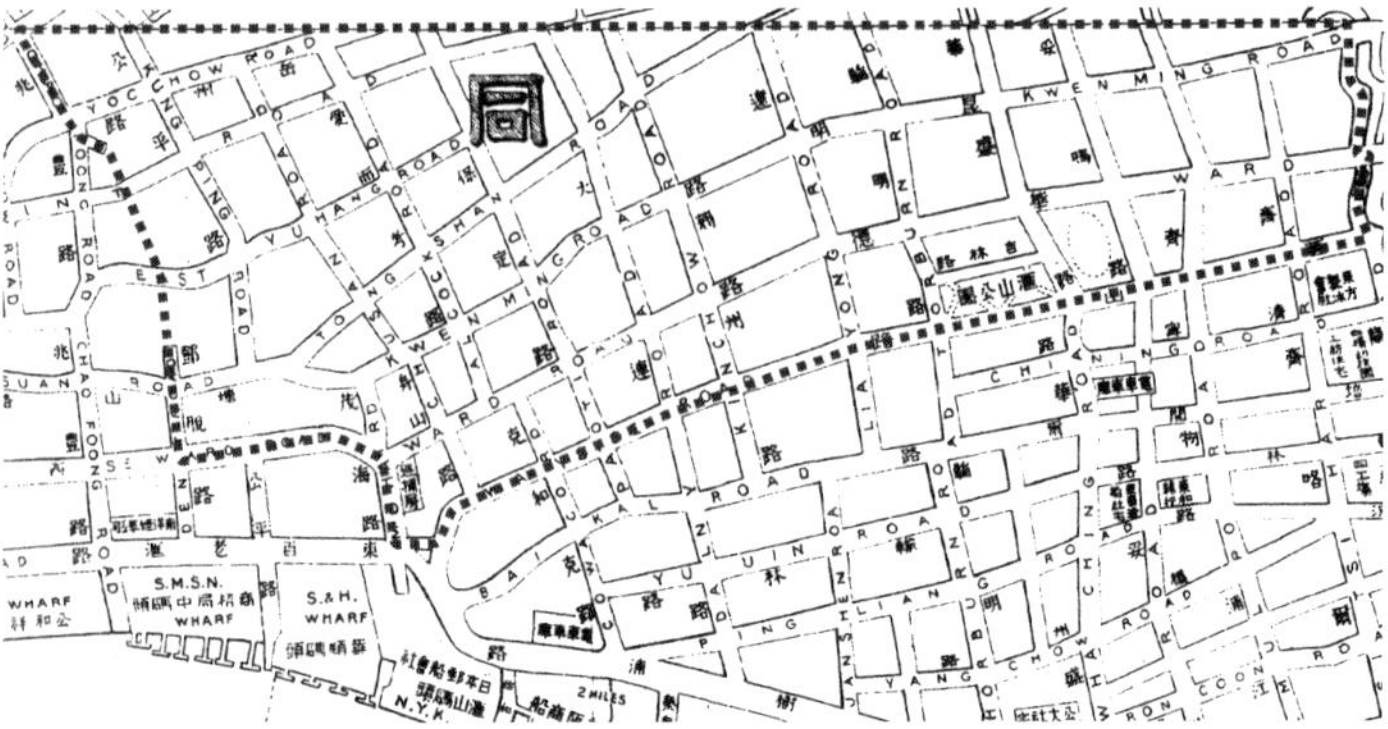

ゲットー内での生活

以後、戦争が終結する一九四五年八月まで、ユダヤ難民の苦難は続いた。この時期のことを回想した著述は多数あるが、その一部を借りて当時の彼らの生活の様相を確かめてみるなら、たとえば、隔離区内に移ってきた一家族が法外な礼金を払って一室を借りても、そこに同様の手続きを経た別の一家が入り込んできて、プライバシーなど保てなくなってしまう。バスルームも満足のいくものではなく、トイレ代わりに使うモードンと呼ばれる樽状の木製便器は、たくさんの人が使うのですぐに不潔極まりない状態になってしまう。排泄物の臭いでいたたまれなくなる。寒くなっても暖をとる手立てはなく、食糧事情も悪い。飢えや衰弱が襲ってくる。食物を手に入れようと、物々交換によって外套を手放したため、薄着のままの状態を余儀なくされる。そのため、冬の夜が明けると、路上には凍死した人が発見される。一方、夏の暑熱は、コレラやチフス発生の危険をもたらしてくる。隔離区設置の年、そこで亡くなったユダヤ難民は三〇〇名に上った。

生きるためには稼がねばならない。そのために、隔離区外への無断外出は禁止されていたが、移動前に他の地域で定職に就いていたことも含めて、やむを得ない事情があると上海無国籍避難民処理事務所が判断、許可した者に対しては、定期もしくは臨時の許可証（＝指定地域外出域證）が発行された。しかし、その発行も、いつも順調に難民の側に立って行われたとは到底言い難く、それに加えて隔離区とその外の地域との境界線上にあたるいくつかの地点には、日ソ不可侵条約

図3-2
無国籍避難民隔離区設置地域
（点線で囲まれた箇所）

のために無国籍民扱いを免れていたアシュケナジイ系のユダヤ人を日本兵とともに立たせて、同胞の携えた許可証をチェックさせるといった相互監視体制もとられた。このようにして難民たちの生活は、物質的にも精神的にも閉塞し、苦境に立たされていく。

さらに、こうした事態に追い打ちをかけたのが、ナチがドイツで実行に移したいわゆる「ユダヤ人問題の最終解決」が、ここ上海にも及ぶことへの懸念であった。ナチ親衛隊の大佐で「ワルシャワの屠殺人」との異名をとっていたヨーゼフ・マイジンガー（Josef Albert Meisinger, 1899–1947）が、在東京ドイツ大使館付警察アタッシェとして上海で日本軍関係者と接しているという情報も手伝って、ユダヤ難民の胸中に不安感が増していく。自分たちが隔離されている場所を「上海ゲットー」と呼ぶようになったのと並行して、日本もやがて自分たちを「廃船に乗せて東支那海へ曳航し、アメリカのUボートに撃沈させ」る挙に出るのではないかといった噂も流れたという。

ブロッホ作品の一側面

さて、こうした状況に自身も含めた同胞が巻き込まれていき、その後日本のプレゼンスは去っても今度は国共内戦という新たな動乱が出現してくる期間にあって、芸術家としてのブロッホの活動がどのように展開されていたのかについて紹介する段となった。『黄包車』となって刊行された“Ricksha”に次いで、彼がこの時期に仕上げた木版画シリーズを挙げると、“Beggars”（物乞い、一九四三年）、“Chinese Children”（中国の子どもたち、一九四四年）、“Yin Yang”（陰陽、一九四八年）というように、それらの制作数を合わせれば“Ricksha”シリーズをはるかに凌いでおり、またアルフレッド・ドライフースのブロッホのアトリエ訪問記のような興味深い新聞記事もある。

ことのついでに紹介しておくと、時期的には木口木版画の本格的な制作に入る前と推測されるが、ブロッホは水彩による写実的な風景画とは別種の趣を持った作品群も制作している。題して「上海のコンポジション」（Shanghai Composition）。モチーフとなったのはやはり上海の都市風景だが、いずれも二五センチ四方程度の画面に水彩絵具で描かれたそれは、モダンで洗練されたデザイン性を特徴としている。つまりそこでは、建物も、人も、街路樹も、すべてみな現実的な寸法や形態から解き放たれ、アール・デコ風な流線を基調として遊弋《ゆうよく》し始めている。現実界の騒音が遮断された、シュールにして華やかな世界が形作られているように思われる（**口絵17**）。

この先、“Beggars”（物乞い）を取り上げる箇所では、専門家の知見の助けも借りていくが、ブロッホの上海物語を続けていくための姿勢は堅持して、その立場から注目したくなる彼の作品を取り上げていくつもりだ。さらに、そのようにブロッホの創作を前面に押し出しつつも、彼が所属した亡命ユダヤ人芸術団体の存在にも注目、その動向と上海ゲットーの統治者との間でどういった接触と葛藤が生じていったかについて考察していく。

一九四三年五月の展覧会

当該地域外に居住するユダヤ人に言い渡された無国籍避難民隔離区への移動の最終期限は一九四三年五月一八日であったが、その直前の五月五日から八日にかけて、ユダヤ人美術家たちによる第一回目の展覧会が、共同租界西端の愛文義路（現・北京西路）一六二三号にある上海・ジューイッシュ・クラブで開催された。同展覧会プログラムによれば、作品を寄せたのは、ブロッホをはじめ、ミヒャエル・ブレンナー（Michail Brenner）、ヨーゼフ・ファイン（Joseph Fain）、フレーデン・ゴルトベルク（Freden Goldberg）、ハンス・ジャコビイら一四名。ミヒャエル・ブレンナーとハンス・ジャコビイは、ブロッホが上海に着いた翌年の秋（一九四一年一一月）、彼と共にモダン・ホームズとR・サンド家具店展示場で他一名も加えて展覧会を開いた画家であり、フレーデン・ゴルトベルクは、ブロッホの「懐かしい日本の風景」に先だって、風俗漫画「上海印象記」を「大陸新報」夕刊に一五回にわたって連載（一九四〇年二月一六日〜三月三日）していた、ベルリン出身の画家である。

出品された作品総数は一〇一点。ブロッホの作品七点も含めて、静物、風景、人物像を描いたものが多いが、「ラビとその弟子たち」（Rabbi & Pupils）、「ユダヤの老人」（Old Jew）、「ユダヤ人たちの祈り」（Praying Jews）、「ハヌカの日の燈火」（Hanukka Candles）、「モーゼ」（Moses）のように、ユダヤ人同胞や自分たちの信仰生活を題材としたものもある。漫画というジャンルを東亜文化の興隆に寄与させるために、可東みの助の旗振りの下に生まれた上海漫画クラブの第三回展が上海画廊で開催されたのも、同じく一九四三年五月のことだったが、いま紹介したユダヤ人美術家たちによる展覧会は、こうした時局認識と翼賛性を露わにした動きに対して、自分たちの文化的アイデンティティの保持を図ろうとしたものであると言えよう。やや想像を逞しくすれば、それは規模としては小さくても、ナチズムが仕掛けてくる「文化政策」に抗して、結果的には長続きしなかったけれども、あのバイエルン・ユダヤ文化連盟の活動が展開された一事と相通ずる性質を持つとも言えるだろう。なお、プログラム上に団体名は記されていないのだが、おそらくこの催しが、『ブロッホ木刻集』にブロッホ自身の会員証が掲載されている、六〇余名のメンバーから成る「上海ユダヤ人芸術家美術家協会」（Association of Jewish Artists and Lovers of Fine Art Shanghai、略称ARTA：アルタ）の第一回展覧会のことだと思われる（**口絵6**）。

アルタ第二回展と上海無国籍避難民処理事務所

それから一年後の一九四四年五月二二日から二七日にかけて、アルタの第二回絵画展覧会が開催された。その間にブロッホは、無国籍避難民隔離区内、地番でいうと提籃橋のすぐ近くの長陽路二四弄一七号に住居を移しており、そのアトリエを訪問したドライフースの「画家D・L・ブロッホ」（Der. Maler D. L. Bloch, "Jüdische Nachrichtenblatt", 1943.12.3）には、彼の美術家としての風貌姿勢の一端が伝えられている。これらについては、提籃橋界隈を何回か巡り歩いた私自身が得た感懐とともに後述することにして、ここではこのアルタ第二回展の性格が、とりわけ後援者と展覧会会場の二点から見て、第一回目のそれとは変化していたことについて述べてみたい。

まず、後援者についてだが、同展覧会のポスターには「上海無国籍避難民処理事務所」の後援であることが記され、また案内状の方は所長の久保田勤の名前で刷られている（図3-3）。同事務所の概要や役割について再度説明すると、それは無国籍避難民隔離区設置が布告されるのと同時に、その予定区域の西南隅に位置する茂海路七〇号に立つ滙山署内で事務を執りはじめ、当初はユダヤ難民たちの隔離区への移送の指示を行い、その後は隔離区内住人の監督、監視の

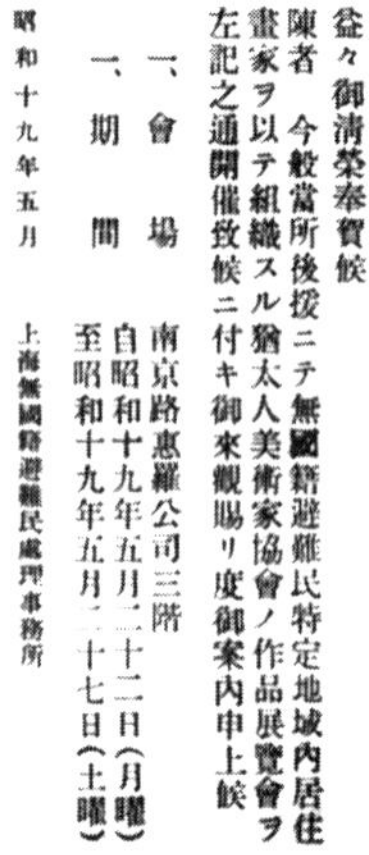
益々御清榮奉賀候
陳者　今般當所後援ニテ無國籍避難民特定地域内居住畫家ヲ以テ組織スル猶太人美術家協會ノ作品展覧會ヲ左記之通開催致候ニ付キ御來觀賜リ度御案内申上候

一、會　場　南京路惠羅公司三階
一、期　間　自昭和十九年五月二十二日（月曜）
至昭和十九年五月二十七日（土曜）

昭和十九年五月
上海無國籍避難民處理事務所
久保田勤

図3-3
上海無国籍避難民処理事務所所長久保田勤の名があるアルタ第2回展の案内状（左）と、「後援上海無国籍避難民処理事務所」とあるアルタ第2回展の目録表紙（右）

任にあたる、というものだった。行政的には大東亜省（一九四二年一一月創設）の管轄下に置かれた機関である。また、久保田勤については、関根真保『日本占領下の〈上海ユダヤ人ゲットー〉――「避難」と「監視」の狭間で』（二〇一〇年二月、昭和堂）が詳しく述べている。それによると、この人物は、上海に赴任する直前まで、国際政経学会の機関誌で反ユダヤ主義を標榜していた「猶太研究」誌上で、「久保田通敦」の筆名を用いてユダヤ人の脅威を説き続けてきた主要論客であり、上海無国籍避難民処理事務所所長となってからは、難民たちの隔離区の出入りを管理するための「通行許可証」や「移動猶予書」などの「パスシステム」の起案と実践に携わりながら、最終的にはこの地区とそこに囲い込んだユダヤ人を、大東亜共栄圏の実現という国策に沿わせる方向で利用しようとする考えを持っていた。

一方、展覧会の会場には、南京路にある「恵羅公司」三階の公共展覧会場が選ばれた。ロンドンに本店を置くホワイトアウェイ（Whiteaway, Laidlaw & Co.,Ltd）の上海支店として、一九〇四年に開業した高級輸入品商品を扱う百貨店だが、この時点では所有権は変わっていた。そして注目すべきは、一九四三年一一月の時点で、中日文化協会上海分会専属の展覧会場が、この百貨店三階の一隅に商品売り場とは別に設置され、さらに翌年三月になると、同会場を公共的展覧会場として開放する動きを分会がとっていったことである。いずれも「大陸新報」掲載の「文協の展覧会場　南京路の恵羅公司三階に常設」（一九四三年一一月二五日）、「恵羅公司に公共展示場」（一九四四年三月九日）で確かめられる。

ここで、中日文化協会上海分会についての説明もしておく。すでに「プロローグ」で、小説家の石上玄一郎が同分会の職員になったことを記したが、それまでの彼の閲歴から推測できるように、同分会はファッショ化の重圧の下、内地では志を得なくなった文学者や文化人の避難所としての性格を一面では持っていた。当時、分会の常務理事及び事務局参与の役職にあって石上を呼び寄せた林廣吉（一八九八—一九七二）も、その直前まで、租界都市上海の行政をめぐって日本軍とは別途のスタンスをとる上海市政研究会に属していた。さらには、元創造社の一員で上海自然科学研究所に入所、淪陥期の上海で中国共産党地下組織とのつながりも持っていた陶晶孫（一八九七—一九五二）が一九四四年には分会事務局長となっていくし、同年初夏には、中国文学研究会の創設を出立点として、官制の「支那学」を超える新たな中国認識を自らの裡に育てつつあった若き文学者武田泰淳（一九一二—一九七八）も、同分会の一部門である東方文化編訳館職員として上海の地を踏んだ。斯様《かよう》にして、中日文化協会上海分会は、血なまぐさい戦時下においても、文化の華が枯れずにあることを望む者たちが寄り集まってきた思想上の避難所であり、梁山泊であった。

が、他方においてこの機関が、戦時下上海で展開される日本の文化統治の一翼を担う性格を負わされていたことも事実である。上海分会が発足したのは一九四一年一月であり、その「規程」中には、南京の「総会に協力し、中日両国の文化交流を促進して両国朝野の感情を融和すると同時に東洋文明を発揚し、善隣友好の目的達成を期す」という言葉が掲げられていたが、この中日文化協会総会（本部）の一九四〇年七月時点での発足経緯を振り返ると、それは日本大使阿部信行陸軍大将からの働きかけに応じて、汪兆銘（一八八三―一九四四）政権の行政院副院長兼外交部長褚民誼（一八八四―一九四六）が、同政権中央政治委員会の会議の席上で提案したことによるものであった。以後、汪政権勢力下にある地域では協会の分会、支会が相次いで設立されていったが、このように政治主導の下に始まる文化事業に与っていくからには、上海分会の性格や活動の方向性とてもその線に沿わされることになっていく。つまり、鳴り物入りで中日の文化交流を謳い上げても、そこには自ずから宗主国日本の優越者意識がちらつき、上海の文化を指導する姿勢がしゃしゃり出てくる。むろん、先に挙げた人々はこうした動きに対して全面的に同調したわけでもなく、気乗りのしない仕事はそこそこのところで切り上げてあとは自由に動きまわり、時には国策の利便性を逆手にとったりするわけだから、絵画、音楽、演劇、映画等の各種の催しを矢継ぎ早に仕掛けていったことは事実であっても、上海分会が所期の目的に沿った実質的な成果をあげないうちに、日本敗戦の日はやって来たのである。

が、そうした現実態とは別に、いや現実がそうだったからこそと言うべきであろうか、中日文化交流のお題目を唱えるのと表裏一体の形で、上海文化の中心的担い手としての中日文化協会上海分会に対する期待や、同分会の存在意義だけを伝える言説が、当時の邦字新聞紙上に現れてくるのもまた、時局を反映した自然のなりゆきである。分会発足以降、一九四五年八月に至るまでの「大陸新報」からは、分会関連の記事が一五〇件ほど拾える。そうして、「上海に健全な文化を育て上げるためには是非公共的展覧会場をもたねばならぬ」という考えから「恵羅公司と交渉」して、「今後種別を問はず無料で提供す」ることとした――日中二国の文化の連携と直接関わらない企画、たとえばユダヤ人の美術家団体の催しもそれによって開催可能となるだろう――中日文化協会上海分会の動きを報じたくだんの記事も、その中の一つに数えることができる。

美術展を取り巻く言説

アルタ第二回絵画展会場が中日文化協会上海分会の管理下に置かれるといった状況の変化は、さらに同展覧会開催直前の報道言説にも影響を及ぼしていく。一九四四年五月二一日付「大陸新報」掲載の「ユダヤ人美術展　あすから恵羅公司で」の記事本文は次のようなものだ。

猶太人美術家協会の作品展覧会が上海無国籍避難民処理事務所後援の下にあす二十二日から二十七日まで南京路恵羅公司三階で開催される。この協会は無国籍避難民特定地域内居住画家を以て組織されて居るが、この展覧会は従来猶太美術の特徴とされてゐた頽廃的、性格破産的、世紀末的傾向を払拭し、明るさと建設的なものへ進んで行かうとする新しい方向を示すものとして注目される。

「頽廃」という言葉でユダヤ人の文化を貶めていく行為といえば、一九三七年にミュンヘンでナチが開催した「頽廃芸術展」が想起できるが、この記事の一節も、それと同じレッテルを上海に亡命してきたユダヤ人美術家たちの上に貼り付けているし、上海に来る前の久保田勤がユダヤ人を目して発した、「世界に瀰蔓《びまん》した悪魔的、頽廃的、主我的人心の世紀末的症状の病菌」といった言葉（「研究室より」、「猶太研究」一九四二年二月）を反復してもいる。そして、この負の徴候を清算させて、「明るさと建設的なもの」へ彼らの関心を向かわせるように指導しているのが、今回この展覧会を後援する「上海無国籍避難民処理事務所」であるというように、この記事は読める。さらに、右の引用箇所の後には、「なほ会期中会場で一般来場者似顔画の希望に応じ、それの収入は国防献金として扱ふことになつてゐる」という言葉が続き、アルタの会員たちがこうした形でも、日本が唱道する現地総力戦体制の中に否応なく巻き込まれていく側面が見て取れる。現に展覧会終了後の六月九日付「大陸新報」は、「ユダヤ人美術家たちの献金」といった見出しの下、「一千八百五十元」の収益金が彼らから海軍武官府へ寄託されたことを報じた。

これらのことから、上海ゲットー設置の直前に上海ジューイッシュ・クラブで開催した第一回展の時と比べて、第二回展開催時のアルタの会員たちが、自分たちの活動に不自由さを感じたり、軍事的プレゼンスの影響下に置かれる機会に多く出くわしたであろうことを想像せざるを得ない。

出品作から見えてくるもの

ただ、ここで急いで付言したいのは、そういう重苦しさはたしかに周囲に立ちこめていたとはいえ、それによって二回目の展覧会に彼らが出品した芸術作品の質そのものが変化を蒙った徴候はほとんど認められず、それは上海のユダヤ人美術家たちに対する日本の文化政策が貫徹されなかったことを示唆するのではないか、ということである。この点を確かめるために、ブロッホの個展を考察した時と同様に、ここでもまたその折のプログラムを参照することにしよう。

アルタ第二回展のプログラムには、ブロッホをはじめとする七名（このうちアルフレッド・マーク（Alfred Mark）を除く六名は、第一回展にも参加）が出品した油絵、水彩画、木版画、クレヨン画、エッチングなどが全部で一〇三点、各タイトルが英語・日本語併記で記載されている。ブロッホが出品した一五点の作品タイトルを試みに挙げてみよう。

これらの風景画や静物画のはたしてどんなところに、例の新聞記事が喧伝する大東亜共栄を招来する「建設的」な傾向、あるいは文化の尖兵的な役割が求められるのだろうか。しかも、「5」や「6」の作品タイトルを見れば思い出せるように、水彩画の大部分はすでに上海画廊で個展を開催した折の目録にも載っていたものである。また、「1」はアルタ第一回展に出品されたもの。したがって、それらの作品を取り上げて、以前との比較において作風が「進んだ」かどうかといった解釈格子をあてはめようとしても、それ自体が意味をなさない。

ブロッホ以外の画家に目を転じても、パウル・フィッシャー（Paul Fischer）なら"Chinese Landscape"（中国の風景）や"Java Dancer"（ジャワの踊子）、ハンス・ジャコビイなら"Kwan Yuan"（仏像）や"Old Jew"（ユダヤの老人）がやはりアルタ第一回展に出品されたものであり、今回のプログラムに初めて出てくるものにしても、フィッシャーの"Ambras-Tyrol"（チロル風景）やフレーデン・ゴルトベルクの"Marocco Landscape"（モロッコ風景）などは、彼らの郷土やおそらく移動の旅の途次で目にした土地の風景を題材としたものであって、展覧会後援者の期待の地平に乗ってくるとは思えない。

また、第二回展開催の二ヶ月半前の三月五日から一四日にかけて、隔離区内にあるユダヤ青年学校において、この後の第二回展に参加した七名中五名の画家（ブロッホは不参加）が、月曜＝マックス・ハイマン（Max Heimann）、水曜＝ハンス・ジャコビイというように、日を変えて彼らの作品を展覧に供していくことを伝える記事が「シャンハイ・ジューイッシュ・クロニクル」

油絵	1	The Bund（外灘）
	2	Tulips（チユリツプ）
水彩画	3	Sunset（落陽）
	4	Cyclames（シクラメン）
	5	Between Paris and Vienna（風景）
	6	Shiga Height（志賀高原）
	7	Shanghai Suburb（郊外風景）
	8	Bohemian Forest（ボヘミアの森）
	9	Sunny Day（陽ざし）
	10	Sunflowers（日向草）
	11	Dolomita（雪嶺）
	12	Hamburg Harbour（ハンブルク風景）
木版画	13	Bund（外灘）
	14	Ricksha（黄包車）
	15	Shanghai Potopourri（上海土産）

アルタ第2回展プログラムに掲載されたブロッホの出品作

に掲載されていたことを、饒立華の『《上海猶太紀事報》研究』（二〇〇三年五月、北京新華出版社）が紹介している。二ヶ月後に控えている展覧会までの日数があまりないことからして、おそらくそこで展示された作品も、ほぼそのまま恵羅公司の会場に出品されたのではないか。このように、上海を統治する側の意向を反映する活字メディアが報じた亡命ユダヤ人展覧会のヴィジョンと、実際に会場に飾られた彼らの絵画作品の現実態とは乖離していたと考えられる。そして、もしかすると彼らの美術家としての真骨頂は、宗主国の宣伝媒体に利用されかねない場とは異なったところで発揮されていくのかもしれない。

木版画シリーズ“Beggars”

いま述べたことをブロッホの場合にあてはめるなら、たとえば彼が隔離区内に移動して来てから仕上った、“Beggars”（物乞い）のタイトルを持つ一連の木版画作品が、これに該当しよう。つまり、ブロッホが行ったこの仕事について、アルタ第二回展の時のような形で報じていく言説が見当たらないのだ。この版画シリーズの方は、『黄包車』のように公刊には至らずに私家版の状態であったというから、流通経路は広くなかったかもしれない。あるいは、その存在が統治者側に知れたとしても、作品群の中核をなす〈乞食〉たちが、翼賛体制の下で必勝を期すにはふさわしくない存在として顧みられなくなるのも、当然のなりゆきであろう。が、作品の価値はそんなことによっては測れない。

一九九七年に「亡命地での芸術／上海でのダーヴィト・ルートヴィヒ・ブロッホ」（Kunst im Exil / DAVID LUDWIG BLOCH in Shanghai）と題する論考を旧姓ローザムント・ノイゲバウアー（Rosamund Neugebauer）名で発表して以降、大学教授資格取得のための論文「亡命中に絵を描くこと――亡命の印？ 1933年以後のドイツ人亡命者の素描と版画」（"Zeichnen im Exil—Zeichen des Exils? Handzeichnung und Druckgraphik deutschsprachiger Emigranten ab 1933"）中の一章をなす「上海の通りで」（In den Straßen Shanghais）も含めて、これまでブロッホの作品について多く言及してきている、ベルリン芸術アカデミー芸術コレクション部主任のローザ・シューレンブルク（Dr. Rosa von der Schulenburg）が、ブロッホの木版画をどのように評価しているか、紹介しておこう。

シューレンブルクは、「ことさらに本物らしく見せる手法も、エキゾチックに美化された雰囲気も、英雄のような大げさなポーズも用いずに、わずかなごわごわしたタッチで、日雇い労働者や物乞いや、子供の路上生活を簡素に装飾なしに記録し（中略）彼らのために小さな寡黙な記念碑を作ったのだ」というように、ブロッホが制作した木版画の主題と手法の全般的傾向を説明した後、その硬くて、ある意味ではなじみにくい素朴なタッチを支えるものこそ、変化した生活環境に向けられる亡命者の鋭いまなざしであると結論づけている。すなわち、亡命という行為・様態を通して危険と緊急事態を体験することは、状況の時間的空間的な微妙なニュアンスに対するその人の感受性を高めることを、ブロッホの版画は伝えてくると述べている。私なりに言い換えれば、未来が確約されていない中でどのように生きていったらよいのかを問われる時、そこからは日常性や習慣の中で飼いならされている状態とは異なり、自分の外界との関わりをその一瞬ごとに切り取ってわがものとしていく知覚や神経が強まっていく。そしてそんな時、亡命者の自分と共通するアウトサイダー的な存在、たとえば物乞いの人を前にしても、「同情」といった習慣的で内向きの心性だけに回収されていかない視線、そうすることによって自己認識と他者認識のありようがより強化される視線が向けられていく。

このことを感得させる端的な例として、"Beggars"の中から、『ブロッホ木刻集』巻末の「作品索引」の言葉を借りると"Kraftlos.—Weak.—精疲力盡"と表記された作品を、シューレンブルクは挙げている。われわれの方を向いて四つん這いになり、上半身をかがめながら、われわれには見えないその顔を地面にこすりつけるようにしている、襤褸《らんる》をまとった裸足の男、——彼の姿勢は、金銭が投げ与えられるのをこうしたポーズをとることによって期待しているようにも見えるし、あるいはそんな気持ちすら潰《つい》えてしまうほどの衰弱に襲われているようにも見えるのだが、論者はこの作品は「覗き見趣味」といった性質——これまでの叙述の中で用いた言葉に直せば、他者を奇異な存在として〈風物視〉する視線——を超えており、「どこかの、くっきりと浮かび上がっている場」に「われわれだけがその人物とともに存在している」かのような印象を与えてくると説明している。

ブロッホが描く亡命者像

作品を前にした時に、そこに描かれてあるものを通してその背後に感得できる亡命者のまなざしについて、ここまでは考えてきた。では、ブロッホが作品を創り上げた時、そこに実際の像となって現れて来る亡命者像、あるいはそれが主題となっていることが明瞭な亡命のイメージとはどのようなものか。それを考えようとした時、注目したくなる一つの木版画も紹介しておこう。制作されたのは戦後になってからで、一九四七年の作。

サッスーン・ハウスも含めたバンドの建築群と、煙突から煙を吐いている旅客船、それに一台の人力車と車夫を背にして、一人の男が彼の背丈ほどもあるトランクの上に腰を下ろしている。上体をややこちらに向けて屈ませ、ステッキの上で重ねている両手の甲に顔を押し当てている男。彼――私たちの方から見ると、トランクの左側面には“BLOCH”という文字が記されている――が私たちに何を伝えてくるのかを問うならば、今度は右側にある“D.P.NOBODY/

図3-4
「ミスター・ノーバディ」
（Mr. NOBODY, 1947）〔木版〕

ANYWHERE" の文字がいやでも目を惹いてくる（図3－4）。

"D.P." は "Displaced Person(s)" の略記であり、したがってこの言葉は、難民としての自分には居場所というものがどこにもないことを告げていることがわかる。男の背後で動き出している船は、彼の乗船を拒んだのかもしれないし、あるいはその行く先が自身の意に満たないので、彼の方から乗船を取りやめたものなのかもしれない。が、そうだからといって、彼はトランクに腰かけたまま、ここに長く留まれるのだろうか。いや、すでにトランクを持ってこうした出発の用意をしてきていること自体が、彼が好むと好まざるとにかかわらず、もはやこの場所にもいられなくなったことを意味している。でも、それに代わる場所は、まだ空所のままであるという状態。すなわち、言葉の真の意味で自分の居場所がどこにもない人生を、この時点での彼は体現しつつある。

ちなみに、この版画が制作された年、ヨーロッパにあっては、戦後すぐにドイツ、オーストリア、イタリアで設置された、東ヨーロッパ方面からの避難民とナチ支配下のドイツにあった強制収容所に収監されていた人々を対象とする難民収容施設（Displaced persons Camps）が、さらに地域的な広がりを見せ、ユダヤ人はもちろんのこと、アルメニア人、ポーランド人、ユーゴスラビア人、ウクライナ人ら、約八五万人の難民が、自分たちを受け容れてくれる国が見つかってそこに移動していくまでの期間を、この場所で過ごしていた。つまり、難民収容施設に入ることは、連合国ならびに連合国救済復興機関（the United Nations Relief and Rehabilitation Administration、略称UNRAA）からの支援を受けて、一時的、仮の宿り的なものであるにせよ、難民たちが自分たちの居場所を見出したことに通じるわけだが、ブロッホの版画の主人公である“Mr. NOBODY”氏の現在には、それすらも保証されていないのである。彼の名前の下にある“ANYWHERE”は、“NOBODY”という否定の意を受けて、彼の行き場所がどこにもないことを告げている。

とは言え、このように述べたことが、主題としての亡命の全的イメージを指示しているとは限らない。つまり、こうした行く当てのない苦悩や憔悴と対照的な心性が示されるケースもある。たとえば、上海時代の最後を飾った木版画シリーズ“YIN YANG”（陰陽）中には、一つの画面の中に、翼のついた人力車を先導して空中に飛翔していく両肩に羽が付いた黄包車夫と、上海バンドの陸地からその様子を見上げているもう一人の黄包車夫を図像的に対置させた作品がある（**図3－5**）。そして、亡命者ブロッホの心情がその構図に託されているとして作

図3-5
木版画シリーズ「陰陽」
（Yin Yang, 1948）所収の木版画

品を鑑賞するなら、自らの置かれている現実に対してブロッホがとっていく構えを二つの車夫像がそれぞれ分け持っており、一方の人物はいまある境遇からの脱出がかなわず、その軛《くびき》につながれたままの状態であることを示唆、だが、彼がおそらく羨望のまなざしをもって見上げているもう一人の方は、何物も持っていないがゆえに、かえって〈いま／ここ〉から軽々と飛び立って、自身の生の次のステージが幕を開ける非在のどこかに出発する役割を振り当てられているように見えてこないだろうか。

3 提籃橋に集った人々

「リトル・ウィーン」舟山路

上海に亡命してきたユダヤ難民の集住地帯、あるいは上海無国籍避難民隔離区の所在地を、もう一度地図上で確かめておけば、それは上海バンドからガーデン・ブリッジを越えて虹口地区に入り、黄浦江沿いに東熙華徳路（現・東長治路）や東百老匯路（現・東大名路）を二キロほど東進したところにある提籃橋界隈を起点として広がっている。距離的に見れば、たとえば虹口方面の代表的な観光名所でもある魯迅公園からそれほど離れてはいないが、その当時もいまも、このエリアで日本人観光客の姿を見かけることはほとんどない。提籃橋交差点を起点として、黄浦江のほとりをさらに東へと続くのが楊樹浦路だ。二〇〇七年に全線開業した地下鉄四号線の「楊樹浦路」駅に向かってこの通りを歩いていくと、道の右側（川寄り）には、幾棟の真新しい高層ビルが圧倒的な量感をもって聳え立っている光景、他方、左側のやや道幅の狭い通り（臨潼路）に入っていくあたりには老朽化した煉瓦造りの低層家屋が所々に固まって立ち並んでいる光景とが、道を挟んで、ドラスチックな形で浮かび上がってくる旧ユダヤ人街を、もはや二〇年近く前に初めて訪れて以来、私がその時々の寄り道も含め、どのように歩き回ってブロッホに近づいていったのかについて、これからしばらく語っていきたい。

それは二〇〇一年三月初めの日曜の午後だった。提籃橋交差点近くの道端に立つ私は、すぐそばで営業している食堂や麺館から漂ってくる脂っこい匂いを嗅ぎ、斜向かいにある楽器店からかなりの音量で流れてくる流行歌とおぼしき音曲を耳に入れたりして、初めて足を運んだこの界隈に広がっている、雑然としてにぎやかな生活感の隈取りの濃さに、それまでの上海への旅では経験してこなかった、新鮮な驚きを感じていた。

東百老匯路が提籃橋交差点のところで進路を北東に向けると、その先に続くのが、無国籍避難民隔離区の黄浦江寄りの境界線に指定されていた匯山路（Wayside Road、現・霍山路）である。この道路を二〇〇メートルほど行くと、霍山公園と向かい合って左折する道がある。これが舟山路の始まりである。「第I部」で引用した多田裕計の小説「長江デルタ」中の表現を再び借りれば、「清潔で明るい、地中海の匂いのする童話の国のような不思議な商店部落」、「虹口の日本人地帯よりも見目美しい西洋風な街路」をかつて出現させた舟山路は、いまは晴れた空の下、休日の昼下がりのせいか、それほど広くない道の両側に衣類や雑貨を商う露天商がぎっしり並んでいて、この界隈に暮らす上海人で雑踏している。けれども出店の背後に立ち並ぶ、三階建ての煉瓦造り集合住宅の外観とその意匠には、たしかに小説の言葉が伝えてくるような面影が残っていた。

なお、この街路に面して立つ建築群の沿革について、少し補充説明をすると、通りの原型はすでに一九一九年の時点で、その当時上海で暮らしていたユダヤ人によって作り上げられたと言う。そして、それらの百余戸ばかりの房屋《ぼうおく》が、のち中央ヨーロッパから難民として漂着した人たちの住まいとして使われだし、彼らの中に混じっていた建築関係の技師によって、より水準の高い建築様式を出現させるに至ったのだった。すなわち、赤い煉瓦と所々に青色の煉瓦も使われている壁面と、そこに取り付けられたアーチ形の門や窓枠、各房の入り口に数段付いている石の階、その側に立つ石柱頭部に施された玉葱をさかさまにしたような紋様、三層楼の塔頂はいずれの家屋のそれも三角の形に仕上げられ、その連なりが快い律動感を生み出しているといった、そんな西欧風の香を吹き込む独特の家並みを現した舟山路は、提籃橋地区の中でも最も繁華な通りになっていった。潘光主編『猶太人在上海』(一九九五年一一月、上海画報出版社)中には、その多くがユダヤ人と思われる人たちが出盛っている、往時の舟山路を写した写真が掲載されているが、彼らの背後に見える建物のたたずまいは、その折とほとんど変わらず、いまに引き継がれている(**写真3-2**)。

一九四〇年当時、舟山路も含めて、その周囲でユダヤ人が出していた店舗の種類とその所在地を、唐培吉等著『上海猶太人』の叙述の一部を引いて紹介すると、「ラジオ修理業（舟山路）、電気器具店（公平路）、金属加工店（匯山路）、理髪美容院（華徳路〔現・長陽路〕）、クリーニング店（匯山路）、帽子店（舟山路）、喫茶店・バア（華徳路）、医薬品店（東熙華徳路〔現・東長治路〕）、歯科診療所（華徳路）、音楽教授と楽器修理（公平路）」となる。むろんこれですべてではない。匯山路から舟山路に入ったすぐ左側には、上海のユダヤ人を紹介する何点かの書籍にその店のたたずまいを撮った写真が載っている。〝DELIKAT〟が開業していた。そして、同じ建物の二階が歯科医院であることを告げる〝DENTIST〟の文字を記した看板の真下に掲げられたこのカフェ＆レストランの看板には、〝WIENER〟すなわち「ウィーンの」という文字も書き込まれていた。オーストリア、ドイツから流入して来たユダヤ人が大半を占めていたこの界隈が、そこに醸し出された雰囲気によって「リトル・ウィーン」と呼ばれたことを思い出しておこう。

猶太難民在上海紀念館にて

さて、霍山路から入った舟山路を二〇〇メートルほど進んで最初にぶつかるのが、現在

写真3-2
「リトル・ウイーン」と呼ばれた頃の舟山路の光景（『猶太人在上海』より）（右）と、2004年時点の舟山路の家並み（左）（著者撮影）

の長陽路、往時は華徳路と呼ばれていた通りである。道路を横断した斜め右に頑丈な塀を廻らしているのが提籃橋監獄。汪兆銘の妻で漢奸として無期懲役の判決を受けた陳碧君（一八九一―一九五九）が同監獄内の医院で死去し、小説家・評論家の堀田善衞（一九一八―一九九八）が評論集『上海にて』（一九五九年七月、筑摩書房）で言及している、上海電力公司の労働運動のリーダーだった王孝和（一九二四―一九四八）が、国共内戦時に処刑された監獄である。また、道路を横断せず、そのまま右に折れて進めば、すぐに上海欧州ユダヤ難民救済委員会が一九三九年に開設した、現地で最初のユダヤ難民収容所の建物（現在は地域住民の公寓として利用）もある。

が、その時は華徳路にぶつかったところで左折、道沿いに提籃橋交差点方面に戻るルートをとった。と、歩き出してすぐに目に入ったのが、猶太難民在上海紀念館（以下「上海ユダヤ難民記念館」と表記）の建物である（写真3-3）。元はロシア系（アシュケナジイ系）ユダヤ人の会堂（Ohel Moishe Synagogue、摩西会堂）としてフランス租界にあったものが一九二七年にこの地に移転、第二次世界大戦以降

は中央ヨーロッパから避難してきたユダヤ人の集会所として利用された場所である。戦後、彼らは次の安住の地を求めて上海を後にしたが、往時の記憶に呼び返されて自身がこの街を再訪、あるいはその子や孫たちが上海に来た折に、立ち寄るところとなった。そして、一九九七年に記念館がこの建物内に開設される運びとなったのである。

何回かの補修でほぼ往時のままの外観を保っている建物の中には、避難地上海での彼らの暮らし向きを偲ばせる、家具や調度を置いてある一室があった（**写真3－4**）。現在、記念館の規模は、映像資料を放映する別棟や多くの収集資料で溢れ返った展示室もできて拡大の一途を辿っており、そのためこうしたささやかな展示スペースは不要になってしまったみたいだが、たしかその折に私が足を踏み入れたのは、一棟しかなかった建物の三階にあった、天井の低い屋根裏部屋めいた小室であり、小さな窓から射し込んでくる外光の中に、四枚の羽根がついた扇風機、使い古した鉄製のミシンや卓上時計、それに写真立てや七本脚の燭台が、床の上や化粧戸棚の上に置かれているのを目にした

写真3-3
猶太難民在上海紀念館外観
（2001年3月撮影）

写真3-4
館内にあった小さな展示室
（2004年11月撮影）

のだった。そして、それらのものたちがひっそりと静まり返って各々の位置を占めている向こうに、これらの替えの利かない、と同時に彼らにとっては思い出深い持物を大切にしながら、互いに寄り添って苦難の時を乗り越えていこうとしていた、ユダヤ人のある家族の姿が幻となって浮かんでくるような気にさせられたのだった。

そんな一時を経た後、二階に降りて、セミナールームと展示室の横に設えられた通路に出て、窓越しに外の風景を眺める。この歩廊は館の入り口とは反対側にあるので、ここからは華徳路の様子は目にすることができない。代わりに視野に入ってくるのは、さっきまで歩いていた霍山路と舟山路の、そこを歩いていた時には見ることができなかった、建物の裏手に広がる光景である。私がいるのは記念館の二階だから、それらの街路沿いに立つ煉瓦造りのやや高い集合住宅の裏手のたたずまいのほかに見えるのは、それらと私のいる位置よりもやや低いところで、家々の屋根がくっつき合っている情景である。

それは、さまで計画的に建てられたようには見えない、家屋が密集してできた屋根の海である。瓦を敷いたもの以外にブリキやらトタンで葺

いたものも混じっていて、色合いの異なるちぐはぐな印象を与える屋根と屋根とが重なり合い、犇《ひし》めき合っている。これらの家屋のたたずまいがそれほど変わっていないとしたら、上海ゲットーがあった当時、この屋根の下では、綿のはみ出たオーバーや、破れかけた肌着を身にまとった多くのユダヤ人が暮らしていたのであろう。ブロッホが暮らしていたのはどの辺だったのだろうか。窓枠に隙間でもあるのか、ひんやりとした外気が廊下にも流れ込んでいる。午後の陽ざしが次第に弱まってきた。屋根の海の向こう、提籃橋交差点の少し先とおぼしきあたりには、斜光を反映してやや黄ばみ始めた空をバックにして、一棟の高層ビルディングがそれだけ場違いな、現代的な姿を見せて立っている。建物の近くの路上でついさきほどまで耳にしていた町中のざわめきも、なんだか潮が引くように聞こえてこなくなった（**写真3－5**）。

石上玄一郎と青年イリヤ

こんな感慨に浸ったことを思い出したついでに、戦時下上海の提籃橋界隈で暮らすユダヤ人との関わりを振り返ったり、その存在を重視

する語りが挿入されている文学作品、さらにそれに加えて、ユダヤ難民問題からは少し逸れるけれども、同時期のこの地域で注目すべき文化活動を展開した日本人ゆかりのスポットにも照明を当てるなどして、戦時下上海の無国籍避難民隔離区とその周辺が、どういった〈場〉として成立していたのかについても見ておくことにしたい。

最初に登場してもらうのが、ふとしたきっかけで知り合った、ベルリンから亡命してきたユダヤ人青年イリヤを、彼が年老いた父、姉、幼い弟たちと一緒に暮らしている舟山路の陋屋《ろうおく》に訪ねていった、石上玄一郎である。現在ではこの作家を知る人は少なくなってしまったが、旧制弘前高等学校ではあの太宰治と同級、郷里東北の寒村を舞台に、餌差《えさし》の祖先を持つ娘が、死んだ小鳥と針にまつわる宿命を背負って放浪する姿を語った「針」(「日本評論」一九三九年三月)で文壇デビューを果たし、ナチの生体実験を暗に批判する意図を含んだ「精神病学教室」(「中央公論」一九四二年一〇月)で文壇的地位を確立した作家である。石上が、左翼運動時代に知己を得ていた、中日文化協会上海分会参与の職に就いていた林廣吉の招聘に応じて上海に渡ったのは、一九四四年四月のことだった。

軍国主義を忌避し、自らを亡命者になぞらえてこの街にやって来た石上は、疎外された人たちに親近感を抱く自身の生得の気質に導かれて、ユダヤ難民が集住する楊樹浦の地、通称「上海ゲットー」地域へ通い始める。その間の見聞と、それを元に発展させた思索とをまとめて、戦後

写真3-5
記念館2階歩廊から舟山路・匯山路(現・霍山路)方面を臨む(2004年11月撮影)

刊行したのが『彷徨えるユダヤ人』（一九七四年一〇月、人文書院）なのだが、この本の中の叙述に従うと、「私」がイリヤと出会ったのは、「上海ゲットー」の一部にあったすがれた酒場で酒杯を傾けながら、露天で購入したヴァッサーマン（「第Ⅱ部」で言及した「ユダヤ人共同体新聞」でも取り上げられていた、ニュルンベルク近郊フュルト出身のユダヤ人文学者）の「人形芝居」を読んでいた時に、流しのヴァイオリン弾きの彼が店内に入ってきたからなのであった。そして、日本人がよもや知ってはいまいとイリヤが思っていた、ヨム・キプル（贖罪の日）に歌われるユダヤの典礼歌「コル・ニドレ」（Kol Nidre、すべての我が誓い）の旋律を取り込んで作曲された「コル・ニドライ」（Kol Nidrei）を「私」が所望したことが、二人の仲を急速に近づけていく。

やがて、「私」はイリヤの家に賓客として招かれ、舟山路にある「軒の傾きかけた木造洋館」の「屋根裏部屋」でささやかな饗応に与るのだが、その時に出された肉があまりに硬くて嚙み切れず、そのまま中座してそれを吐き出してしまったのだった。

おそらく、「私」が予想していなかったこの肉の硬さは、肉質のせいばかりでなく、「肉は命である血を含んだまま食べてはならない」（「創世記」九章四節）という戒律に則ったユダヤ人の食物規定に基づく調理法によるのだろうが、それを咀嚼できずに吐き出したことは、考え様によってはユダヤ人という異民族との共生がそれほど容易には果たすことができないことを示唆しているとも言えよう。そして、この後の話の展開でも、「私」がイリヤとの付き合いを続けていく過程で、それを食べられるようになったかどうかについての報告はない。語られているのは、この異物を呑み込めずに吐き出したことによって、「鬱屈したしこりのようなもの」が「私」の裡に生じたという一事だけである。が、自分が世界の中心にいると思い込んで、それ以外の存在を排除していき、その前でしたり顔をしてみせる心性の持ち主にとっては、こうした感情は生じてこないのではないか。それと比べた時、「私」が抱えたこの心の負債は、こうした自省や自覚があってこそ、初めて他者との間に、自他の区別を認めた上での理解しあえる関係性が生じていく可能性を示唆してはいないだろうか。このことがあってしばらく後に、「私」が人種的偏見はやがてなくなるだろうか、それともこれから先も続いていくのだろうかという思いを口にした時、それに対してイリヤは「オーケストラ」の譬《たと》えを持ち出して、持ち味の異なる楽器が反って音楽的な効果を高めるように、「人間がいま少し賢くなればお互いの立場を尊重することでそれを乗り超えることができます」と「さも自信ありげ」に答えている。

古典曲を歌うユダヤ人の娘

提籃橋や楊樹浦路から黄浦江の川岸までは、ほんのわずかの距離である。ゲットー開設まではまだ間がある「昭和十四年（一九三九年、大橋注）初冬」のある日の晩、楊樹浦のいきつけの喫茶店を出て、要らない灯は消してあるので暗くなっている川岸にやって来た日本人の新聞記者の男は、自分の気持ちが惹かれる、その店で働くユダヤ人の娘の面影をまなかいに浮かばせ、哀切に満ちた彼女の歌声を思い出して、心が浄化される一時を味わっている。林京子の小説『予定時間』（一九九八年一一月、講談社）の一場面である。日本と中国が戦火を交える時代の上海で、少女の時を過ごした経験に基づく『ミッシェルの口紅』（一九八〇年二月、中央公論社）をはじめ、それまでに上海と自分との関わりを幾つかの作品として発表してきた林が、この小説で主人公の役を振り当てたのは、戦後になって彼女と結婚生活を過ごしたこともある、元朝日新聞社社員の林俊夫（一九〇九―二〇〇二）をモデルとする「わたし」である。予定には入っていなかった戦後の自分の人生も終幕に近づきつつあるいま、歴史に翻弄されながらも自分が「性根」を求めて精一杯生きてきた証を確かめようとして、戦時下の上海特派員時代を回想するくだりの中に出てくるのがこのシーンである。私が林氏と知り合ったのは、この小説に登場する「リタ」という女性に対して関心を抱いたことを書簡を通じて発したからだったのだが、そのことは措いて、ここではいま紹介したその場面を、作中の言葉を通して辿ってみよう。

いきつけの喫茶店に、気持が惹かれるユダヤ人の娘がいた。娘がいれる濃いコーヒーに熱いミルクをたっぷり加えて飲みながら、彼女が歌う古典曲を聴いた。ポルトガルのファドのように、胸に迫る哀切があった。宿命的な民族の、心の歌なのだろう。歌うと、薄桃色のガラス玉のイヤリングが、息遣いにあわせて揺れるのである。単身赴任のいらだった思いも、歌声を聴くと慰められた。

今日まで恋らしい想いを幾つか経てきたが、娘への想いも恋心である。楊樹浦の片隅の、歩くと木の床がきしむ喫茶店の灯を想うと、心が浄化されるのである。人を想うときに心が清くなるのは、人生の宝である。

「わたし」の目に映じるユダヤ人の娘は、このような思いを誘う純情可憐な存在である。しかし、客の一人である、ピアノが上手い日本人の海軍将校の背後に立ってその肩に手をかけるように、彼女の裡にも大人びた、コケティッシュな仕草と感情が生じてもいるのだ。

そして、この喫茶店の娘の背後には、彼女と同じような境遇にいる——すなわち、戦争がなければその年頃に相応しく、何物にも煩わされずに自分自身の感情の海の中を泳ぎ廻っていられたのに、そんな贅沢な時を持てずに、苦難の中で何とか生き続けていくために性急に大人になること、先のことを考えるのは後回しにしていくことを余儀なくされていく、多くのユダヤの娘たちがおそらくは存在していた。

たとえば、その中の一人が、両親とともに上海での亡命生活を体験したウルスラ・ベーコン（Ursula Bacon）の回想録『ナチスから逃れたユダヤ人少女の上海日記』（二〇〇六年一一月、祥伝社）の中で回想されている、「わたし」の友人であるマルゴであろう。ベルリン出身の一九歳の彼女は、両親とともに、隔離区内の「トンシャン通り」（唐山路）の路地に住んでいたが、上海のロシア・バレエ団（「第I部」で言及した、フランス租界のライシャム・シアターを活動拠点とする上海バレエ・リュスのことだろう。同バレエ団は、一九四三年の上海ゲットー設置以降も公演活動を継続していた）の一員として群舞のシーンに出演しており、「わたし」の憧れの的。ハインツという恋人もいて、彼は夜の舞台が終わってバスで帰ってくるマルゴを「指定地域」の端まで迎えに行っている。そして、「わたし」たちが時たま味わうささやかな贅沢は、「カフェ・ウィーン」でお茶を飲むことだった。

が、そんな友人同士のつながりの中を一つの衝撃が走る。プリマの代役にまで出世して、いまもなおハインツのことをとても好きでいるはずのマルゴが、にもかかわらず彼に隠して、日本の将校の相手をする「夜の活動」を選択したのだった。ドイツにいた時の裕福だった生活の味が忘れられない母親からの圧迫も起因していたけれども、最終的にその道を選ぶことを決め、「わたし」たちから離れて自分の世界に閉じこもっていったのは彼女自身だった。やがて、彼女の一生は、戦争が終わる年が明けてまもない頃に、彼女の肉体を襲ったジフテリアによって終止符を打たれていく。

唐山路界隈

舟山路と華徳路（長陽路）の交差点を渡り、提籃橋監獄の塀沿いに舟山路をそのまま進み、一つ目の小道を越えてその次にぶつかるのが、先のウルスラ・ベーコンの回想録に出てくる唐山路（旧表記では「塘山路」だが、「唐山路」で統一する）である。初めてその道を歩いた時には、舟山路よりも道幅が広く、両脇に食料品から衣類までの日常生活に欠かせない品を扱う小店舗が軒を連ねる、庶民の生活の息吹を感じさせる通り、という印象をうけた。上海ゲットーのあった当時、隔離区の西側の境界線は、舟山路との交差点からこの唐山路を西に四〇〇メートルほど進んで交わる鄧脱路（現・丹徒路）上に指定されていた。

この唐山路と鄧脱路の交差点近くには、上海ユダヤ人社会の歴史や上海文化史に関わるものとして、記憶にとどめておきたい場所が二つある。その一つが、唐山路から少し脇に入った、日新里と呼ばれる里弄（露地に面して煉瓦造りの集合住宅が密集している生活空間のこと。これとよく似たたたずまいは北京では「胡同《フートン》」と呼ぶ。）の中にある、かつて中欧ユダヤ協会が使っていた建物。同協会はヨーロッパからの難民の数が一気に増えた一九三九年に設立された組織であり、ドイツ、オーストリア籍のユダヤ人が会員の大多数を占めていたが、路地裏にひっそりと立っていた煉瓦造りの小さな建物は、アメリカ・ユダヤ人合同分配委員会（ジョイント）の上海事務所の入っていた四階建ての建築物が、霍山路と舟山路との交差点際に、一際目立つ大きさで立っていたのに比べると、ほとんど見落としてしまうくらいのたたずまいであった。二〇〇五年当時のことであったが、いまなら、この建築物を前にする路傍に、それが歴史的記念物であることを指示する標示板くらいは設置されているだろうか。

もう一つは、唐山路と丹徒路とに囲まれたエリアにある「澄衷中学」。上海黄浦江の舟漕ぎから身を起こして民族資本家となった葉澄衷が出資して、一九〇〇年に創設した澄衷蒙学堂を始まりとする。中欧ユダヤ協会の建物を見た後に立ち寄ったのだが、学校の敷地内には「澄衷蒙学堂」の記念碑ならびに澄衷の銅像が設置されており、校舎の正面玄関入口には、この名門学校出身者の肖像写真が掲げられていた。文学者胡適もその一人である。そして、この学校と関わっていることもあって次に紹介していきたいのが、上海ゲットー設立前後の時代に、この地域で「容海語学校」という民間の日本語学校を開設、葉澄衷の事績を一編の日本語劇に編んだことも含めて、同地区で暮らす多くの中国人ならびにユダヤ人と交流した星野芳樹（一九〇九―一九九二）という日本人なのである。

星野芳樹と容海語学校

ところで、星野芳樹と聞いても、どんな人物であるかを知る人はほとんどあるまい。また、彼の実兄が星野直樹（一八九二―一九七八）だと言われてピンとくる人も、そう多くはいないだろう。

ただ、星野直樹の方は、日本が中国東北部に「満洲国」を出現させた時、この傀儡国家を実質的に支配していた、「弐キ参スケ」と呼ばれる五人の日本人政治家・実業家中の一人であり（他の四名は東条英機・岸信介・鮎川義介・松岡洋右）、大蔵省官僚を経て満洲国国務院総務長官という行政トップの役職に就いていた人物であったことは、同時代においては知悉《ちしつ》のことであった。

　この星野直樹の弟である星野芳樹は、非合法活動に加わったために逮捕され、七年間の拘留生活を経た後、一九四〇年に出獄、妻とともに上海に渡った。到着直後はフランス租界西端にある上海自然科学研究所の助手となるが、ほどなく、提籃橋の北西部、――戦後まもなく刊行した『上海露地裏の人々』（一九四七年一一月、世界社）と題した彼の著作中の言葉を借りれば、上海の街区の中で「一番既成文化の型が出来て居ら」ず、「工人と共に住み、共に汗を流す態の、奮闘的親方」もいて辺り一帯は「清新な活動力」に満ちており、それに加えて「日本人が大分転住して来て居り、又猶太人の入込む者も多数であり、街路はさながら世界人種の品評会の如き様」を呈していた――「西楊樹浦」の地にあって、民間の日本語学校開学の挙に出たのであった。すなわち、唐山路の一隅、景餘里にある民家で夜学校を開いたのを手始めに、中国人を対象とするクラスのほかに外国人クラスも設けるといった規模の拡張に伴い、公平路（唐山路が鄧脱路にぶつかる一つ手前で交わっている道路）、東熙華徳路へと校舎を移転させていき、校名も「容海語学校」に定まった。

この自前の学校の教育方針を振り返って、それは「国威宣揚」を目して「日本流直訳の教育を押しつけ」ていく植民地教育とは一線を劃して、「中国人をして独自の文化を発揚せし」め、学生の頭脳を組織的科学的に練達させていくことを重視していくものだったと、星野は言い切っている。そして、「自ら露地裏を訪れて、民衆と友となり、民衆の信頼を得」ていこうとする途上で出会った、自分の通う学校をまるで自分の家のようになじんでくる中国人子弟の生き生きとした様子や、彼らをそのように育ててきた「四海を家のように思ってなじんでくる中国人子弟の生き生」きと、教養人であることをひけらかさないで毎日の労働に向き合っている「典型的な苦幹成功者組」の親方のことなどが、『上海露地裏の人々』では語られていくのだが、こうした人々との交わりの中に、当時この地域で暮らしていたユダヤ人も現れてくる。

語学校に集ったユダヤ人

その一人で星野と交渉のあったのが、西楊樹浦で補習学校を開いていたデーマン氏である。経済的な不如意を来して、夜学校の校舎も兼ねていた自宅に一時仮寓していた彼の人品を評して、星野は「信用」を「重んじる」人だったと述べている。あるいは、広告新聞の編輯《へんしゅう》者だと言って自身の売り込みに余念がないゾルデインという男の細君のお父さんが登場する。義理の息子が、上海語で言えば「假痴假呆《カツカゲ》」（馬鹿を装う狡猾な輩を罵る際に使う）的な、なかなかの食わせ者ぶりを発揮するのに対して、この七〇歳を超えた老人の方は、煙草の立ち売りなどをして倹しい暮らしを立てており、星野の持ち家に安い家賃で住まわせてもらったことを心から謝しながら、まもなく病死する。

彼が亡くなった時、ゾルデインが葬式泥棒の挙に出るやもしれぬという心配の声が爺さんの友だちから告げられたように、星野と関わるユダヤ人はけっして善人ばかりではない。むしろ、総じていえば、善にも強く、悪にも強いといった、さまざまなタイプのユダヤ人がこの界隈で生活していることを星野の筆は伝えている。そしてまた、同じユダヤ人として上海で暮らすとは言っても、彼らの社会が一枚岩として協同しているとはいえず、いくつかのコミュニティや派に分かれて、利害をめぐっての対立や暗闘があることについても星野は言及している。けれども、そうした等身大としての生身のユダヤ人たちとの付き合いを重ねていくことは、彼のユダヤ人に対して抱くイメージを、「悪魔のような」ユダヤ人、フリーメーソンの指令の下に「世界転覆の陰謀」を進めているユダヤ人のそれからは引き離していく。

代わって、彼の目に映るのは、夜学校の外国人クラスにおいて、いつも首席を争うのは彼らであると紹介されるように、勤勉で研究心が旺盛、日本語の文法を根本的に学ぼうとするユダヤ人である。その中の一人であるボスナー青年は、容海語学校に通ってくる英語のわからない人たちに、ドイツ語で説明する日本語の講習を受け持ってくれた。一方、英語教員の経験がある星野の妻も、その経験を生かして外国人クラスを担当したが、やがて「猶太人協会」（唐山路日新里にある中欧ユダヤ協会のことであろうか）が開設した小学校からも、日本語を教えてほしいとの招きもあって、「ミセス・ホシノ」の名は、附近一帯に住むユダヤ人の間に、随分ポピュラーなものになって広まっていったのだという。加えて、こうしたつながりは星野の体験の内に留まるものではなかった。星野の学校に通い始めた白蕙蓉という女児の姉は、自らの幼子を通わせる幼稚園として、「私等に対しても、一向外国人といふへだてを感じて居な」いその調子で、ユダヤ人の経営する幼稚園を選んだ一事が記されていることも言い添えておこう。

戦時下の上海で宗主国日本が繰り広げた、中国人児童を対象とする日本語教育――それが「日華親善」、「日華提携」という美名のもとに企まれた、言語を通した文化統治の性格を持っていたことは否定すべくもない。そして、国策新聞としての役割も担っていた現地新聞の「大陸新報」が、星野の容海語学校を通じての活動を報じていく折にも、そうした側面を強調していく表現を用いていったのも事実であった。たとえば、彼の書いたエッセイ「中国の子弟と共に」（「大陸新報」一九四四年二月一七日）を掲載するにあたり、担当記者が前文として掲げた星野を紹介する文章中には、「自ら教壇に立つて友邦第二国民の教育錬成に粉骨砕身して」云々という言葉が見られる。

だが、当の星野の胸中に、自身が育てる中国人の子弟を「第二」国民として選別する意識がどこまで働いていたか。これは「学園に日華提携　廉潔の偉人〝葉澄衷〟の劇化　容海日語学校学芸会」(「大陸新報」一九四三年四月二二日)の記事中で紹介された星野の談話からも考えてみたい問題だ。つまり、この記事の読み手の大半を占める上海在留日本人の関心を、この「優良邦人」の偉業に向かわせようとする記事の叙述の流れを塞き止めるかのように、「別に日本人の方々に対する希望と言ってはありませんが」といった言葉を、ほとんど無造作と言ってもいいくらいな調子で星野は口にしている。そして『上海露地裏の人々』では、この日語劇を制作、上演した動機として、葉澄衷の事績を受け継ぐ澄衷中学校の経営難を同校校長王震とともに彼が訴え出ても、それへの適切な対応を示さない「日本軍官の控制下」にあった教育行政に対する「痛憤」のあったことが記されている。

繰り返しになるが、星野の回想が伝える彼と中国人との交流は、後者とできるだけ同じ地平に立つところから出立しようとする性質を持つものであったことは注視してよいと思う。そしてその交友圏には、楊樹浦のユダヤ人たちも立ち混じっていた。戦後の星野は、「静岡新聞」論説委員の職を定年になって退いた後、ケニアのナイロビに居を定め、現地在住の日本人にはスワヒリ語、ケニア人と現地在住の外国人には日本語を教えるための「ケニア・スワヒリ語学院」を開設した。

4 ブロッホ故居からの発信

クリークに向かう道

提籃橋、匯山路、華徳路、舟山路、唐山路、公平路、楊樹浦路――これらの街区で生起していた、ユダヤ難民をめぐるいくつかのドラマを拾って来たが、それらは主として「無国籍避難民隔離区」の西側に集中するものであった。が、このエリアは東西に長く広がっている。提籃橋交差点を西の起点とすれば、隔離区の東端はそこから二キロほどは離れ、楊樹浦江と呼ばれるクリーク際に設定されている。

華徳路（長陽路）沿いの上海ユダヤ難民記念館を初めて訪れてから数年後の冬の一日、そこまで歩いたこともある。黄浦江沿いを通る楊樹浦路から分岐している平涼路（ゲットー開設前には、ここにも華徳路と同様にユダヤ難民収容所＝ハイムが設置されていた）に足を向けて、庶民の台所といった雰囲気が漂う生鮮市場に立ち寄ったり、市場の雑踏を離れた後は、再開発を前にしただだっ広い資材置き場を歩道橋の上から眺めたりしながら、道を先へと進んでいった。そして、湿り気を含んだ冷気を顔に感じながら、酔狂にも観光客など一人としていやしない、旧ゲットーの東端まで辿り着いた。目の前にはただ、コンクリートで護岸され、茶褐色の水を湛えた水路があるだけで、そこがかつて隔離区境界線であったことを告げるランドマークなんてものは何もなかった。初めての歩行ルートだったので、無意識の裡にも緊張していたのだろう、足は結構疲れていたし、背中のあたりも空気の冷たさも手伝って強張っていた。けれども、黄浦江の方から吹いてくるかすかな風で縮緬皺《ちりめんじわ》みたいな波が立っている運河の畔にたたずんでいると、私の裡には、難民たちが暮らしていたこの土地が、「上海ゲットー」という呼称がもたらす狭小な押し込められたイメージとはやや異なる相貌を持っていて、ブロッホがそうなって来つつあるように、この地域で生きたユダヤの人々は、自分がそれを知ったあかつきには、一人一人の顔や声をもって近づいてくるのではないかといった、かすかな期待の入り混じった奇妙な感動が生じていた。

指定地域外出域證

では、そのような思念をもたらしてくる上海ゲットーのどこで、ブロッホは暮らしていたのか。上海ユダヤ難民記念館を初めて訪問した二〇〇一年三月のその日は、館の見学を終えた後、そこで知り合ったこの町で長く暮らし、ゲットー内のユダヤ人とも交渉のあった王発良老人に教えられて、霍山公園内に設置されているユダヤ難民記念碑や、同じ霍山路沿いにある、かつてユダヤの人たちがそこに集い、音楽会や演劇を愉しみ、屋上のルーフガーデンで歓談して束の間の慰藉《いしゃ》を得ていた、百老匯大戯院（ブロードウェイ・シアター）と呼ばれていた建物のたたずまいを目にしたのだが、この時点の私は、ブロッホの故居をまだ探り当てていなかった。なにしろ、その時の私は、自分の専門とする日本近代文学の中で触れてきた詩人の草野心平と関係があって、人力車をモチーフとする木版画を制作した〝珍しい〟ユダヤ人美術家が戦時下の上海にいたことへの興味や関心を持ち出したばかりであり、ほとんど何の情報も持たないまま、「無国籍避難民隔離区」がかつてあったところまで、上海観光のメッカである外灘からガーデン・ブリッジを渡り、東大名路をのこのこと歩いてやって来たに過ぎなかったのである。

上海から戻り、本書のはじめにも記したように、氏が亡くなるまでのわずか一年の間に過ぎなかったが、ブロッホと都合三回の手紙のやりとりをした。すでに一九九七年にドイツで刊行されていた、『ブロッホ木刻集』の編者であるバルバラ・ホスター、カタリーナ・ヴェンツェル＝トイバー両氏からは、『黄包車』刊行時の同時代評を提供していただいた（その一部は本書「第Ⅰ部」で活用）。また、一九九〇年代以降に、中国、ドイツ、アメリカなどで、第二次世界大戦下上海におけるユダヤ人の亡命生活を取り上げた展覧会が頻繁に開催されていたことも遅ればせながら知って、それらの図録にも目を向け始めた。

そして、その中の一つ、ニューヨークのレオ・ベック・インスティテュートと、オーストトリア・カルチュラル・インスティテュートが一九九六年に合同で開催した企画展「目的地上海　無国籍ユダヤ人の避難所１９３８―１９４８」(Destination Shanghai: Refuge for Stateless Jews 1938–1948) のパンフレット中に、ブロッホの住所も記された、彼の「指定地域外出域證」が写真版で掲載されているのを知ったのだった（「第Ⅲ部」扉)。

この「指定地域外出域證」とは、「無国籍避難民隔離区」への移住が完了した後、その地域からの自由な出入りを禁じられたユダヤ人に対して、申請人が隔離区外で正規に雇用されていたり、病院へ通院したりするといった臨時のしかるべき理由を持っている場合に限って、日本軍が発給した（実際の業務は上海無国籍避難民処理事務所があたった）「通行許可証」のことである。ブロッホがどういう理由で「指定地域外出域證」を入手し得たかは不明だが、彼のそれには一九四四年九月一七日、三〇日、一〇月一五日、一一月二四日の日付スタンプが、出域證発行の実務にあたった上海無国籍避難民処理事務所職員「合屋《ごうや》」の印とともに捺されている。発行者印の「久保田」は、所長の久保田勤のそれであろう。外出時間帯は午前八時から午後八時まで。行先地の欄には「1.DIST」と「8.DIST」のスタンプが捺されているが、これは行政上は汪兆銘政権に返還されても、日本による実効支配が続けられたフランス租界と共同租界の返還（一九四三年七月三〇日ならびに八月一日）後に、新たに制定された上海区制を表すもので、「1.DIST」（第一区）が旧共同租界、「8.DIST」（第八区）が旧フランス租界にあたる。

では、肝心のブロッホ当人についての記載がどうなっているかと言えば、「独系無国籍民」の“Bloch David”はこの時点で三四歳、職業欄には手書きで「絵画業」と記されている。そして住所欄の道路名は「長陽路」、地番は「24弄17号」となっている。〝長陽路24弄17号〟!? 提籃橋街歩きの第一歩として訪れた、同じ通りにある上海ユダヤ難民記念館からは、目と鼻の先ではないか！（ここまでの叙述では、主として長陽路の旧称の「華徳路」表記を用いてきたが、この「指定地域外出域證」の表記に従って、これ以降ブロッホのゲットー時代に言及する場合も、「長陽路」の表記を優先させることにする）

長陽路24弄17号

こうした情報を得た上で、私が上海ゲットー時代のブロッホの住んでいた家をこの目で確かめたのは、初めて提籃橋を訪れてから三年半が経過した二〇〇四年一一月、同じ年の三月にブロッホの遺作展が開かれていたダッハウに赴き、さらにアベルさんとの対面を果たしてから半年余りが経過した時だった。

二〇一九年現在、長陽路の車道は格段に拡幅され、道路を挟んで上海ユダヤ難民記念館と向かい合った敷地内には、ゲットー時代には舟山路沿いにあった「白馬珈琲店」を復元した建物があって展示室を兼ねた喫茶室を二階に設けており（三階には記念館の館長室もある）、またその隣には二〇一五年に市中心部に延伸した地下鉄一二号線の「提籃橋」駅もあって、市中央部からの交通のアクセスもよくなったが、二〇〇四年の時点での長陽路は、まだまだ下町の埃っぽい空気の中を通っている道路だった。

しかし、最初に訪ねた時（＝二〇〇一年）と同じように提籃橋に向かって歩いてくる二キロ余りの道すがら、老朽化した家屋を取り壊した後の瓦礫の山が至るところにあるのを目にして、少なからぬ懸念も私は覚え始めていた。と言うのも、すでにこの時点でこの地域は「北外灘」と呼ばれて、街の再開発、ビルの建設工事が急ピッチで進んでいたからであった。その煽りを食って、「長陽路24弄17号」を尋ねあてても、昔日の風景を思い出させるものはもう何も残っていないかもしれないと、ふと考えもする。でも、行ってみるしかない。まずは、その所在地を覚えていた上海ユダヤ難民記念館前まで行き、同館の受付近くにいた守衛とおぼしき男性に、「指定地域外出域證」から写し取ってきたブロッホ故居の地番を記した紙片を見せて当方の意を伝えると、通りがかりの地元の人を介して道順を教えてくれた。

記念館から提籃橋の交差点に向かって長陽路を数十メートルほど行くと、この界隈では一際その大きさが目立つ中国農業銀行の建物が立っている。その手前には、間口が二間ほどのまことにこぢんまりとした麵館があって、左折できるようになっていた。その小路に入って今度はすぐ右に折れ、銀行の裏手に回ると、そこにもT字路があり、また左に曲がれるようになっている。その通路は一〇〇メートルほど先で行き止まりになった路地だが、この路地の左側には赤煉瓦四階建てを中心とする集合住宅、右側にはそれよりも低い家並みの集合住宅が道に面して立っている。外観は、かなりの年月を経た感じを与えてくる。ようやく高鳴り出した胸の鼓動を抑えて、ゆっくりとその路地の中に足を運んだ。そして、左側にある集合住宅棟の二つ目の入り口上部に付いていた緑色のプレートを見ると、そこにはあった、「17長陽路二十四弄」の文字が！（写真3－6）

舟山路の家屋が、窓枠や破風《はふ》の造りに凝った意匠を施しているのに比べると、同じ煉瓦造りだとはいえ、こちらの方はもう少し簡素に見える。そして17号より先の外壁には竹の足場が組まれている。働いている人の姿は見

写真3-6
長陽路24弄17号にあった
ブロッホの住んでいた家屋（右）、
家屋入り口に掲げられた番地標示のプレート（下）、
長陽路24弄の集合住宅のたたずまい（左）
（後方は遠洋賓館、すべて2004年11月撮影）

えないが、外壁の老朽化が進んで補修しているのだろう。路地の向こう側に聳え立つ一棟の高層建築物（＝遠洋賓館というホテル）の現代風な外観と比べて見ると、その古びた印象はよりいっそう強まる。が、赤煉瓦の色合いも薄れた古めかしい印象から推して、これが上海ゲットー時代にブロッホが暮らしていた家であると判断して間違いなかろう。最上階の窓からは、往時はおそらく黄浦江を眺め渡すことができただろう。ダッハウの展覧会場には、ルーズベルト大統領が亡くなった日（一九四五年四月一二日）の夜、上海にある日本軍の港湾施設をアメリカ軍が爆撃する光景を自室の窓から目撃して、翌日描き上げた水彩画が展示されていた。そしてまた、当時のユダヤ難民コミュニティの文化活動のリーダー格の一人であったアルフレッド・ドライフースの訪問を受けて、「見ることが必要なんだ、画家はすべてを見なければならない」と、自らの美術家としての信条を述懐した（Dr. A. Dreifuss「画家 D. L. Bloch」〔Der. Maler D. L. Bloch〕出典＝「JÜDIS〜」〔以下判読不明。ユダヤ・コミュニティ内の刊行物と思われる〕、一九四三年一二月三日）のもこのアトリエだった。

それ以降、上海を訪れると、長陽路一二四弄に立つ赤煉瓦造りの集合住宅が取り壊しにあっていないか気になって足を運んでいるが、直近で二〇一九年春に出かけた際にはそのままの状態であった。居住者がいるので中まで入るのは気がひけていたが、その前年の春、私の町歩きに付き合ってくれた市内の大学に勤めている日本人、中国人のそれぞれ若い友人たちが住人に声をかけ、さすがに室内にまでとはいかなかったが、自転車やバイクが無造作に置かれている三和土《たたき》を擦り抜けて三階まで上がり、建物の様子を内側からも確かめることができた。階段にせよ、通路にせよ、随分と狭いし、昼間ではあったが薄暗い。老朽化もかなり進んでいたが、通路に面した各部屋の扉は頑丈な良質の木材で作られていて、階段の手摺りにも結構凝った彫刻が施されていた。生憎、三階の窓際まで行っても、黄浦江の川面までは周囲の建物に遮られて望めなかったが、生ぬるい水気を含んだ空気が屋内には満ちていた。

「上海猶太人紀念地概念設計展」という企て

ところで、ブロッホ故居を初めて目にしたこの日の提籃橋行きには、さらにあと一つの収穫が加わった。それは、ブロッホ故居からの帰りがけに再度立ち寄った上海ユダヤ難民記念館の書籍売り場で、ある一冊の本を手に入れたことである。

『鐫刻出的歴史　CARVED HISTORY』というタイトルのその小冊子は、イスラエル出身のカメラマンであるDvir Bar-Galが二〇〇三年に上海市内莫干山路に開設した"ARTSEA Studio & Gallery"で、つい一月前の二〇〇四年一〇月に開かれていた「上海猶太人紀念地概念設計展」の図録である。「前言」も参照しつつ、同展開催に至るまでの経緯と展覧会の主旨を確認するなら、概ね次のようになる。

一八六二年にセファルディ系ユダヤ人の墓地が上海で造られて以降、工部局によって造られたものや、一九四〇―四一年に設けられたユダヤ人難民の死没者を葬るためのものというように、一九四九年以前の上海にはユダヤ人墓地が四ヶ所存在していて、墓碑は約三七〇〇基あった。その後、都市化の進展、市中の工事に伴って、これらの墓は上海西郊の徐涇方面に移されたが、文化大革命が始まった一九六六年に破壊や遺棄の対象となってしまい、ユダヤ人の墓石や墓碑の存在は、その後長い間忘れ去られてしまう。

しかるに、二一世紀に入った最初の年、上海市内の骨董店で二基の古びたユダヤ人の墓石をくだんの写真家が見つけ、イスラエル領事館からの援助も受けて収集活動に乗り出した。その結果、現段階（＝二〇〇四年）では八五基の墓碑・墓石が集まってきたが、次に目指すべきは、それを基にした記念地をこの上海に実現させることだった。

むろん、そのためには財政的な支援態勢が不可欠だが、それは一朝一夕にしてなるものではない。そこで、この展覧会では、現代の上海で活動している芸術家や建築家に呼び掛けて、彼らが思い描く記念地のイメージを提示してもらうことに狙いを定めた。実現の可否は二の次とするので、その分、自由で創造的な概念図の寄せられることが期待されたが、そのイメージを提示するにあたって、主催者側はこの企画を立てる促しとなったユダヤ人の墓石を概念図中には必ず取り込むことと、記念地の建設候補地としては、かつて多くのユダヤ難民が暮らしていた提籃橋地区を最優先することを要請しておいた。

寄せられたイメージ

では本の内容に移ろう。図録にはアメリカ、チェコ、オーストラリアなどから上海に来て活動している、そのほとんどが戦後生まれの九名の建築家による記念地の設計案が掲載されている。

その中の一人、チェコ出身で一九四三年生まれの建築家 Milan Pitlach は、「上海猶太人紀念地」（The Shanghai Jewish Memorial）と題し、ホロコーストに巻き込まれて生き残ることのできなかった、彼の妻方七〇人の親類縁者を追悼する思いを表現するために、上海で見つかった墓石を、チェコの首都プラーグにあるユダヤ人墓地の光景を彷彿させるように配置する案を示した。

その他のアイデアもいくつか紹介するなら、ジェームズ・ブレアリイ（James Brearley）が考案したのは「漂流石」（Floating Stones）である（**図3－6**）。地面を削って傾斜を持たせたところに墓石を敷きならべ、その周囲に水路を設けたもの。墓石の一つ一つが、何物からも自由であるとと

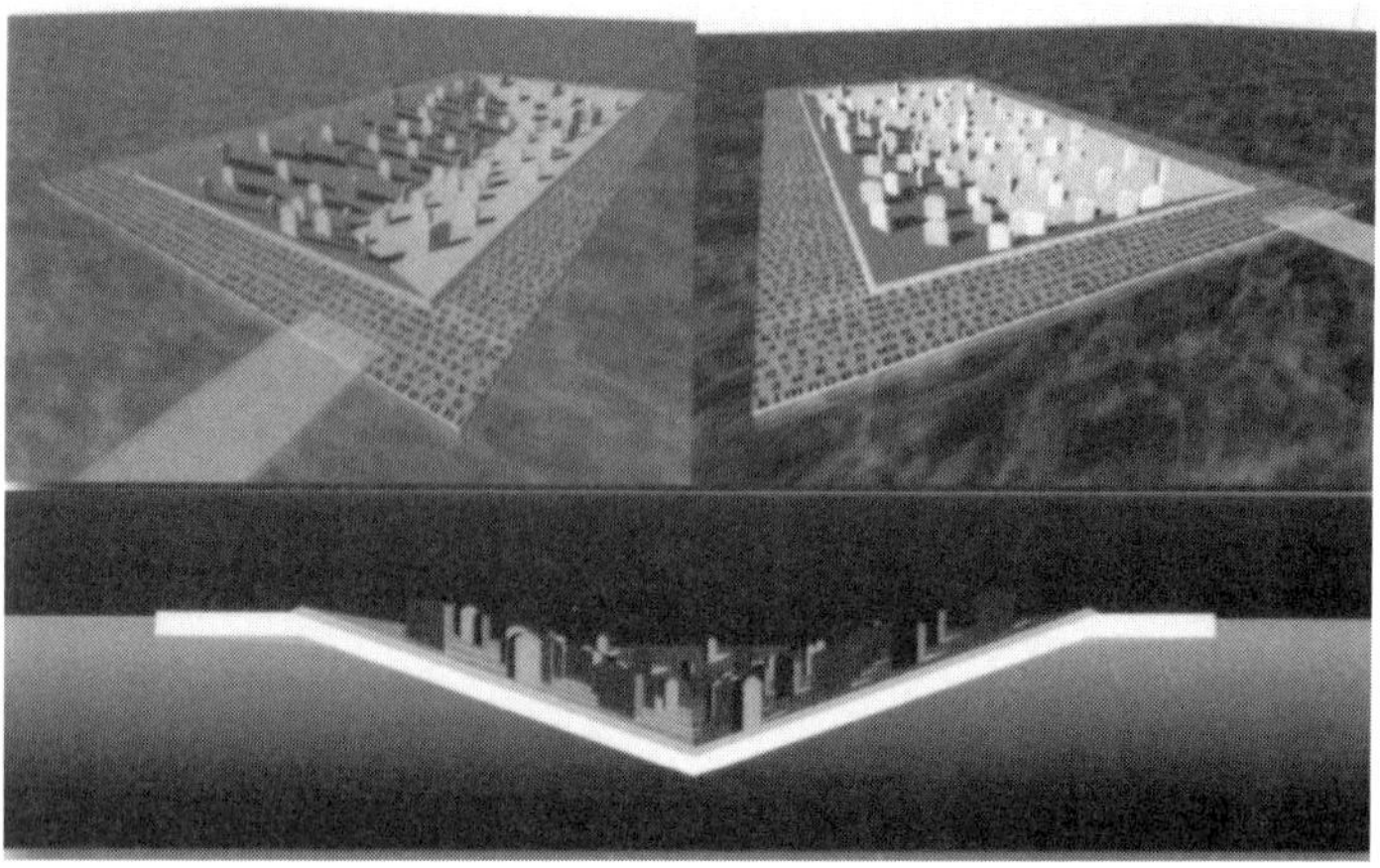

もに、何物からも切断された、ディアスポラとしてのユダヤ人の生を表象するかのようだ。クリストファー・コア（Christopher Choa）は「猶太人紀念島」（A Jewish Memorial Island）というイメージを創出した。スケッチ画風のタッチで描かれているこの「島」は、霍山路に沿う一郭に出現し、緑樹で覆われた中に、その周囲には水を廻らしている。そして、島の片隅には、旧約聖書の「創世記」中に出てくる「生命の樹（命の木）」になぞらえた木が一本だけ植わっており、その周囲には墓石が据えられている。しかも、よく見ると、アシュケナジイ系ユダヤ人の墓石は地面に対して垂直に立てられ、セファルディ系ユダヤ人のそれは水平の向きに埋め込まれているというように、同じユダヤ人といってもそれぞれの起源の違いによって、彼らの間には異なった宗教的儀礼が存在していることを理解した上での対象の処理がなされている。あと一つ、サイラス・チャウ（Silas Chiow）の「記憶墻《しょう》」（Wall of Memory）も見ておきたい。この案で設計者が強調するポイントの一つは、墓石を嵌め込んだ壁は初めは地中にあるが、新たな墓石が見つかるたびに、それらが加えられたその壁は伸びてゆき、やがて地上にその姿を現していく、というところだろう。いわば、一人一人のユダヤ人に対する記憶の集積を視覚化していく仕掛けがここには見出される。

　このように、上海に亡命してきたユダヤ人の生が営まれた「提籃橋」地区に、彼らの墓石という指標を配置して、忘却の波にさらわれていこうとしている過去の出来事を想起する場を造形しようとする試み、それは、かつて彼らをホロコーストという殺戮の対象としたことについてのト

図3-6
ジェームズ・ブレアリイが提示した紀念地概念図。
「漂流石」と題したもの（『鐫刻出的歴史』より）

ラウマ的な記憶と向き合わねばならないドイツにあって、一九八〇年代以降に顕在化し始めた、いわゆる「想起の文化」の動向、造形芸術における記憶ブームとつながっている。ナチズムあるいはホロコーストの記憶をテーマとする芸術は、その想起の作業をさまざまな形でもって実践していった。香川檀は、その著書『想起のかたち　記憶アートの歴史意識』（二〇一二年二月、水声社）の「序章」で、この実践形態の持つ際立った特徴について、ある者は記念碑のような制度化された記憶装置の向こうに、それとは対抗的な「記憶の場」を創出しようとすれば、ある者は、出来事が生じた現場に痕跡をつけ直す作業を選択し、また他の者はそのようにして生み出した空間の中で死者との交感を企てようとした、というように分節化して述べているが、二〇〇〇年代に入って「上海猶太人紀念地概念設計展」に寄せられたアートもまた、このような視点から考察される意義を十分に有していると思われる。

路上で想起する

私が長陽路に残るブロッホ故居を探し当ててから、すでに一六年もの時が経過した。そして、上海に亡命してきたユダヤ人に関する記憶を都市空間の中に標《しるし》づけようとする例の記念地造営の夢は、いまだに実現されていないが、それに代わってこの間、提籃橋地区は、二〇〇二年に上海市が策定した「上海市歴史文化風貌区と優秀歴史建築保護条例」によって、市中心域に計一二区

写真3-7
遠洋賓館から見下した上海ユダヤ難民記念館周辺の街並み。
左から3列目の窓が多数見える3階建ての建物が記念館（2019年撮影）

が指定された「歴史文化風貌区」の一つとなり（写真3－7）、そこで繰り広げられたユダヤ難民たちの生活の実態に関する資料や記録を、ユネスコの「世界の記憶」遺産に申請しようとする準備も始められた。

また、そうした動きとタイアップして、上海ユダヤ難民記念館のリニューアル化も進み、展示室をはじめとする施設の規模も拡大している。旧摩西会堂とは別の棟が増設され、その一つではユダヤ人の脱出と救済を主題とする映像が上映され、本館の展示スペースも広くなってそこに陳列されるものも格段に増えた。市内の大学に通う学生が実習形式の授業の一環なのだろうか、ガイド役を買って出てくれる。長陽路を渡ったところに、それも記念館の施設の一つとなった「白馬珈琲店」を復元した建物があることについてはすでに述べたが、記念館本館から霍山路方向に目を向けても、二〇一九年一月現在、そこに立つ二棟の大型家屋を入手して、それらの内部を展示室に改装する計画が進行中だという（新型コロナウィルス感染症拡大により工事はやや遅れたが、二〇二〇年一一月にリニューアル化が果たされた）。

が、初めて記念館を訪れた時のことを振り返って、屋根裏部屋めく狭

い室内に置かれていたわずかな家具や器具を通じて、それがそれだけのものとして、そっと安置されているがゆえに、避難民の生のたたずまいがすぐそこにあるように感じられたと記したように、次第に増えてくる収集物をただ乱雑に積み上げて陳列するだけでは、見学者に対して過去を生き生きと想起させることを目的としなければならないミュージアムは、一種の機能不全に陥る危険がある。なぜなら、収蔵資料のやみくもの陳列と氾濫は、それを構成しているはずの一つ一つのモノの持つ重みをともすれば見落としていく、いわば多数化による個の減殺や黙殺といった事態を招きかねないし、不在の表象なるものを想像していくための感性を摩滅させてしまう危うさも有している。さらに、展示室という空間にあらゆるモノを集中させ、押し込め、管理していくという方式は、なんだかユダヤ難民たちをそのように扱っていった、ゲットーの運営形態とアナロジカルなもののように思えてしまう、といったら言い過ぎであろうか。歴史の記憶を大切に扱っていこうとするならば、類型化や制度化を超える性格を持った、新たな想起の形を創出することに努めなければならない。

そうして、その際必要となるのは、もう一度ミュージアムの外に目を向けて見ることではないか。二〇〇八年の夏、提籃橋交差点から四〇〇メートルほど離れた、下海廟という寺廟に向かって海門路（旧・茂海路）を歩いている時、おそらく上海ゲットーがあった時には、そこでカフェと酒場が営業していたのであろう、そのことを告げる木製の二枚の看板を軒下に掲げたままの家

写真3-8
民家の入り口に残っていた「ホーンの居酒屋」「大西洋珈琲店」の看板（2008年8月撮影）

屋を見つけた。正確な地番は「海門路127」。看板に記されていたのは“Horns Imbiss Stube”（ホーンの居酒屋）と“Café Atlantic”（大西洋珈琲店）という店名。その古さから推して文化大革命に遭遇したに違いないが、どうやって破壊の憂き目にあわずに残ったのだろうか（写真3－8）。

　そんな感想を私に抱かせたこの二枚の大型看板は、その後の海門路の拡幅工事によって道沿いにあったこの家屋が取り壊されたため、現在では上海ユダヤ難民記念館の中庭に設置されたプレートに、そこに移してきた折の作業の様子を撮った写真と一緒になって嵌め込まれている。こうした処置もまた、上海に避難して来たユダヤ難民の生を集約化して示そうとする企図に基づくものである。そして、それは確かに、資料がそうやって整備され、保全されていることの証にはなる。が、その代償として、この看板を掲げた店が、元は避難民隔離区境界線上の一点にあったことを、その場に立って地図と見比べて確かめ、そこから考えを巡らして、指定地域外での所用を済ませて戻ってきた難民たちの誰かが、自分たちの寓居に帰る前に、疲れた身体をほんのしばし憩わせようとしてこの店に入り、なけなしの金をはたいてグラス一杯のラムを口にふくん

だり、カップに入った熱いコーヒーにミルクや砂糖を入れてスプーンでそれをかき回したりしていた光景を想像することなどは、思量の埒外に追いやられてしまうかもしれない。そんなのは主観が勝ちすぎており、大切なのはかつてのゲットーにこうした店があったという事実であり、そのことを知ればよいのだ、という理由でもって。

しかし、私はその書き割りの中に人間の姿を呼び入れたい。かつてそこで生活していた人たちの生の現場に近づき、彼らが何を歓びとし、どんなことを悲しんだのかについて、自分の想像力を働かせたい。むろん、そうした作業がうまくいかず、彼らの姿を具体的に描き出せない場合もあるだろう。しかし、その積み重ねや繰り返しが、自分が経験していないことを体験していた人たちと自分との間に、内的な対話が成り立つことを可能にさせていく、細くて時には途切れそうに見えるけれども、それでも一筋となって続いていく道のように思われるからだ。

そして、そういった立場から、自分が「長陽路24弄17号」のブロッホの故居とそのぐるりを歩き廻ったことを反芻すれば、その行動は再び意義を持ち出すように思えてくるのである。すなわち、今度はブロッホの故居から元来た道を引き返し、ただし中国農業銀行裏手のT字路のところで立ち止まって、さきほど入って来たのと反対の方向に目を向けると、それほど遠くないところに海門路の通りが見える。殺風景なコンクリート造りの建物の間を縫ってそこまで来ると、右側には、公安（警察）の建物があった。提籃橋地区にある支所の一つであろう、それほど大きくはなく、これもまた外観上、何の変哲もない建物だ。しかし、いま、この建物の立っているところが、往時の道路名で言えば茂海路で、地番は七〇号、工部局匯山署内に看板を掲げた「上海無国籍避難民処理事務所」の所在地なのだ。「長陽路24弄17号」にあるブロッホの住居から一〇〇メートル足らず！　途端に、彼がゲットーの中で暮らす無国籍避難民の一人として体験したであろう苦痛、最初に送られてきた書簡に認められていた、「上海での、Ward Road（長陽路のことである）のゲットーでの生活は簡単なものではありませんでした」という言葉が、重たく迫ってくる気がした。

「見ることが必要なんだ、画家はすべてを見なければならない」――前述したように、自身の仕事場を兼ねた長陽路にある家を訪問した同胞の記者に向かって、ブロッホはそう言った。そして、アトリエからスケッチ帖を携えて戸外に出かけて行き、上海の路上生活から自身が共感を覚えたものを次々と描き留め、その場で描けなかった場合には「子ども」、「路面電車」、「犬」、「家」、「木」といったメモの形に残しておいて、後日、その折の印象を呼び醒ましながら制作に打ち込んでいった。

場所は定かではないが、戸外で中国人の幼女のそばでスケッチしているブロッホを撮った写真がある。穏やかな表情で画帖に向かうブロッホ、その様子を不思議そうに、けれど警戒心はあまり持っていない様子で見つめている幼女、微笑ましい一瞬が撮られている（**写真3-9**）。

が、彼のアトリエのすぐ近くにある上海無国籍避難民処理事務所の前では、指定地域外出域證の発行を待ち続けて、荒天の日であっても難民たちが長蛇の列を作っている情景もあった。その列の中にブロッホもいたことはあるのだろう。そして、ブロッホはそれも「見なければなら」ず、その証としての版画も制作している。さらに、上海無国籍避難民処理事務所とブロッホの家とが至近距離にあったことは、ブロッホとこの事務所に勤める職員との間に、また別様の関係も生じさせていったようだ。すなわち、出域證を発行する際にしばしば見せる尊大で傲岸な態度ゆえに、ゲットー内の多くの住民からは嫌悪の目で見られていた職員の「合屋」から、一度「すき焼き」をおごってもらったことがあるといった、ちょっと意想外な思い出を、生前の氏は一度私に告げたこともあったのだ。その理由まで質すことができなかったのは少し残念な気がするが、こんな風に「長陽路24弄17号」を一つの起点とするだけでも、ブロッホの多面的な生の相貌が走馬灯のように浮かんで来て、私の頭の中でぐるぐると廻り始めるのである。

三番目の住み処

提籃橋地区が、今日「歴史文化風貌区」に指定されていることについてはすでに述べたが、上海市内にはまだほかにも同様の指定を受けている地区がある。その一つが「山陰路歴史文化風貌区」である。戦前は上海在留日本人コミュニティが成り立っていた虹口地区の北に位置し、同地区のメインストリートである四川北路（旧・北四川路）の行きどまりから東側に広がる地域がそれで、その中心となるのが溧陽路（旧・狄思威《デキシー》路）の住宅街である。一戸一戸の敷地が広く、赤煉瓦造りの洋館風の家の構えも大きくて立派、門から家の入り口まで庭があって、さまざまな木が植えられている、租界時代に用いられた言葉を借りれば、「花園」（小庭園の付いた高級な洋風住宅）としての特徴を具えた住宅地である。四川北路側から入ってくる取っ付きには、魯迅存書室（一九三二年以降、魯迅が書庫として借りた部屋）も残っているし、文学者で戦後は中華人民共和国政府にも参画した郭沫若（一八九二―一九七八）が、一九四六年から短期間住んだ洋館もある。それぞれの地番は「溧陽路一三五九号」と「溧陽路一二六九号」である。

　そして、ここで注目したいのが「溧陽路一三二三号」の洋館。実際にこの洋館の敷地内に入ってみたのは、二〇一二年七月に上海の地元テレビ局の企画した番組の制作に協力した時（「卍字血証」と題したドキュメンタリーで、「満洲」のハルビンならびに上海のユダヤ人の歴史を紹介するもの。この時点までに知り得たユダヤ人美術家ブロッホに関するインタビュー取材に応じ、街頭ロケも行ったのだ

写真3-9
スケッチ帖を手にするブロッホと中国の幼女

が、残念ながらこの番組は編集は済んだものの、放映には至らなかった）だったのだが、じつはこの家が、ブロッホの上海生活にとっては三番目に移り住んだ家だったのだ。しかも、彼はそこに単身で移ったのではなかった。アジア・太平洋戦争が終結してまもない一九四六年九月、ブロッホはそれより前にこの街で知り合った中国人女性の鄭迪秀と結婚、彼女とともにこの家で暮らし始めたのである（**写真3－10**）。

さて、「第Ⅲ部」はここらで終えよう。続く「第Ⅳ部」では、ブロッホの人生の同伴者となった、この鄭迪秀という女性をめぐるもう一つの物語を立ち上げて、ブロッホの一九四五年以降の創作活動に伴奏させていき、さらに舞台を中国からアメリカに移して、後年のブロッホがその制作に心血を注いでいったホロコーストを主題とする作品群についても、いま一度言及していくことにしたい。

写真3-10
プラタナスの街路樹越しに見る
溧陽路1313号の家屋。
ブロッホ3番目の住居
（2012年7月撮影）

第Ⅳ部

ブロッホと鄭迪秀

上海の街頭に立つブロッホと鄭迪秀（「絵による私の履歴」部分）

1 人生の伴侶との出会い

鄭迪秀の生い立ち

『ブロッホ木刻集』所収の「ブロッホ　その生涯と作品」(Leben und Werk von David Ludwig Bloch) 中には、ブロッホと彼の妻の鄭迪秀が正面を向いて並んだ写真が挿入されている(口絵7)。結婚してまもない頃のものだろうか、艶やかに光る黒髪をアップにし、くっきりとした目鼻立ちのこの中国人女性が、彼女の未来の幸福のためにマルタ・マイアーホーファーと別れて上海に亡命してきたブロッホが出会った、その後の彼の人生の同伴者であるのだが、上海のユダヤ人に関する研究に先鞭をつけた許歩曾氏の「《黄包車》を上海に捧げたユダヤ人画家ブロッホ」(「奉献《黄包車》給上海的猶太画家白緑黒」、『尋訪猶太人 猶太文化精英在上海』〔二〇〇七年五月、上海社会科学院出版社〕所収) も参照しつつ、まずは彼女の生い立ちを見ておこう。

鄭迪秀《ていてきしゅう》(ヂォンディィシウ、zheng di xiu) は一九一五年、浙江省海寧の硤石鎮《きょうせきちん》(シアシーヂェン、xia shi zhen) で生まれた。ブロッホより五歳年下である。すぐそばを銭塘江が流れる、江南の沃野の一郭にある硤石鎮は、城市を取り巻いて四通八達した水路、水運の利を生かして民国以前から経済的発展を遂げていたが、一九一六年の滬杭線の開通によって上海と杭州の双方との経済的なつながりをさらに強め、米、生糸、棉の商取引によって、一九二〇年代から三〇年代にかけては一段と活況を呈していた土地である。そして、海寧に隣接する嘉興出身の迪秀の父鄭甘延（一八八〇―一九四四）は、硤石郊外に土地を所有するかたわら、茶の販売でもかなりの利潤を上げる、いわゆる「工商地主」の地位にあり、彼の妻何行素（一八八四―一九七七）の二人の兄の何景清と何挹泉も、同じ地で「何永豊米行」という米問屋を大々的に営んでいた。

鄭甘延には、嘉興で結婚したが死別した前妻との間にもうけた鄭康恒と、何行素との間にもうけた鄭廣華の二人の男児があったが、続く第三子（長女）として生まれたのが迪秀である。その名は、彼女の生誕の地が、硤石の町中を流れる洛塘河河畔の「迪秀坊」であったことに由来している。迪秀はこの地で幼少期から青年期の初めまで暮らしたが、その間に彼女を見舞った災厄が、五歳の頃に、高所から転落して重傷を負い、その後遺症として両耳の聴力を失ってしまったことだった。そのまま聴力は回復せず、関係者の証言によると、その症状はブロッホのそれよりも重度であったという。

時は流れる。迪秀坊より下流に位置する、洛塘河右岸の西南河街に鄭家の屋敷が落成、鄭甘延一家はそこで暮らし始めたが、新居移転後一、二年が経過した時点で第二次上海事変が勃発、日本軍の侵攻が江南地域に及んでくる状況が生じた。そのため、鄭甘延は一家を挙げて、戦闘の累が直接及んでこない上海租界への移住を決意、共同租界の西端に位置する愚園路九七号に居を定めた。近くには上海名刹の一つに数えられる静安寺や、ダンスホールの百楽門舞庁（パラマウントホール）がある繁華な地区であり、同郷の海寧出身者もその界隈に多く住んでいたらしい。

家族とともに上海に出てきた鄭迪秀は、前記許歩曾の調査によると、カトリック教会の経営する聾唖学校に通った後、芸術専科学校に入って絵を学んだとのこと。ただし、両校の具体的な名称までは報告されておらず、私自身もその点は明らかにし得ていない。迪秀が暮らしていた「静安寺廟弄」から近いところで推せば、フランスのカトリック教会の布教活動の拠点だった、徐家匯天主堂の教区内に開設されていた聾唖学校かもしれないが、まだその裏がとれていない。同様に、芸術専科学校との関連をうかがうに、彼女が花々の模様を刺繍した絹織物が当時の市場に出回ったというエピソードを許氏は紹介しているのだが、これとても残念ながら確証はない。

聾唖と芸術

それでも一つだけ、鄭迪秀の芸術的センスを伝える資料があるのを、畏友の北京外国語大学教授秦剛の助言を得て知ることができた。それは、創刊以来、他の競合紙を抜いて購読者数では上海一を誇っていた中国語の日刊新聞「申報」に掲載された「聾唖藝術評判掲暁」、日本語に訳せば「聾唖藝術展、表彰結果発表」という見出しを持つ記事（一九四一年七月二六日）である。上海中華聾唖社の主催で一九四一年六月末に開かれた、第二回全上海聾唖藝術展の入賞者氏名が作品の種目別に発表されているが、その中の「木器画」の部の「第二位」に挙げられているのが彼女であった。

「木器画」とは聞きなれない言葉だが、木製の器物や器具、家具に施された、それらを装飾する絵のことだと思われる。先年吉林省長春を訪れた時、市内にある「長影旧址博物館」（戦前の満洲映画協会＝満映の撮影所ならびに新中国建国後に設立された長春映画撮影所を改修して開設された博物館）に立ち寄ったが、館内には、映画の撮影時に用いる道具類の一つとして木製の箪笥が展示されていたが、その表面には蓮の花の意匠が華やいだ紅色をして浮かび上っていた。迪秀が描いた木器画はどんなものだったのだろうか？

一方、鄭迪秀とブロッホとの出会いについても、やはり許論文が関係者から聞きとったとして記しているものに拠って説明すると、フランス租界の八仙橋近くにあった基督教青年会の会館で聾唖者の集いがあった時、その場に二人が居合わせたからだったという。その後しばらくして、迪秀は友人とともに金門大戯院に行ったが、館内に入った彼女らが席に着いた時、そこにはブロッホも来ていたことを彼女は知ったのだった。偶然の再会が二人を結びつける。それが、ブロッホが上海に到着した一九四〇年五月以降の何時であったか定かではないが、こうして二人の交際は始まった。それぞれが用いる言語も違うし、それを発語し聞きとることの困難も抱えていた二人、加えて例の無国籍避難民隔離区の設置によってブロッホの行動の自由も抑圧されるという事態の中、二人はどのように感情を通わせ、互いの存在を必要としあう間柄になっていったのか。ブロッホは、迪秀の裸身を一枚の水彩画として残している。絵の制作時であろうか、「Oct. 1942」の文字が読み取れるこの絵の中で、正面よりやや左を向いて腰掛けている彼女は、安堵と放心の入り混じった目をして、頭を心持ち右にかしげている。肩から背中にかけて長い髪の毛がなだらかに流れているのが想像でき、左の方がいくぶん大きい両の乳房のやわらかみや、みぞおちのあたりでいったんくぼんだ後、なだらかな張りを持って広がっていく下腹部のすべすべした感触とが、光沢を帯びた白い色を通して伝わってくる。ブロッホが手にした画筆は、少しも遅滞することなく楽々と動いていったことであろう。

が、地方の商都硤石の素封家であり、一族がこの地の名門であることを誇りとする父の鄭甘延は、迪秀の二人の兄が妹の結婚を許すように説得を試みたものの、首を縦には振らなかった。わが娘が、彼がそれまで馴染んできたのとは異なる場所からやってきた男とともに

写真4-1
結婚式当日の二人

写真4-2
結婚証明書

生きていくことに対して、不安と憂慮を覚えていたからだった。その父が一九四四年に病没した。それは、むろん悲しむべき出来事ではあったが、同時に一つの重石がとれたことも意味していた。やがてアジア・太平洋戦争の終結、上海ゲットーの消滅とそこからの解放。母何行素の承諾を得て、迪秀とブロッホは一九四六年九月二一日に結婚した（写真4―1、2）。

　ここで一つ情報を追加する。二人の結婚証明書には「介紹人」（＝媒酌人）の一人として「孫裕徳」の署名があるが、彼は「第Ⅰ部」で述べたように、一九四一年の春に蘭心大戯院にブロッホがそれを愉しむために出かけたと思われる、国楽演奏会の主催団体である国楽研究会の代表をその当時務めていた人物である（前掲38頁図1―4参照）。水彩画家として上海風景を描き出していたブロッホと、当時の上海で活動していた中国人の水彩画家李咏《えい》森とが交友関係にあったことについては、すでに許歩曾の論考が指摘しているが、彼と上海出身の琵琶演奏者である孫裕徳との間にはどういうつながりがあったか、興味が湧いて

くる。

「第Ⅲ部」の最後に記しておいたように、新居は狄思威路（現・溧陽路）一三一三号に立つ、瀟洒なたたずまいの花園式洋館に定めた。それに伴う経済的な支援は母と長兄の鄭康恒が行ったらしい。

戦後の創作活動

こうして始まった二人の生活の中で、ブロッホの創作活動もまた新たな展開を見せた。結婚の一年前まで遡ってその様相を一瞥すれば、上海の街中で見かける、さまざまな商店の店構えを色刷り木版に刷り上げたポケットサイズの版画集『上海』を、長陽路にある出版社（FESTA PAPER MFG. & PRINTING CO）から一九四五年末に刊行した（版画集本体を収めた紙袋には、上海バンドを鳥瞰した木版画とともに、“MERRY CHRISTMAS AND A HAPPY NEW YEAR 1946”の文字が印刷されている）のを皮切りに、一九四六年一二月には、「YIVO」（Yiddish Scientific Institute――イディッシュ科学研究所。一九二五年ポーランドのヴィルノで設立されたイディッシュ語、イディッシュ文化の探究、記録、保存、振興を目的とする組織。ナチの弾圧を逃れて本部をニューヨークに移してからはInstitute for Jewish Research〔ユダヤ調査研究所〕と称す）の上海支部が上海ジューイッシュ・スクールで開催した「ユダヤ人芸術家展覧会」（EXHIBITION OF JEWISH ARTISTS）に、“Refugee camp”（避難民収容施設）・"Refugee camp kitchen"（収容施設の調理場）・"Ward Rd. camp theater"（ワード通り。施設内の劇場）といった、上海ゲットーでの同胞の生活に取材したものも含む一〇点余りの水彩画、木版画、木炭画を出品したし、一九四八年には、この街で生活している人力車夫、物乞い、中国人の子どもたちを題材として仕上げてきた木版画シリーズの第四弾にあたる、"Yin Yang"（陰陽）を完成させた。

この"Yin Yang"（陰陽）は、そこに収録された四〇点余りの作品が表わす視覚的なコントラスト（たとえば、多くの棺を積み重ねた棺材店が、店先の方に目をやれば、そこでは子ども向けにアイスクリームを販売している光景）を通して、万物は相反する性質の陰と陽という根元的な気の消長から成り立つという考え方を基底に置く中国人の世界観に、自分を取り巻く状況がどう変わるかわからない状態に常に置かれてきた亡命者のブロッホが、自身の人生観をどのように接合させていったかという問いを立てることができるテクストのようにも思えてきて興味深いのだが、それについての詳細な考察は省く。代わってここでは、鄭迪秀とブロッホとの絆が深まっていったことに思いを馳せる時、どうしても見逃せないブロッホの作品と、それをめぐって私が起こした探索行の話をすることにしたい。

2

硤石の風景画を巡って

ブロッホの水彩画

アジア・太平洋戦争の終結を上海で迎えた約一万五〇〇〇人のユダヤ避難民は、政治協商会議が決裂して再発した国共内戦によって中国国内情勢が激しく揺れ動く中、受入国側の移民についての取り決め方の変化と自分たちの出身地（国籍）の違い、さらにはイスラエルの建国が主たる要因となって、アメリカ、オーストラリア、カナダ、南米、イスラエル、そしてまた、ドイツやオーストリアといった本国へと、再移住の道に踏み出していった。一九四九年五月、人民解放軍が上海に入った時、そこにとどまっていた中央ヨーロッパからの避難民は一〇〇〇人ほどに減っていたし、中華人民共和国が成立して数年が経過すると、ユダヤ人の姿はほとんど消えた。そして、ブロッホの動きはと言えば、彼が上海からアメリカのサンフランシスコに向かって出発したのは一九四九年三月であったし、やや遅れて五月には鄭迪秀も、夫の後を追って本国を離れていった（**図4-1**）。

図4-1
聯合国国際難民組織遠東局発行のブロッホならびに迪秀の難民登録証。1949年3月21日のスタンプが捺してある

このように歴史の歯車が激しく回転していた一九四七年の三月と六月に、ブロッホと鄭迪秀は迪秀の故郷である硤石鎮を訪れている。迪秀にとっては、これが彼女の生涯にあって最後の帰郷となったのだが、おそらく新婚旅行も兼ねていた、この小さな記念すべき旅の中にあって、ブロッホは硤石の風景を水彩画として残している。

その中の二点の水彩画を私が初めて目にしたのは、ブロッホの遺作展覧会が開かれていた、二〇〇四年三月末のダッハウの会場であった。それぞれのタイトルは“Eisenbahn und Fluss in Xiashi”（硤石の鉄道と川）と、“Brücke in Xiashi bei Haining”（海寧附近、硤石の橋）である（口絵13、14）。前者は見晴らしの利く高所から眺望した、広闊《こうかつ》な平野の風景を題材としている。春先のせいか、ま

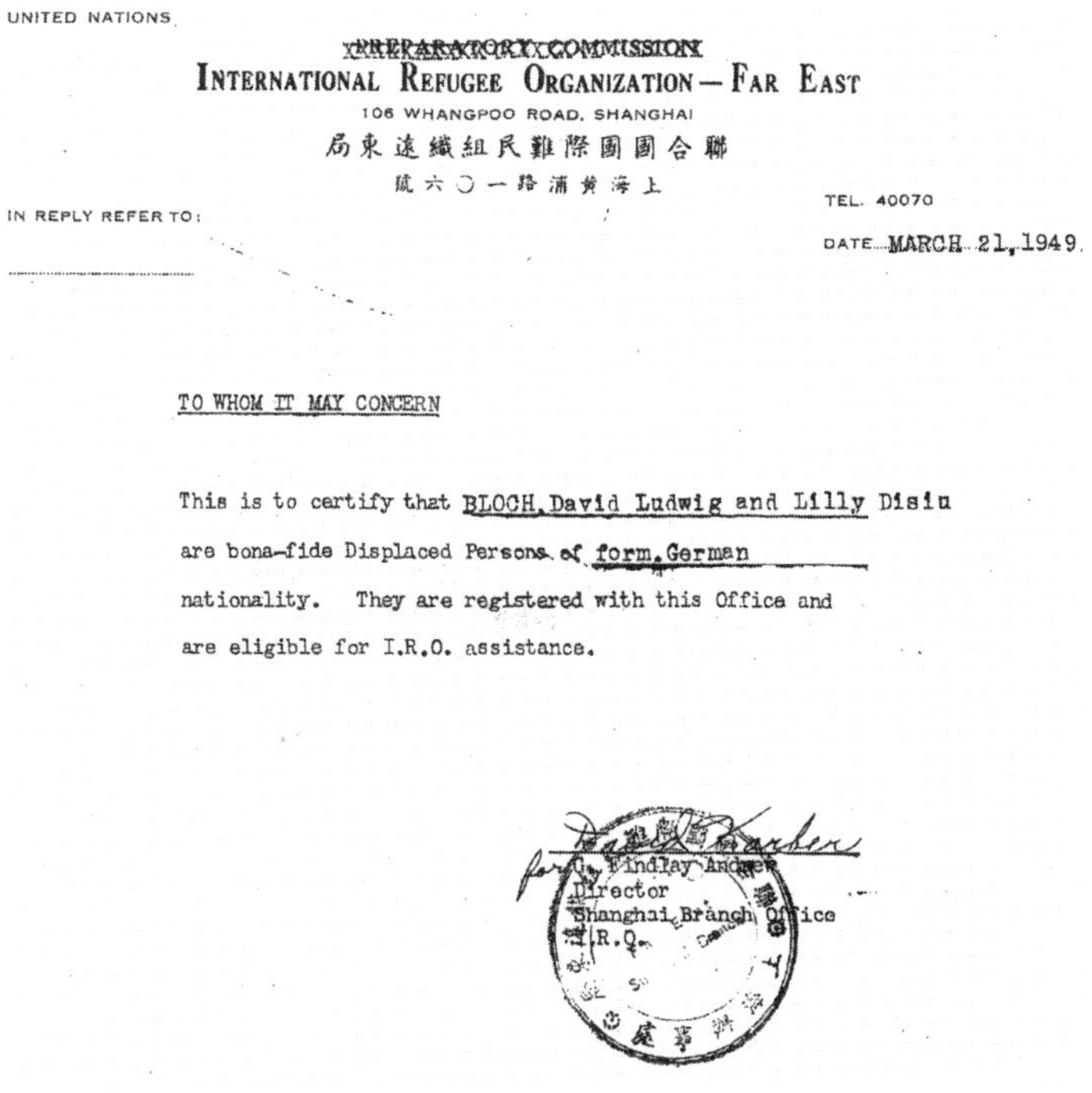
UNITED NATIONS

~~PREPARATORY COMMISSION~~

INTERNATIONAL REFUGEE ORGANIZATION — FAR EAST

106 WHANGPOO ROAD, SHANGHAI

聯合國國際難民組織遠東局

上海黄浦路一〇六號

IN REPLY REFER TO:

TEL. 40070

DATE MARCH 21, 1949

TO WHOM IT MAY CONCERN

This is to certify that BLOCH, David Ludwig and Lilly Disiu are bona-fide Displaced Persons of form. German nationality. They are registered with this Office and are eligible for I.R.O. assistance.

for C. Findlay Andrew
Director
Shanghai Branch Office
I.R.O.

だそれほど緑が萌《きざ》してはいない耕地の中を、朧銀《ろうぎん》の河が緩やかに曲がりくねって流れ、それを越して画面の奥の方に延びている線路の先には白い煙を吐く汽車の形が小さく見える、パノラマ的な興趣をもたらしてくる絵だ。また後者の方は、硤石の町を流れる運河とその上に架かった跨橋《くりばし》とを描いている。画面の下半分には青みがかった灰緑色の水が広がり、その上で半円の弧を描いている石橋がその影を水面に落としている。橋上には何人かの人影があり、岸につながれた小舟の上や石段を下りた汀にも人々の姿が描かれていて、いかにも江南の地にふさわしい情趣を感じさせる風景画だ。水で溶いた絵の具で彩色するやり方が、実によくそれにマッチしている。

ところで、この二点の絵を見て、双方のタイトル中に"Xiashi"(硤石)の表記があるのを認めた時点では、私はこの土地が鄭迪秀の出身地であることをまだ知らなかった。それがわかったのは、ニュルンベルクでの彼女との初対面を終えて帰国してまもなく、アベルさんからダッハウの展覧会場には出品されなかった、ブロッホが一九四七年に描いた、もう一枚のこの土地の風景画の写真版を送ってもらった時だった。その絵のタイトルは、「硤石の川沿いの家並み、雷雨の気配」(Xiashi-Häuserzeile am Fluss, gewitterstimmung)とされていた。彩色の基調をなすのは先の「海寧附近、硤石の橋」とほぼ同じトーンの青みがかった灰緑色だが、いくぶんか茶系統の色も混ざっている。またこの絵の方は、川面とともに、驟雨《しゅうう》の気配を帯びた曇り空を背景として、その畔に立っている硤石鎮の家並みを描くことにも力点が置かれている。そして、写真の裏には、絵のタイトルとともに、「この絵に描かれている川に沿って立つ家並みの一本裏の通りで、ブロッホの妻の迪秀は暮らしていた」といった、アベルさんからのコメントも書き添えられていたのだった。

鄭迪秀の生誕地が硤石鎮の迪秀坊と呼ばれていたところだったこと、その後、鄭家の屋敷が迪秀坊より少し下流に移ったことについては、彼女の生い立ちを紹介した際に述べた。が、そのことが判明したのは、これよりずっと後のことであって、アベルさんのこの添え書きが貴重な情報であることは確かであっても、この水彩画は硤石鎮のどの一郭を描いたのか、またその中に描かれている川——見た目にはさほど川幅が広くなくて、運河のようにしか見えないが——は何という名前の川なのかについても、その時点での私は何も知らなかった。

が、しかしというべきか、それとも、それゆえにというべきか、私の裡では、上海での亡命生活をもうすぐ終える時点でのブロッホが妻の郷里である硤石を訪れ、このような絵を描いていることを知ったからには、自分も一度はこの地を訪ねてみたいという思いが急速に膨らんできたのだった。つまり、全部で三枚、一九四七年の硤石の風景を描いたブロッホの絵を携えて、それから半世紀以上の時が経過した硤石に行ってみよう、そしてその土地を歩きながら、自分が目にする光景をブロッホの絵の中にあるそれと見比べてみよう、その結果、ブロッホの絵さながらの光景に出あえるかもしれないし、出あえないかもしれない、そしてもし、前者のような僥倖に恵まれたなら、私がとりかかり始めているブロッホの芸術と人生を追う旅は、鄭迪秀という女性をめぐるもう一つの物語を立ち上がらせ、媒介させながら、そこに登場する二人の人間の生の息吹をより身近に感じさせるものになるのではないか——と、そういった思いに突き動かされて、アベルさんからの情報を得てから半年も経たない二〇〇四年の秋に、私は硤石へ向かったのだった。

いま振り返ると、それはもう取る物も取り敢えずといった形での小旅行だった。事前に準備したのは、中国語を使いこなせない自分をアシストしてくれる中国人のガイドを、上海にある旅行会社に頼んでおいたくらい。海寧市の詳細な地図で硤石鎮の所在地を確かめることもせず、ただ例の絵の写真とカメラだけを持って現地に向かったのだった。予めチャーターしておいた車を使って上海を出発、移動時間を節約したものの、実際にそこに滞在したのはたかだか三時間程度の、日帰りでの硤石行きであった（ついでに言うと、その翌日には上海市内の提籃橋に足を向け、長陽路に残っていた例のブロッホの故居を見つけたのだった）。

とは言え、その折に自分の前に現れた幾つかのものは、意外に強く私の目に焼きつき、いまなお忘れがたい映像となって蘇ってくる。

硤石を訪ねる——二〇〇四年一一月

その日、二〇〇四年一一月二日の午前一〇時過ぎ、穏やかな秋天の下を滬杭高速道路を走って来た車は、海寧のインターチェンジを降りた。上海市街を抜けてここまで来る間、窓外に広がり出した耕地には、上海に到着してまもないブロッホが描いたものとよく似た構えの農家が点在しているのも目につき、ブロッホの画中の世界に入っていかれる期待感を抱かされていたが、一般道をしばらく進んだ車が海寧の中心部に差しかかった時、そこにあったのは御多分に漏れず、ここでもまた、都市の開発と再整備が急ピッチで進んでいることを示威している光景であった。車線を多く設けた大通り、その両側に竣工したばかりのものや工事途上のものもある鉄筋の高層ビルが建ち並ぶ光景からは、新興の気分とともに、へんに埃っぽい燥《はしゃ》いだ空気の感じが伝わってくる。いったい、この街のどこに行けば、水のある風景に出あえるのだろうか、海寧の現況について何の予備知識も持たずにやって来たわが身を省みて、不安感が増してくる。が、こうしてここまで来たならば、なるようにしかなるまい。頼みの綱のブロッホ作画の「海寧附近、硤石の橋」と「硤石の川沿いの家並み、雷雨の気配」の写真をガイドに手渡し、そこに描かれているような景観が残っている場所を探り当ててほしい旨を伝えると、助手席から通行人を呼び止めて何やら聞き出したらしい彼は、しばらく行ったところで私に降車を促した。

そこは先ほどよりは道幅の狭い、歩道と車道の区別がない通りである。葉がやや黄ばみかけたプラタナスの木の下には、間口の狭い平屋建ての小店が並んでいて、店先に卓を出して早い時刻の昼食をとっている人たちもいる。そんな庶民の生活感が漂っている通りを、上海では見かけなくなった輪タクが走っていく。この通りをやや進んだところで、再びガイドに促されて横道に入る。両脇には民家が立て込んでいたが、道の曲折にしたがって二、三分ほど歩いていくと、目の前に幅一〇〇メートルほどの川が現れた。いままで歩いてきた道は、その川を右手にして先へと続いており、その両脇には、ここに来るまでに目にしてきたものよりは、もっと古びた印象を与える家屋が並んでいる。この〈老街〉、聞けば「南関厢《なんかんしょう》」（ナングァンシィアン、nan guan xiang）と呼ばれる地域だという（「関厢」とは、城門、あるいは城門外だがその近くに位置する住民区を指す言葉である。十七世紀前半に清の侵攻を受けた時、明の義士周宗彝が硤石の各水陸要塞に関厢を一〇箇所設置したが、その中の一つが「南関厢」だった）。

「南関厢」という老街

さて、この南関厢のたたずまいとその横手を流れる川の光景を見た時、ブロッホの絵の中にある光景が、少しこちらに近づいてくるのを感じた。その感覚に引きずられるように、人や自転車の往来しかできないほど道幅が狭くなった、南関厢の敷石道へ入る。歩いて行く右手に並ぶ民家の裏手は川に接していて、家屋の間にある通路を伝って川端まで行くと、昼過ぎの陽光が反射した草色がかった水面に、薄紫色の花房をつけた水草が寄り集まって浮かんでいる。そして、それを揺り動かす波を作って、型の古い木造船が荷を積み上げてゆっくりと航行していく。この川は運河の役割も果たしているのだろう。一方、民家の造りはといえば、そのほとんどは二階家で、やや勾配のついた屋根には黒っぽい色の瓦が葺かれている。そして、家屋本体は簡素な木造モルタル仕上げものが多く、路地に面した外壁部分は白く塗られ、板戸と木枠に囲まれた窓が取り付けられている。

その中の一戸の出入り口が開け放たれていて、中を覗くとすぐ取っ付きの空間が土間になっていたので、ガイドと一緒に入ってみた。木製の簡素な机や腰掛け、籐椅子などが無造作に置かれている。天井から下がっている何本かの紐の先に鉤が付いていて、竹籠や買い物かごが掛かっている。板壁にも竹製の笊《ざる》やプラスチック製の蠅叩きが掛けられている。卓子の上には、大根や白菜の玉がころがっていた。少し待っていれば、「誰じゃな？　あんたがたは」と、顎髭をしごきながら、一人の老爺が現れそうなこの部屋の様子は、時や場所は違うが、ブロッホの水彩画「中国の台所」（一九四二年六月）（前掲57頁図1-7-③参照）のそれと、そう違ってはいなかった。

少しばかり気が大きくなって、奥へと進む。足元には上海の町中ではもう見かけなくなった、壺型をした木製の便器があった。屋内の間取りが次に広くなった所に来ると、そこは床全体が三和土になっていて、一方の壁に沿って階段が取り付けられている。傾斜のやや急な階段だ。そういえば鄭迪秀が梯子段から落ちたのが原因で聴力を失ったのは五歳頃のことだった。綿入りの褲子を穿いた、お下げ髪の幼女が、おぼつかない足取りで、いまここにある階段を上っていく、そんなまぼろしが、戸外から差し込む、その中に微塵をちらちらと浮かばせた光線の帯の中に、ふいと浮かんだ。

日の光が当たっている中庭に出た。振り返って見ると、いま出てきた口の上には、植物や人間の姿を彫り込んだ厚い木板が三層も取り付けられており、さらにそれを囲んで、凝った作りの甍《いらか》を載せた石造りの壁が立ち上がっている。入って来た時には予想していなかったが、南関厢には、こんなものをその内部に持っている家もあるのだ。あまり手入れはされておらず、薄汚れたり欠けたりしてはいるが、全体として堅牢な構えを持ち、またその意匠にもかなりの贅が尽くされている造作から察するに、この屋敷は、かつてこの土地で暮らしていた富裕層の住居だったかもしれない。鄭一族もそうした階層であったことについては、すでに言及しておいた。

が、いまはもう住人たちは代替わりしているのだろう。道路に面した側には各戸の入り口が別々に付いているが、建物の中を通って出て来た、この中庭の方は、何戸かの家の共有地として使われているようだ。庭の隅には流し場があって、そこには白い琺瑯びきの洗面器が放置されている。日本の家庭で使うものより一回り大きいそれの外縁は朱の色が塗られており、内側にワンポイント風にあしらわれている蝶のデザインも朱色だ。器の中には、洗剤でも入っているのか、少し白濁した水がいくらか溜まっているが、器の底には、牡丹か芙蓉らしき花の模様がピンクの色を滲ませて沈んでいる。陶器とデザイン——今度は、陶磁器の絵付け技術を学んでいた頃のブロッホもまた、カップ咲きのバラやシクラメンの花の意匠を、食器皿や珈琲茶碗の上に絵付けしていたことが思い出された。

見出された光景

石畳の道に戻る。次に私がすることは、南関廂の対岸に渡り、そこから自分がいまたたずんでいる辺りの家並みがどのように見えるかを確かめることだった。道を挟んで立つ両方の家の二階部分をつなぐ歩廊が頭上に渡されている、いわゆる過街楼様式の家屋の下を潜って一〇〇メートル進むか進まないうちに南関廂の家並みは途切れていた。右斜め前方を見ると、木造の橋が例の川に架かっており、そのすぐ上手では交通量の多い大通りも川を跨いでいる。そこで私は、「虹橋」と名付けられた歩行者・自転車専用の前者の橋を渡り、南関廂のそれよりは小高い位置にある土手に上る。そして、先ほどまで自分がいた、中庭のある家屋が立っているのとほぼ真正面にあたるところまで歩いて来てから、さて向こう岸に目を向けた。

当然のことながら、こちらからは南関廂の家並み全体の様子が見られる。向こう岸にある家々は軒を連ね、川にせり出すようにして立っている。どの家の一階、二階の屋根とも、黒を基調とした色の瓦が敷き詰められており、家屋全体が何だかその重さにひしがれそうになるのをこらえているように見える。川に面しているのは各家の裏口であり、石垣の上の柱や木杭には竹竿が架け渡され、洗濯物が干してあったりする。石垣の一部は五、六段の階段になって水面にまで達し、そこには水草が群生している。風はなく、秋の穏やかな陽射しを受けた、とろりとした水面には、地上で連なって立っている家の形が、石垣の隅に植えられた木や草の緑の倒影と一緒になって、静かに映っている。

視線を遠くに向けると、南関廂の家並みの背後には、高層建築物の形が浮かんでいるのが見えたが、私にはそれが何だか場違いのもののように思われた。というのも、もしもあの高い建物が消え去り、秋の陽ざしに変わって、雨の気配をたっぷりと含んだ雲が、いま、この南関廂の空一面を覆っていったなら、それはそのままブロッホの描いた「硤石の川沿いの家並み、雷雨の気配」の中の情景に重なるのではないかと直覚したからである。そう思って私の胸は高鳴った。ここに、その場で撮影した写真を掲げる。ブロッホの絵と見比べられたい（**写真4－3**）。屋根の傾斜や反り具合、しんとして、身を寄せ合うかのように民家の軒が連なっている様子、陸の上に続く家並みとその下を流れる掘割との位置関係、――ブロッホの画帳に描かれたものは、ほぼそのままの形でいま目の前にあるではないか。

たしかに、季節と天候の違いは、私の撮った写真とブロッホの画との間に、光の明度や空気の湿感の点での印象の違いをもたらしてくる。また、撮影にあたって自分が立つ位置について配慮しなかったため、双方における家並みの見える向きも相違している。が、それらを思慮の内に置いてもなお、その時の私にとって、自分が見ている川沿いの家並みがブロッホの見ていたそれと二重写しのものとして感覚されていたことだけは、紛れもない事実であった。繰り返しになるが、ブロッホが「硤石の川沿いの家並み」を描いたのは一九四七年、私が硤石の川に沿った南関廂の光景を目に入れたのは二〇〇四年のことである。

立ち上がる幻像

むろん、ブロッホの絵に描かれた場所と、私が見ていた場所が同じであることを客観的に証明できるものは、この時点では何もなかった。南関廂の老街はあくまでも硤石鎮の一郭なのであって、ブロッホがこのスケッチの対象として選んだのが他所である可能性も当然残されていた（事実、後述するように、その後の関係者からの聞き取りによって、その場所がここよりやや上手の西南河街であるという可能性が浮上してくる）。

写真4-3
洛塘河畔に接した南関廂の家並み（2004年11月撮影）と、ブロッホが描いた水彩画「硤石の川沿いの家並み、雷雨の気配」（Xiashi-Häuserzeile am Fluss, Gewitterstimmung, 1947）

が、そうした考えに、その時の私はほとんど囚われてはいなかった。代わりに、私の心に生じていたのは、亡命地上海で巡り会い、ともに生きることを決意した、彼と同じく聾啞の人生を歩んできた鄭迪秀という中国人女性の郷里を訪れたブロッホが、さまざまな感慨を抱いて描いた川沿いに家並みのある景色——彼女の家もその近辺のどこかしらにある——に相応しいものとして映じてくる光景が、南関厢と呼ばれる場所にはまだ残っていることを自分の目で確かめることができたという充足感であった。もう何年か後には、この南関厢の老街だって、都市開発の波に飲まれて姿を変えるか、消え去っていくに違いない。その時になって初めてここを訪れてみたところで、もはや、いま味わっているような感動が自分の裡に生起することはあるまいと思われたのだった。

「ここに描かれている川沿いの家並みの一本裏の通りで、ブロッホの妻の迪秀が暮らしていた」と、ブロッホの水彩画「硤石の川沿いの家並み、雷雨の気配」にアベルさんが記していた言葉を思い出しながら、私の空想は羽ばたくのだった。そこに浮かんできた情景はといえば——夫のブロッホと一緒に自らの生地である硤石に帰り来った迪秀が、川の畔で絵筆を走らす彼の横にたたずんでいる。空の雲行きは何だか怪しく、ざあっと夕立がやってきそうで、そわそわして気が落ち着かない。が、それでいながら、対岸にひっそりと息をつめたかのように立っている家並みや、川面からゆらゆらと立ち上る水陽炎だとかいう、彼女にとって懐かしく思われるものが、夫の画板に留めてある洋紙の上にたちどころに写しとられていくことに迪秀の目は吸い寄せられてしまっている。そして、それが出来上った時、彼女は、ブロッホの絵の中に取り込まれた自分の故郷の景色がなおいっそう慕わしく感じられるとともに、こんなふうに絵を描くことを通して、世界とつながっていかれる人を自分の伴侶にすることのできた喜びを抑えきれず、小さな快哉の叫びを思わず上げてしまう……。

鄭迪秀の物語

3

が、私の硤石鎮との縁はこれだけで終わらなかった。二〇一七年の夏の初め、私はそこを再び訪れたのである。しかも、今回は、待ち合わせ場所に指定された海寧市内のホテルには、私を硤石鎮ならびに鄭家ゆかりの場所に案内してくれる、鄭迪秀の姪の鄭園さん（一九五七—）とご子息の劉政氏とが、市の渉外部副主任の黄永華氏とともに来てくれていたのだった。このように、はからずも迪秀の親族との対面が叶ったのは、これもまた畏友である秦剛のおかげ、私がブロッホについて関心を持ち続け、鄭迪秀の郷里にまで出かけたことを知っている彼は、社用で海寧にしばしば出かける友人を通じて渉外部に働きかけ、そのルートからの連絡を受けた海寧市在住の鄭園さんが、私の調査に協力することを快諾してくださったのだ。

硤石再訪——二〇一七年七月

ホテルのレストランで昼食をとりながら、同行してくれた秦剛の通訳でしばしの歓談。鄭園さんが持参してきた小さな写真帖には、それほど多くはないが、その分大切に扱われている迪秀一家の写真が貼られていた。そして、少々セピア色がかったそれらの中には、私が初めて目にする、『ブロッホ木刻集』掲載のものとは随分趣を異にして、あどけなさの残る表情をした迪秀の写真もあった（写真4－4）。

食事を済ませた後、黄氏とはそこで別れ、さて私は鄭園さんと劉政氏の案内で街に出る。文苑南路を挟んで目の前に立つ法院は、たしか前回の海寧訪問時にも、車の中から見上げた建物のはずだ。その折は、こんな堅牢でいかめしい建築物を持つ街の中の、いったいどこに水辺の景色を見出せるのか皆目見当がつかず、それでもようやっとのことで南関廂に辿り着いたのだった。実際の距離としてはそう離れてはいなかったのだろうが、地図も持たず、したがって方位もわからず、心理的にはずいぶん彷徨った挙げ句、自分の期待を満たしてくれる光景に出あえたという感覚が残っている。

が、この二〇一七年の再訪ではどうだったか。鄭園さんは、最初に私を連れていく場所をすでに決めているのであろう、私たちを乗せた車は、ただその場所だけを目指して進んでいるようだ。走行を始めて一〇分足らず、もう目的地に着いた。南関

写真4-4
若き日の鄭迪秀

廂の入り口だった！　こんなに近かったたっけ⁉　そうして、鄭園さんがこの場所を最初に選んでくれていた理由はというと？――やはり、この界隈が迪秀一家が暮らしていたところ、ブロッホが一九四七年に「硤石の川沿いの家並み、雷雨の気配」の絵を描いたところだったのだ。

事実と想像

地理的な説明をもう少しすると、私が今回到着した場所は、洛塘河（この川の名前を知ったのもこの時だった）の右岸に沿って南北約五〇〇メートルくらい続いている南関廂の細い町筋の、前回私が入ってきたのとは反対側にある入り口（「北門」）にあたっていた。したがって、目の前には、前回では南関廂の路地を歩き終えたところで目にした虹橋が川に架かっている。その横の車道――今回はそれが橋にかかる手前で脇道に入り、北門に着いたのだが――は水月亭西路と言う。二〇〇四年に南関廂を訪れた時には、もっと道幅の狭い道路を車は走り、降車後しばらくは民家の間の小路を辿って、現在では「西門」が建てられている辺りからこの老街に着いたものだから、それとこれとの印象の違いに初めはやや戸惑った。それでも、北門から南関廂の家並みの中に入り、そこにある景観を目に入れたとき、「そうか、やはりここであったのか」という思いがじわじわと湧き出してくるのであった。

ちなみに、迪秀の生い立ちや鄭家の家柄についての調査結果を参照させてもらった許歩曾氏の場合も、二〇〇四年にダッハウで開催されたブロッホ展の図録に載っていた、一点だけ「硤石」（Xiashi）の地名が確認できる「硤石の鉄道と川」（先に挙げたもう一点の「海寧附近、硤石の橋」の方は、会場で展示されてはいたが、図録には未収録）の図版に注目している。そして、迪秀の郷里についての調査の矛先を、それまでの聞き取りによって想定していた浙江省の嘉興から海寧市の硤石へと切り替えて、その結果新たな情報を入手しているのだが、この南関廂の存在、あるいはそれとブロッホの水彩画との関係については言及していない。

だが、許氏がまだ指摘していない事実をこうして手に入れても、それはなぜか自分を「してやったり！」といった状態までには導かなかった。それは多分、一三年ぶりに目にした南関廂の路地の趣が、その間に海寧市から「歴史文化街区」に指定されて住民の何割かが引越し、彼らの住んでいた家が観光客目当ての商店や飲食店に改装されたことによって変貌していたからであろう、やたら派手な装飾を施した店頭風景があちこちに見られるようになったのを目にして、自分が記憶しているこの土地の光景が、すでに過去のものになってしまったと思わざるを得なかった。

そしてもう一点、その時に鄭園さんからうかがった話を基にして、迪秀が暮らした家の所在地をより厳密に地図の上で探ると、その場所が、南関廂から洛塘河の上流に向かう道が、水月亭西路の下を潜り、再び川に沿って西南河街と道路名を変えた辺りであった点も、前者とはまた異なる理由でもって、私が抱く〈南関廂〉説に水を差してきたのだった。ここに南関廂と西南河街との位置関係を示す略図を掲げる（図4-2）が、前者の北端と後者の南端とはせいぜい二、三〇〇メートルほどしか離れていない。が、それでもって、ブロッホの描いた「硤石の川沿いの家並み」にアベルさんが付けた「ここに描かれている川沿いの家並みの一本裏の通りで、ブロッホの妻の迪秀は暮していた」というコメントの解釈として、「川沿いの家並み」を南関廂のそれ、「（その）一本裏の通り」を西南河街とするのは、はたして適切であると言っていいのか。また、反対に「川沿いの家並み」を西南河街に当てはめてみた時、二〇一七年時点の西南河街の家並みは、洛塘河寄りの方は幅の広い遊歩道が設置された片側町の態をなしており、したがって南関廂のように水際まで家々はせり出してはいない。つまり、ブロッホの絵にあるような構図は確かめられない。となると、かつての西南河街もまた、現在もまだ過去の面影を残している南関廂と同じく、水際すれすれのところまで家屋が立ち並んでいて、ブロッホはそれをスケッ

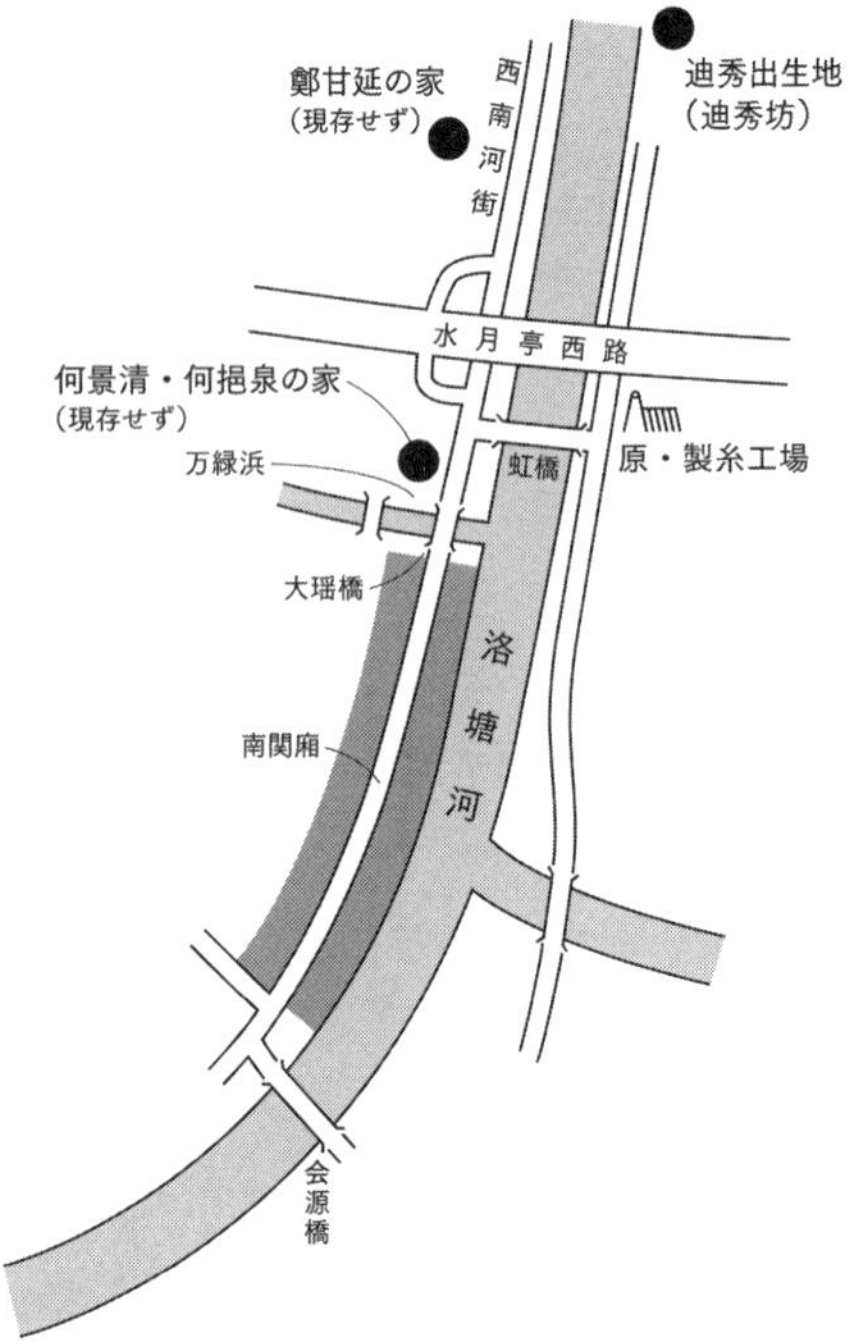

図4-2
硤石鎮・南関廂周辺略図
（著者作図）

チしたのではないかと推測せざるを得なくなる。もし、そのように考えれば、ブロッホは南関廂ではなく、迪秀の育った家はそれより一本裏に入ったところにあって、まだその当時はこちらの通りの家並みも川に接していた西南河街の家並みを描いたのだと、辻褄の合う説明をつけることができる。

が、こうした考え方がとりあえず最も合理的であるとしても、それによって摑んだ事実の前で、そう考える以前に自分が駆動させていた想像力の働きといったものを、お払い箱にしてしまってよいのだろうか、と私は自問したくなる。

二〇〇四年の秋のある日、南関廂のたたずまいとブロッホの絵とを見比べた自分の裡に湧いてきた思いを、私はブロッホとともに帰郷した鄭迪秀の内面の動きに置きかえ、彼女がひさしぶりに目にするふるさとの懐かしい景色が、いまこうやって一緒に生きていこうとする人の絵筆の動きにつれて再現されていくのを目撃して、小さい歓びの声を思わず上げてしまうといった、物語めいた叙述で示したが、はたしてそういった出来事は、事実としてはあったのだろうか。

それに対する解答は、あったかもしれないし、なかったかもしれない、だろう。いや、西南河街という証拠を突き付けられ、すでに記したように、少なくともブロッホが画用紙の上にスケッチした場所がどこであるかについては再考が迫られるであろう。けれども、それとは別に、私が自分のイメージの中に浮かび上がらせた二人の姿は、学問における実証という方法が目指す真実とは別の次元で、具体性を帯びた、生き生きとした実在感を有して存在し始めたのだし、いまもその状態を続けているのだ。そしてそれは、自分が二〇〇四年一一月二日といった、後にも前にも取り換えの利かないその一時に南関廂の〈現場〉にやってきて、そこに広がっていた光景を目の当たりにしたからこそ持つことのできた、思考のありようでもある。これから先も、私は自分のとったそうした対象への関わり方を意識の外に追いやらずに、叙述を進めていくつもりである。

さて、こう言ってしまうと、その日、洛塘河畔を逍遥しながら鄭園さんから教えてもらった新たな事実を記すことが、何やら感興を殺《そ》いで蛇足めいた感を与えてしまう恐れなきにしも非ずだが、ままよ、そこにもやはり、許歩曾氏の論考が伝えていないことも含まれているのだから、あと少し二〇一七年の硤石で見聞したことも書いておくことにしよう。

鄭家一族

鄭迪秀の名前の由来が「迪秀坊」にあることを知ったのも、じつ

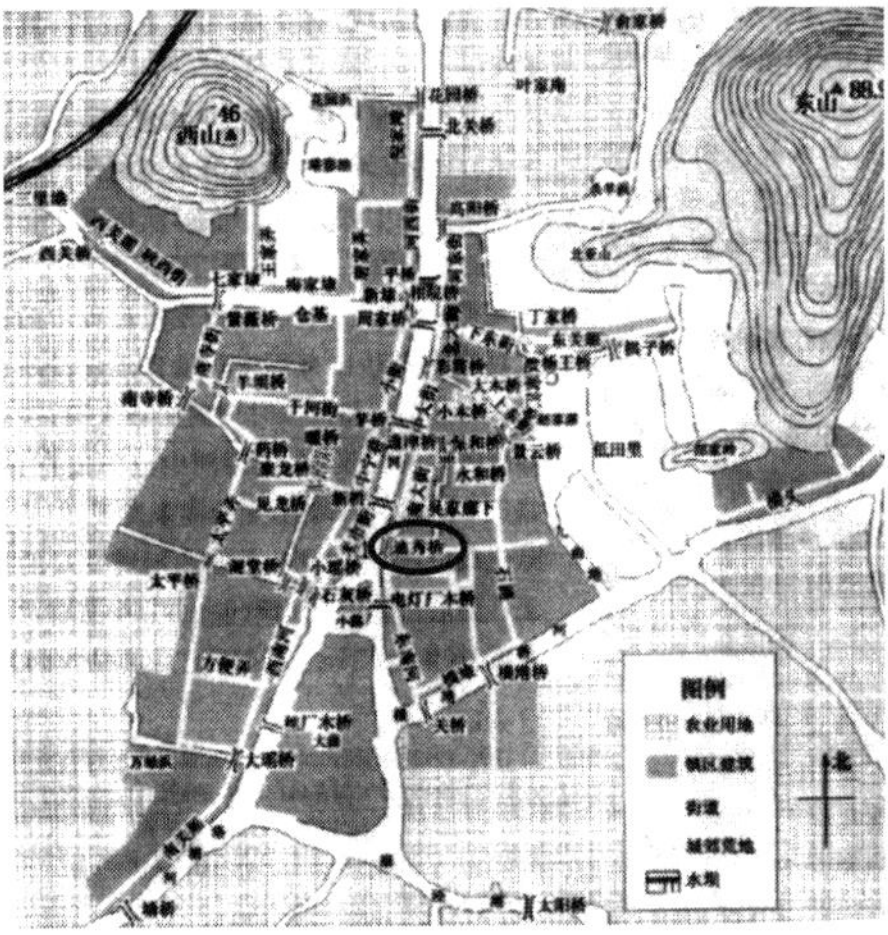

図4-3
「老硤石地図」（邹怡「民国時代の市鎮における立地条件と空間的構造について」）より。「迪秀橋」の位置が確認できる（〇で囲んだところ）。その周辺が迪秀坊

写真4-5
西南河街より洛塘河上流の対岸迪秀坊方面を望む
（2017年7月撮影）

はこの時だった。洛塘河を跨いでいる水月亭西路の右岸橋下に立って、この度は用意してきた「歴史地理」第二一輯・二二輯（二〇〇六年・二〇〇七年）掲載の邹怡「民国時代の市鎮における立地条件と空間的構造について——浙江海寧硤石鎮を例にして」（上・下）に引かれている「老硤石地図」を見ると、ここから少し上流の東岸（左岸）で、小水路が洛塘河に流れ込んでいるところに、「迪秀橋」という文字のあるのが目についた（図4－3）。それを鄭園さんに伝えると、「その辺りは「迪秀坊」と呼ばれていたところで、鄭迪秀はそこで生まれたのよ。ほら、あの辺」という答えがたちどころに返ってきた。鄭園さんが指差したのは、三、四〇〇メートルほど離れた対岸で、川岸はこちらと同じく遊歩道になっているのだろう、それほど高くない石墻がめぐらされ、柳を大きくしたような木々が緑の簾を作っている。そして、その辺でも川幅は意外に広くて、水を満々と湛えている（写真4－5）。ついでに言うと、二〇〇四年の折も、私は水月亭西路のすぐ下流にある虹橋を渡っている。でも、その時のことを思い出してみても、自分の記憶の映写幕の上には、虹橋より上流にある光景が何も

映っていないのだ。それはおそらく、同じ橋の川下にある南関廂の家並みに、その時の私の目と心とが吸い寄せられてしまっていて、それ以外の風景が意識の外に追い出されてしまっていたからなのではあるまいか。

さらに鄭園さんは、西南河街には鄭甘延の屋敷だけでなく、彼の身内の何景清、何揖泉兄弟が経営する「何永豊米行」もあったと教えてくれた。なるほど邹怡の報告書が付録として掲げている「民国時代における硤石鎮主要商店街の店舗配置図」の西南河街の洛塘河寄りの一角には、他のいくつかの「米行」（米問屋）とともに「何永豊米行」の店舗名も載っていた。また、そこから南に下って洛塘河に流れ込む小水路の上に架かった「大瑶橋」を境にして、道が南関廂の住宅街に入る「万緑浜」と記されている地点で、「大瑶橋」の北西にあたる方角には「何景清洋房」の所在も記されている。何景清の私邸で洋風の構えを持つ屋敷のことだろう。二〇〇四年と一七年の二度とも、この「万緑浜」という標示と「大瑶橋」の橋は、私自身この目で確認している。まさに南関廂の家並みがその北端で途切れる地点に、「大瑶橋」とは名ばかりの小さな石橋が水路の上に架かっている。そこから、図面上に記載されている「何景清洋房」までほんの数十メートルであり、その感覚からすれば鄭家一族につながる何景清の屋敷は、南関廂の住民区に加えてもよいだろう。

ただ、鄭迪秀自身は、この母方の伯父の屋敷で暮らしてはいない。迪秀がブロッホとともにアメリカに移住したのは一九四九年であり、それから十数年の後、文化大革命が起こった一九六六年に、当時上海で暮らしていた迪秀の母何行素、彼女の一番上の兄の鄭康恒とその妻菊香、そして二人の娘で当時九歳だった鄭園さんは、鄭家が「工商地主」として得てきた資産を没収され、原籍地の海寧に戻らされることになり、その時点で何景清本人は故人となっていたこの屋敷で、何景清の未亡人である汪宝珠と、景清の弟である何挹泉の未亡人とともに暮らし始めたのだった。が、この屋敷もまもなく接収され、公安局として使用されるに至り、その後一九九〇年代に取り壊された。他方、「民国時代における硤石鎮主要商店街の店舗配置図」ではその記載が確認されなかった、迪秀の少女時代に鄭甘延が西南河街に落成した屋敷ならびに硤石近郊に所有していた土地の方も、新中国建国後に人民政府に没収された。そして、こちらの建物もまた人民法院の事務所として使われたが、やはり九〇年代に取り壊された――これらのことを鄭園さんは淡々と語ってくれた。

「慈愛的母親」――迪秀の書簡

喉が渇いたので入った喫茶店の席に落ちついたところで、鄭園さんは持参していた大きな封筒から一束の書簡を取り出した。海寧に戻っていた親族に宛てて、移住先のアメリカから鄭迪秀が送ったものだった。「慈愛的母親」の言葉でもって始まる何行素宛てのもの（**図4-4**）と、鄭康恒の妻菊香とその娘で姪にあたる圓圓（＝鄭園）宛てのものと、合わせて十数通あったが、初めて目にする、忙しい合間を縫って書いたとおぼしきペン書きの文面からは、これまで知らずにいた迪秀の生の一端を垣間見ることができる。どの書簡も封筒がないので消印が確かめられず、また文末には「月」と「日」は記されていても、「年」の記述はない。したがって、手紙の内容から執筆、投函時期を推定するしかないが、長男ダニエルと二男のディーンが今年それぞれ二三歳と一八歳になったことや、夫ブロッホの退職のこと、母の死を看取ってくれた義姉菊香に対する深謝の念などが書かれていることから、それらの大半は一九七〇年代半ばから後半にかけてのものだと言える（ダニエルとディーンはそれぞれ一九五一年、五五年生まれで、母何行素が亡くなったのは一九七七年）。

鄭園さんの了承を得たので、手紙の内容のあらましを紹介すると、音楽の道に進んで現在は友

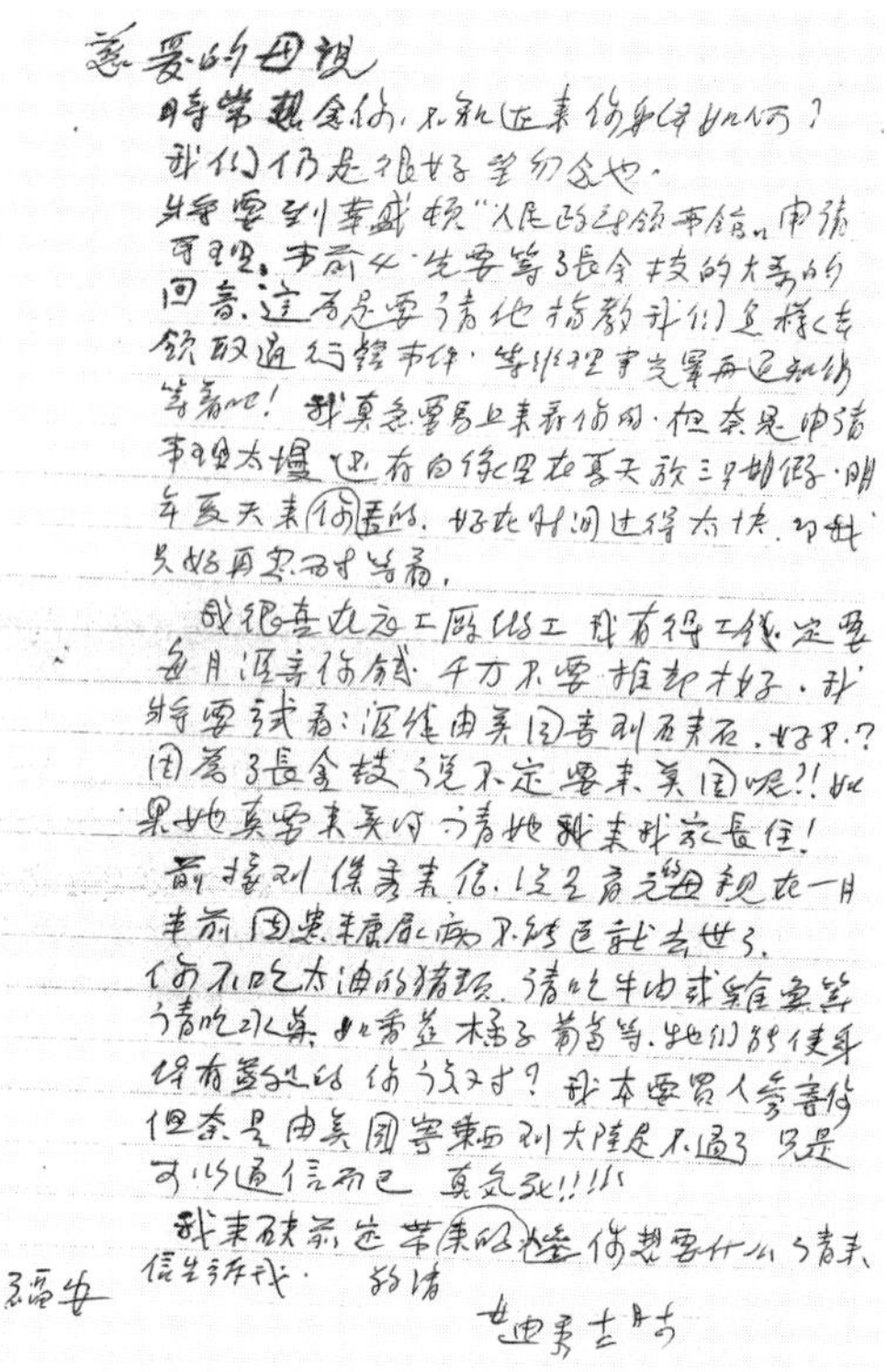
親愛的母親
時常想念你，不知近来你身体如何？
我们仍是很好望勿念也。

図4-4
迪秀が母親に宛てた書簡

人たちとの演奏活動に取り組んでいる長男（ダニエル）、大学に進学して自宅を出て寮暮らしを始めた二男（ディーン）、そして自分はというと、縫製工場に勤めていて忙しくて目が回りそう、それでもニューヨーク市内で開催される聾唖者のための音楽会にも足を運んだりして、障害者の自立を図る活動にも参加するように努めている――と、こんなふうに家族と自身の近況を知らせる一方、迪秀が何度も口にするのは、年老いた母の健康への気遣いと、いくら申請しても中国への渡航ビザが下りてこないことに対する失望や苛立ちの思いである。

「親愛なるお母様」の句で始めた手紙の中で、漢方薬に頼りすぎる母親にそれとなく注意を与え、食べ物は豚肉よりも鶏肉や魚、それから果物も多く摂り、病院で定期的に検診してもらうことを勧める娘は、自分の仕事で得た収入の一部を割いて頻繁に送金、親に対しての孝を尽くしている。お母さんに着てもらいたくて自分で編んだセーターを送る手配をしたという言葉もある。が、当時、アメリカから中国への送金は可能でも、こういった物品を直接送り届けることは、「中国海関」が「古い服の輸入を禁じ」るようになったり、「荷物送りの税金がとても高い」ため「香港で大陸への荷物はたくさん返還され」てしまったりして、うまくいかない。

いや、それにもまして迪秀が辛く感じたのは、自身の中国に行かれるチャンスがいつになっても訪れてこないという現実であった。つい最近、自分は足の骨を折って入院したが、退院後もしばらくはリハビリが必要だと医師から言い渡され、その分、自分も年をとったと感じるが、まして九〇歳になってもまだ娘と再会できないでいる母親は……。「お母さんにすごく会いたい」と、彼女は幾度となくこの言葉を記している。そして、ワシントンの中国領事館に宛ててビザの発給を申請するのだが、何ヶ月待っても期待している返事は来なかった。

当時の中米関係を振り返れば、一九七一年のニクソン大統領の訪中によってそれまでの両国の関係にようやく変化の兆しが訪れてはいたが、一九七六年に文化大革命が終結し、国交が正式に正常化されるには、一九七九年まで待たねばならなかった。その間、鄭迪秀を含む在米中国人のほとんどは、彼女のように渡米後に米国籍を取得した者も、それを取らずに中華民国の国籍のままだった者も、中国大陸への入国は許可されなかった。ごく稀に、特別な身分や事情のある人間――中国の国家建設に役立つと判定された科学者や資産家――が、特別に許可されて入国できるケースはあっても、「親族探訪（＝訪問）」――病気になった老母を見舞う――といった、まっとうな個人的理由に拠るものは受け容れられなかったのである。

こうした状況の前に立たされる状態が長く続き、失意の底に沈むことがあってもなお、「私はあきらめません」という言葉を贈る迪秀であったが、母との再会は果たせなかった。一九七七年、鄭迪秀の母何行素は九三歳で没している。葬儀が済んだことを伝える手紙を受け取っての返信であろう、菊香に宛てた手紙の中で迪秀はこう綴っている。

「母のお墓の写真とあなたがたの写真が届きました。（中略）母の死は胸が痛くなるほど悲しく、泣きました。あなたは母の死後の手続きをしてくださるなど、気を遣ってくださって、お礼を述べます。長い間、母の面倒をみてくださり、患って後には看病もしてくださって、あなたと姪の圓圓ちゃんへの感謝の気持ちは言い尽くせません」。

鄭迪秀はブロッホに同行して、ドイツには一九七六年に足を運んでいる。次いで七八年にも夫に同行してハンブルクを訪ねるがその地で発病、以後台湾に移った妹の保秀との間に直接の行き来はあったが、一九四九年に上海を離れてからは一度も中国に帰ることなく、一九八八年に七二歳の生涯を終えている。在米の中国人が大陸に帰ることができるようになったのは、改革開放の政策が本格的に実施され始めた一九八〇年代以降のことである。

海寧市殳山公墓にて

洛塘河沿いの逍遥を終えたその日の午後遅く、鄭園さん親子が私を最後に連れて行ってくれたのは、迪秀の両親の墓がある「海寧市殳山公墓」だった。それ以前、二人の墓は町の一郭が小高くなった東山の山腹にあったが、一九九三年にそこが森林公園になったため、同所にあったすべての墓が殳山公墓に移されたのだという。そんないきさつがあり、開設されてさほどの時を経ていないせいか、墓地全体のたたずまいは、ブロッホが同じ硤石でかつて描いた「塔と墓」（**図4-5**）のように、死者が大地に還るといったイメージとはいささか異なっていて、各墓所が整然と区切られ、その周りを囲む植栽も同じ種類の常盤木で揃えているといった現代的な感を与えるものであったが、その一角に、前後左右にある他家のそれと同じ色と形と大きさの鄭家の墓石が建てられていた。鄭甘延、何行素の名前とともに、そこに彫られている文字から類推すると、どうやら二〇〇三年の清明節の折に献石されたものらしい。そして同じ墓石の一隅には、父と母を敬う子どもたちの一人として、すでにこの世にはない「迪秀」の名も、二人の兄と妹の名とともに刻まれていた。

鄭迪秀の物語を締め括るにあたって、一つのささやかなエピソードを紹介しておこう。それは彼女の亡くなる少し前の一九八六年四月のことだった。その前年に初めて父ブロッホとの対面を果たしていたリディア・アベルは、彼の招待でニューヨークに行き、そこで鄭迪秀と初めて向かい合った。リディアは彼女の母マルタをすでに病気で喪っていた。そして、ブロッホとの出会いを果たすまでに五〇年もの歳月をかけてきた人

図4-5
「塔と墓」(Pagode und Gräber in Xiashi, 1947)〔水彩〕

だった。聾唖のため、言葉を交わすことはできなくても、迪秀はリディアが通って来た長い苦痛の歳月を想像し、彼女の心を優しいいたわりでもって包み込んだ。そして、ドイツに帰国する彼女との別れに臨んで、自分が大切に持ち続けてきた、白い磁器製の「恩寵の女神」像を贈ったのだった（写真4－6）。

写真4-6
迪秀がリディア・アベルに贈った「恩寵の女神」の像。

第V部

「私の絵は私の言葉」

ブロッホ遺作展（2004年）の図録表紙に使われた“Clying Hands”

1 ホロコースト・シリーズの作品群

体験者にとっての一九七〇年代

鄭迪秀が母に宛てた書簡中で、ブロッホの退職を知らせていることについては先述したが、それについて少し補足説明をしておくと、サンフランシスコに到着してからほどなくしてニューヨークに移動したブロッホは、同市郊外のマウント・ヴァーノンにある「コマーシャル・ディーカル」社（"Commercial Decal" 絵画・写真の印刷会社として一九一二年に創設、その後、ガラスやプラスチック製品などに付ける図柄の生産も行い、一九三五年には同社のデザインした食器セットを、ルーズベルト大統領夫人が夫へのクリスマスプレゼントとして注文したこともある）に勤め、ガラス製品や陶器の絵付けに従事して一家を養った。二六年に及ぶ在職期間中には、彼がデザインした陶磁器の食器類が、ジョンソン大統領在任中のホワイトハウスに納入されることもあった。また、彼が退職したのはアメリカの建国二〇〇年祭を迎える時であったが、その数年前から仕事の寸暇を利用してブロッホが制作にいそしんできたトランプカードが、合衆国の歩んで来た歴史の各場面を描き出していて、それが話題になったこともある。

むろん、こうしたことも、彼の図案家としての技量の一端を示しているが、ブロッホの芸術家としての人生を全体として見渡した時に、それ以上に見過ごせない制作活動が自身の退職を機として始まろうとしていた。すなわち、ホロコーストを主題とする絵画ならびに木版画が、一九七〇年代後半において精力的かつ集中的に制作されていくのである。

この、戦後約三〇年が経過した一九七〇年代半ばは、ナチの猛威が振るわれる中を生き延びてきたユダヤ人たちが、自分たちの過去の体験をあえて呼び起こし、それらを他者に向かって語り始めた時期にもあたっている。上海に亡命したユダヤ人の場合を例にとっても、K・クランツラーの著した『日本人、ナチとユダヤ人——上海のユダヤ人避難民コミュニティー、一九三八—一九四五』("Japanese, Nazis & Jews: the Jewish refugee community of Shanghai,1938–1945")がニューヨークで刊行されたのは一九七六年である。そして、ブロッホもこの年、そこからの亡命を果たして以来三六年ぶりにドイツに赴き、生地であるフロスの町と、ダッハウの収容所址に開設された記念館を訪れている。ホロコーストをモチーフに据えた彼の作品は、その直後から堰を切ったように作られていった。

そのうち、「ダッハウ強制収容所１９３８」(Concentration camp Dachau 1938, 1941–1977)、「私の家族の歴史」(My Family History, 1979)、「移送中の手」(Hands in Passage, 1977)の三作品について

は、「第Ⅱ部」のダッハウにおけるブロッホ展を取り上げたところで紹介し、詳しく考察しておいた。ここでは、それ以外の、いわゆるブロッホの「ホロコースト・シリーズ」と呼ばれているいくつかの作品を見ていくことにしたい。その際、これらの作品群の存在にいち早く注目した研究として、ヴィヴィアン・アルパート・トンプソン（Vivian Alpert Thompson）の『芸術の使命：最近のアメリカにおけるホロコースト作品』（a mission in art : recent holocaust works in america）があることにも触れておきたい。エモリー大学（Emory University）に提出した博士学位論文をもとにして一九八八年に出版（Mercer University Press）されたもので、巻頭に置かれた「謝辞」によれば、著者が本書に収めた研究に着手したのは一九八〇年であったという。本論は「生存者たちの芸術」（survivors' art）と「共感者たちの芸術」（empathizers' art）の二部で構成され、レオ・ベック・インスティテュートを介して著者が面識を得たブロッホの作品についての考察は、"I survivors' art"の方にある。以下、そこでの記述によって知り得たことと、二〇〇四年のダッハウの展示場で観た先の三作品以外のものを紹介しながら、先述したホロコーストを主題としたブロッホの作品から私自身が受けた印象をもう一度呼び起こし、確かめていくことにする。

再読・詐術的な光

ホロコーストを主題としたブロッホの絵画作品は六〇点ある。それらは一九七七年から八〇年にかけて集中的に制作された（これ以降の叙述中、制作年が判明しているものについては、作品タイトルの後の括弧内に記す）。メゾナイト（硬質繊維板）上にアクリル絵具を用いて描かれており、陰鬱で寒気立つ感を与える青と黒の混ざり合った色が多くの作品で用いられている。また、それと併せて彼の作品の特徴となるのは、絵のサイズが、収容者を押し詰めて絶滅収容所へと運ぶ有蓋貨車の形状を連想させる、「13インチ×48インチ」という横長形にほぼ統一されていることである。例の「移送中の手」がそうであった。

トンプソンは、死と隣り合わせとなった、いや、そこにあるのは死そのものである収容所のおぞましい光景や、「十戒」をイメージさせる銘板が粉々に打ち砕かれていくさまをモチーフにしたものなど、ブロッホの絵画を二〇点ほど写真版として掲げて、それぞれに解説を付けているが、それらの中にも、あの〝光の恐怖〟が描かれているものが見出せる。

たとえば「真夜中のノック」（Knock at Midnight, 1977）がそれだ。ダッハウの会場にも展示されていたこの絵は、ブロッホも含めてドイツ国内で暮らしていた多くのユダヤ人が経験した、クリスタル・ナハト当夜にナチの指令を受けた者たちによって行われた、ユダヤ人逮捕と強制収容所への連行をモチーフとしている。深夜、突如自宅の戸口を激しく叩く音――画面の大体は青黒い色合いで塗り込められているが、右端ではそのトーンが破られ、室内に灯された、白日のように明るく、それと同時に無機質めく印象を与える電光が、この家に住むユダヤ人の連れ去られていくシーンを酷薄なまでに照らし出している。

“Brausebad”と題した絵にも目を向けてみる。この単語の本来的な意味は「シャワー（を浴びる）」だが、これが当たり障りのない言葉を、途方もない恐怖を暗示する言葉に翻訳していく奸智に長けたナチの手にかかると、いとも簡単に「チクロンBのガス（を浴びる）」に転化していくのだと、トンプソンは解説する。そうだ、ブロッホの木版画にも「歓迎－詐術」（Reception-Deception, 1979）といった、まさにそのことを象徴するタイトルを持つ作品がある。そこでは、収容所に送り込まれた人たちを待ち構えているものが何なのかを暗示している髑髏の男がヴァイオリンを手に取り、ナチのシンボルを表すハーケンクロイツの形に並ばされた収監者たちを歓迎しようと、そのために特別に作曲された、いやらしい響き、身の毛のよだつような旋律を持った楽曲を弾き始めている（図5－1）。もう一度“Brausebad”の方に戻ると、いまや無力の状態となってしまった人々が「シャワー」を浴びせられる場所へと、青黒い闇の中を移動している。そして、ふと見れば、彼らがいましがた出て来た戸口からは、まだ一筋の明かりがこちらに向かって射し込みかけているではないか。しかし、そこにはナチの守衛が立ちはだかり、その男だけは生色を持った顔を誇示しながら、光の行方を遮っている。

「行く先の消滅」（No Place to go）における、光とそれとコントラストをなす闇の描写も、見る者を恐怖の深淵に引き込んでいく。横に長い画面の右側中央付近だけが、水中に光が差し込んだ

図5-1
「歓迎－詐術」（Reception-Deception, 1979）
〔木版〕

ようにぼんやりと明るくなっていて、その中に一〇人ほどの大人の男女と子どもの影像が浮かび上がっている。彼らを包んでいる光はまばゆくない。辺り一面に靄が立ちこめている夜、家の窓から零《こぼ》れ落ちた光が、そこからほんのわずかしかいかないうちに周囲の闇に呑み込まれていくように、この絵の場合も空間の明るさは画面左側に近づくにつれて急速に失われていき、その左端は洞窟の奥を思わせるような全くの闇に支配されてしまっている。そして、くだんの人たちはそちらに向かって歩み出そうとしているようだ。それも自分の意思によってではなくて。彼らの後方に立っている二人の男が銃を手にして、それを目前の人物の背中に突き付けているらしい。死に向けて追い立てる者と追い立てられる者の双方とも、人体の輪廓は持っていても、地上には影がない。何かそこには、あるべきものが消滅していく代わりに、ホロコーストというこの世ならぬ災厄をもたらす夢魔《むま》の姿が浮き上がってくるように思える。

部分が全体を表す

「真夜中のノック」の中には、〝光の恐怖〟のほかに、ホロコーストの恐怖を伝えるための表象がもう一つある。服を着替える暇も与えられず、パジャマのまま階段を下りて来る人物の姿を描くにあたって、彼の首から下の身体部位が描写の対象となっている点がそれだ。つまり、ここでは顔と、そこに浮かぶ表情が描かれていない。が、そのことがかえって、この人物の恐怖に襲われた表情をまざまざと想像させていくのである。

全体に対する部分の強調とでも言いたいこの方法は、「どうして?」(Why) と題した作品でも確かめられる。画面のやや左寄りに太い木の杭が一本立っており、そこから少し離れた画面の真ん中で、二本の脚の膝から下の部分がだらりと下がっている。絞首刑が執行されたのだ。物体と化した二本の脚の背後では、ほぼ等間隔で立っているナチの職員に監視されて、多くの収監者が並ばされている。処刑された人間が着けている縦縞の収監服の一部と、その裾から出ている足とが光沢のない白、ナチの職員の腕章が赤の点々で着色されている以外は、お定まりのブルーブラックの色調が画面を支配している。この作品には木版画のヴァージョンもあって、いま話題にしているアクリル画の中央部分にフォーカスを合わせた構図となっているのだが、前者では空中に垂れ下がった足の甲が描かれているのに対して、後者では足の裏が描かれている。すなわち、アクリル画の「どうして?」の方では、死体の顔は絵の鑑賞者である私たちの方を向いており、木版画の方では収監者たちの方を向いているというわけだ。そして、それとは逆に、両者に共通しているのは、どちらの画面にも犠牲者の顔は描かれていない点である。とりわけ木版画の「どうして?」は、初めのうちは痙攣していたが、その動きが徐々に緩慢になり、やがて微動だにしなくなった脚の形を見せつけるとともに、それより上部にあって、「どうして私がこんな目に?」という言葉にならない問いかけを発している、それ自体が描かれていないがゆえに見えないのと、収監者たちには見えていても、自分は彼らと同じ位置には立てないといった、そうした二重の意味でもって鑑賞者には見えない死者の顔の表情を、私たちの想像の中に浮かばせてくる。

全体の中の一部しか捉えていないのに、それがかえって鑑賞者の想像を刺激してくることは、その働きの性質からして、「ダッハウ強制収容所1938」ならびに「私の家族の歴史」についての考察視点として提示した、「不在の表象」の効果ともつながる。この二作品以外に同じ手法を取り込んだものを挙げるなら、「ダッハウ」(Dachau) がそれに当てはまる。この絵は、点呼場に整列させられた収監者たちの何人かを後方から捉えて描いたものだが、列の最後尾で、計五着の収監服が畳まれた状態で地面に置かれている。トンプソンは、それがまるで死者でさえ、点呼がかかった時には生者と並んで整列しなければならない義務を負わされているように見えると述べているが、それと呼応するもう一つの作品が「全員点呼」(Roll Call for All) であろう。こちらでは三人分の折り畳まれた衣服が、それに縫いつけられた収監番号が見えるほどにクローズアップされている。そして、その真横や前列にはまだ生きている収監者たちが気をつけの姿勢をとっている膝から下の脚部、右横には一人のSS隊員が履いている革製の黒い長靴とが、それぞれ描かれている。自分たちの着衣を抜け殻としてそこに置いて行った三人は、死んでもなお、点呼には応じねばならず、SS隊員の威圧的な眼光に射られ、監視の対象になり続けていかねばならないのであろう。と同時に、SS隊員の念頭には、この衣服をかつて着ていた三人の印象などは彼らがいなくなってしまえば、それ以前にも増して一切浮かんではこず、この服自体も、次にそれを着る者の到来を待っているだけだというように解釈することもできる。

黄包車とホロコースト

以上でブロッホの制作した「ホロコースト・シリーズ」に含まれる作品についての一通りの紹介を終えるが、一言付け足しておきたい。それは、あの「私の家族の歴史」の木版画を見ると、同じ作者が制作した、このシリーズの範疇には入らない、もう一つの作品が連想されてしまうことである。唐突かもしれないが、それはかつての亡命地上海で刊行された、草野心平との共同詩画集『黄包車』中にあった、人力車の車体が分解された状態になった様子を捉えたものである。私には、それが何だか、ナチの暴力の犠牲となった、〈複数〉の「私の家族」の所持品がばらばらに打ち捨てられている光景を版画にした、「私の家族の歴史」の構図と重なって見えてしまう

（前掲85頁図1－15、125頁図2－6参照）。

『黄包車』のキャプションを買って出た草野が、自らが憑かれた大東亜の夢をこの版画に託したのではないかといったことは、いまは問題の埒外に置いてよかろう。私は何も、『黄包車』に収める作品に託して、すでにその時点でブロッホがホロコーストの惨状を伝えようとしていたとか、あるいはまた、「私の家族の歴史」の制作に取り組んでいる最中に、ひょっとしたらブロッホはこれとよく似た構図の作品を『黄包車』に載せていたことに思いを致したかもしれないということを、言おうとしているのでもない。仮にブロッホに聞いてみたところで、「そんなことは自分だってわからない。絵に聞いてくれ」という答えしか返ってこないだろう。そして、彼の晩年になって、上海時代の木版画を集成した書がドイツで刊行されるに際して、かつての『黄包車』に収めたこの作品に付けられたのは、“A new ricksha is assembled from several broken ones”――「以舊摒新」という解題であったという事実だけが残っている。人力車の〈再製〉あるいは〈再生〉の方にアクセントが打たれていて、家族の絆と命が〈破壊〉されていくこととはベクトルが逆を向いている。が、言葉の論理の上ではそうやって片が付いてもなお、私には自分の感覚にこだわりたい思いが残る。

芸術作品の創造にあたっての、あるイメージや表象の〈反復〉という現象ないし営為は、なかなか難しい問題を含んでいると思う。むろん、シンプルな意味で、ある共通した素材が、具体的に目に見える形で、あるいは局所的に用いられる形で、同じ作家の制作過程のうちに繰り返し表れてくる場合もある。ブロッホの作品の場合で示すなら、『黄包車』の「全家出游」（前掲81頁図1－14参照）の版画の中で駆けている小犬は、ほぼそれと同じ恰好でもって、アメリカ移住後に制作されたトランプカードの図柄の中にも登場している。

けれども、それとは別に、制作者本人の意識の底に深く入り込み、彼のその後の生を支配する力を持った何ものかが、彼の意識の与り知らぬところで、あるいは言葉による説明の被膜を突き破って、それに接した時には偶然の結果とも思える形象上での重なりとなって幾度か作品世界に反映されてくる場合もあり得るのではないか。そう考えた時、ブロッホの言葉では〈再製（再生）〉が志向されているけれども、受け取り方次第によっては活動停止に追い込まれ、役に立たない部品になって放り出されてしまったように見える人力車と、かつてあった楽しい円居《まどい》の場が消え去り、その思い出をとどめたものが、みなすべて無惨に打ち捨てられている光景との間には、それを客観的に説明することは、不可能であるかもしれないけれども、感性のレベルにおいては微妙なつながりが生じてくるように思う。

ちなみに、ブロッホの「ホロコースト・シリーズ」中でまだ言及しなかった作品として、アクリル画の方では「空になった箱」（The Empty Box）、木版画では「空になった棺」（the empty coffin）という文字が記されているもの（一九七九年）がある。蓋が開いた状態で空になった棺の片端に、その中から抜け出してきたのだろうか、ほぼ全身が骸骨の状態となり、背中には薄汚れた二枚の翼を生やした人物が腰掛け、膝の上に置いた腕を折り曲げて自分の顔に押し当てているのだが、この格好もどこかで見た感をもたらす。上海での亡命生活が終わる直前に制作された、木版画の一つがそれだ（前掲169頁図3－4参照）。この作品の構図上の特徴を再確認すれば、上海の港を背後に控え、“D.P.NOBODY ANYWHERE BLOCH”と書かれた大型トランクに腰掛けた男が、ステッキの上に両手を置いて、それに顔を押し当てている。むろん、双方の制作上のモチーフや作中人物を取り巻いているシチュエーションは異なる。が、その一方、それぞれに登場する人物のとっているポーズが、そこに細かな差異は認められるとしても、全体のもたらす印象としては、何もないという感情、希望というものから見放されて荒涼とした空間に置かれた心的状態をどちらも与えてくるとも言える。

2 代名詞となるホロコーストの〈聾唖〉芸術家

〈聾唖〉のユダヤ人サバイバーの証言活動

ここまで取り上げてきたホロコーストを主題とする制作活動によって、ブロッホの存在は一九八〇年代になると、ニューヨークをはじめアメリカの他の都市にも知れ渡っていったが、それは彼を含む〈聾唖〉のサバイバーが、ようやくにして自分たちの経てきた苛酷な体験を語り伝える行動をとり始め、相互のつながりを持ち始めていく時期とも重なっていた。そうした周囲の状況について、カリフォルニアにある「ユダヤ人聾唖コミュニティセンター」(Jewish Deaf Community Center、JDCC)発行の"JDCC News"二一号(一九九六年五月/六月)に掲載された「ホロコーストの犠牲となった聾唖者の歴史」(History of Deaf Holocaust Victims)をもとに整理してみると、ホロコーストによって苦難の日々を過ごした聾唖者を対象とする調査に乗り出し、彼らに対してさまざまな支援活動を展開した人物としてまず挙げられるのが、この問題を取り上げた博士学位論文を、一九八六年にドイツのブレーメン大学(the University of Bremen)に提出した、ブレーメンにある聾唖学校教師ホルスト・ビーゾルト（Horst Biesold, 1939–2000）である。

ニューヨークに住むブロッホにも聞き取りを行ったビーゾルトが、聾唖者とナチズムとの関わりについての調査を始めたのは、成人年齢に達したこの人たちにあって、次世代を担う子どもたちが生まれてくることの少ないその理由が、戦時中にナチによって断種や不妊手術を強制されていたことにあるのを知ったからであった。幾年にもわたる調査を経て、自分が受けた仕打ちを口外したなら収容所行きは免れないと脅され、その一方では自分の身体にまた新たな〈不具〉が付け加わったことを恥じねばならぬ感情を植え付けられた聾唖者が、ドイツ国内だけで少なくとも一万七〇〇〇人はいたことを、ビーゾルトは突き止める。一九八一年にイェルサレム（Jerusalem）で開催されたユダヤ聾唖世界協会（The World Organization of Jewish Deaf）の会議に出席した彼は、ナチの支配下にあってユダヤ人、非ユダヤ人双方の聾唖者がどんな処遇を受けたかについて報告した。また、それと同じ頃、西ドイツ議会でユダヤ人として議員を務めるエルンスト・ヴァルテマテ（Ernst Waltemathe）と協同して、ヒトラー政権下で不妊処置を施されたことを証明できる聾唖のドイツ人が、一時賠償金として五〇〇〇マルクか二五〇〇ドルを受け取ることができる道も開いた。

「ホロコーストの犠牲となった聾唖者の歴史」は、一九八二年にワシントンで開催されたユダヤ聾唖国際会議ビエンナーレで、“Jewish Deaf Folklore”（「聾唖のユダヤの人々」）というワークショップが行われたことも伝えている。聴覚の健常なサバイバーたちの証言が、すでに多数の映像メディアによって周知されるようになってきた現在、聾啞の人たちも、自分たちの強制収容所での体験をそれと同じように語り出し、自分たちの裡に巣くった孤絶感から解放されていくことを目指していくべきではないだろうかといった、司会者からの謙虚な促しを受けて壇上に上がった一組の聾啞の夫婦は、短い発言ではあったが万感の思いを込めて、自分たちがホロコーストの嵐の中をどうやって生き延びてきたかを証言するのを、この場で、こんな風にして聞いてもらえることが、自分たち聾啞の人間が公の場において行う対話の出発点となることを信じる、と語った。

そして、これと軌を一にしてロサンゼルス（Los Angeles）では、聾啞者のローズ・シュテインベルク・フェルド（Rose Steinberg Feld）のホロコースト体験をもとにした脚本が、グレッグ・ブルックス（Gregg Brooks）によって書かれたし、彼女も交えた三名の聾啞者にインタビューする企画も地元のテレビ局によって組まれた。脚本は上演にまで至らなかったが、一九八三年にはローズの辿ってきた人生を紹介する展覧会が“Crying Hands : Deaf Victims of the Holocaust”（「泣き叫ぶ手たち——ホロコーストの犠牲となった聾啞者」）と題して三都市を巡回する形で行われた。

ところで、この展覧会のタイトル中に用いられた“Crying Hands”という言葉に覚えがないだろうか。そう、それはブロッホが一九七九年に、自身のホロコースト・シリーズの一点として制作した木版画に付けたタイトルである。ブロッホの作品“Crying Hands”は、二〇〇四年のダッハウで開催された彼の遺作展覧会「私の絵は私の言葉」（Meine Bilder sind meine Sprache）の図録表紙に載っていたし、“Crying Hands : Deaf Victims of the Holocaust”に言及していることの文章も、“„CRYING HANDS“ by David Bloch”のキャプションを付けて、ブロッホのこの版画を図版として掲げている。さらに言えば、いま私の手元にあるビーゾルトの著書の英訳版“CRYING HANDS-EUGENICS AND DEAF PEOPLE IN NAZI GERMANY”（『泣き叫ぶ手たち——ナチ・ドイツ期の優生学と聾啞者』二〇一五年、ペーパーバック版第3刷、Gallaudet University Press）の表紙を飾っているのも、ブロッホの“Crying Hands”なのだ。

ニューヨークでの活動

さて、ここでレオ・ベック・インスティテュートの「ブロッホ・コレクション」中にある、ブロッホ自身が書いた“HOLOCAUST-EXHIBITION / DEC.82–NOV.83”というタイトルの付いたメモ書きに基づいて、一九八二年一二月からの約一年間のブロッホの作品展示の動向を紹介してみよう。それぞれ、開催時、展覧に供された作品ジャンル、会場（所在地）、及び判明しているものについては後援団体名も加えて表にしてみる。原語表記も適宜添えておく。また、表には挙げなかったが、メモ中には展覧会以外にも、一九八三年四月と五月にメトロポリタン美術館（ニューヨーク）で、聾啞者を対象として「ギリシアの彫刻」（Greek Sculptures）、「フランス中世の画像」（French Medieval Figures）のタイトルで講義を行ったことや、ブレーメン滞在中に西ドイツのテレビ局からインタビューを受けたこと（放映は一二月）なども記されている。

さて、表を一瞥するに、アメリカに移住して最初の展覧会を一九六九年にブロンクスヴィル図書館（ニューヨーク）で開催して以降、七五年のウォッシュバーン・アート・センター（Washburn Arts Center、ワシントン）でのものもあったが、総じて単発的だった作品展示の実施の度合いが、彼のホロコースト・シリーズの制作活動と、すでに見てきた聾啞のサバイバーたちの存在ならびに証言活動が前景化してくる時期とが接近、あるいは重なったことにより、ここに来て一気に増加したことがわかる。ちなみにウォッシュバーン・アート・センターのあるギャローデット・カレッジ（Gallaudet College、聾教育法の通過に伴い一九八六年にGallaudet University になる）は、聾啞や難聴の障害を持つ生徒のために

1982 年 12 月	〔絵画〕マウント・キスコ図書館（ニューヨーク）後援・ウェスト・チェスター図書システム
1983 年 1 月	〔版画〕ブルックリン倫理文化協会（ニューヨーク）
2 月	〔中国—上海の木版画　1940—1949〕同　上
4 月	〔版画〕聾者のベス・ソロモン礼拝堂：the Temple Beth Solomon of the Deaf（ロサンゼルス） 〔版画〕ホロコースト研究センター：Center for Holocaust Studies, イェシヴァ・オブ・フラットブッシュ・ジョエル・ブレイバーマン・ハイスクール：Yeshiva of Flatbush Joel Braveman High School（ニューヨーク）
5 月	〔絵画・版画〕タウン&ヴィレッジ・シナゴーグ（ニューヨーク）　後援・聾者ヘブライ人団体、ニューヨーク聾啞協会、ユダヤ博愛連盟《Federation of Jewish Philanthropy》
6 月	〔版画〕カリフォルニア州立工科大学ポモナ（Pomona）校（カリフォルニア州ポモナ）
10 月	〔絵画・版画〕ブルックリン大学学生センター（ニューヨーク）
11 月	〔絵画・版画〕コンズル・ハックフェルト・ハウス：the Konsul Hackfeld Haus（ブレーメン・西ドイツ）　後援・ブレーメン人権発達情報センター、ブレーメン大学・歴史学専攻

一八六四年に発足した学校である。表に戻り、ここに挙げた展覧会の動向について、「ブロッホ・コレクション」中にある他のパンフレットやポスターも参照しながら、さらに気づいたことを挙げていこう。

アメリカ国内でのブロッホの作品展開催地には、ニューヨークに次いで大規模なユダヤ人コミュニティのあるカリフォルニア州のロサンゼルスも含まれていて、展覧会場となった「聾者のベス・ソロモン礼拝堂」は、ラビのソロモン・クレインマン（Solomon Kleinman）の尽力により、一九六〇年に創設されたシナゴーグであり、ロサンゼルスに集住するユダヤ人聾唖者の宗教、文化、社会的な交流の拠点となっている所だ。

むろん、最も多く展覧会が開催されたのは、ブロッホの居住するニューヨーク市及びニューヨーク州である。ジョエル・ブレイヴァーマンたちによって一九二七年に創設され、ハイスクールの開校は一九五〇年のイェシヴァ・オブ・フラットブッシュ・ジョエル・ブレイヴァーマン・ハイスクールをはじめとして、ニューヨーク市内にあってユダヤ教徒のコミュニティが多数存在するブルックリン地区の文化機関や大学で行われたのが計四回、それに加えてマンハッタン地区にあるタウン&ヴィレッジ・シナゴーグ（当初は一八六九年にドイツのバプティスト教会として建てられたが、一九六二年に“Congregation Tifereth Israel”〔多元的共存主義を標榜するユダヤ人の宗教団体〕に売却されて同教堂となる）や、ニューヨーク州の南東部ウェスト・チェスター郡（ちなみに、ブロッホが住むマウント・ヴァーノンの町もその中にあって、ニューヨーク市のブロンクス地区に接している）のマウント・キスコ公立図書館でも開かれている。

次に、これらの展覧会の企画や実施形態についてだが、たとえばマウント・キスコ図書館でのブロッホの作品展示は、「聾唖者に対する意識を高めるウィーク」（Deaf Awareness Week、一九八二年一二月四日から一一日までがその期間）に際して、ウェスト・チェスター図書システムがチャパクア図書館（Chappaqua Library）、グリーンバーグ公立図書館（Greenburg Public Library）とともに実施したもので、他の二ヶ所の会場での“Handful of Stories”（「掌の物語」）と“The Language of the Deaf”（「聾唖者の言葉」）の催しとがそれぞれ一日で組まれたのに対して、一二月四日から三一日（マウント・キスコ図書館の催しだけを伝えるポスターでは二八日と表記）まで続けられた。

タウン&ヴィレッジ・シナゴーグでの催しは、一九八三年五月四日に行われた。この〈五月四日〉という日は、第二次世界大戦時の「西部戦線降伏の日」（一九四五年）だが、それと同時に、同日がユダヤ暦では第一の月（ニサンの月）の二七日目にあたる、ユダヤの人々にとっては「ヨム・ハショア」（YOM HASHOAH）、すなわち「ホロコーストを忘れない日」（Day of Remembrance of the Holocaust）にもあたっている。同シナゴーグで当日開催されたプログラムの冒頭には、“CRYING HANDS / DEAF VICTIMS OF THE HOLOCAUST—RECOVERING OUR HERITAGE”（「泣き叫ぶ手たち　ホロコーストの犠牲となった聾唖の人たち——私たちの地位を取り戻す」）のタイトル文字が、ブロッホの"CRYING HANDS"の版画とともに、ポイントを大きくして刷られている。そして、ゲスト・スピーカーとしてブレーメン大学から招かれたビーゾルト教授の講演「聾啞者に対するナチの犯罪」(Nazi Crimes Against the Deaf)や、ナチズムの暴力の中を生き延びた聾啞者が登壇してのパネル・ディスカッションとともに、「聾啞のアーティスト、ダーヴィト・L・ブロッホが描いたホロコースト絵画の展示12：30」(An Exhibition of Holocaust drawings by deaf artist David L. Bloch 12:30)というように、ブロッホの作品展示も組み込まれた(当日のスケジュールはプログラムによると午後一時半から四時半までとなっていて、引用したブロッホの絵の展示にも一二時半の記載がある。実物の展示以外にスライド上映などによる紹介がなされたのだろうか)(図5-2)。

一方、ブルックリン大学学生センターでは、一九八三年一〇月にブロッホ単独の作品展が「芸術家はホロコーストを記憶する」(Artist remembers Holocaust horror)と題して開かれている。こちらのパンフレットでは、髑髏の顔となった人物が、彼の手にしたヴァイオリン

Hebrew Association of the Deaf, New York Society for the Deaf and the Federation of Jewish Philanthropies present a special program in observance of YOM HASHOAH (Day of Remembrance of the Holocaust)
CRYING HANDS
DEAF VICTIMS OF THE HOLOCAUST— RECOVERING OUR HERITAGE
WEDNESDAY, MAY 4, 1983 1:30 - 4:30 PM
Town & Village Synagogue 334 E. 14th St. (next to NYSD) New York, New York
CONVENER - Rabbi Isaac Trainin, Director of Commission on Synagogue Relations, Federation of Jewish Philanthropies
INVOCATION - Rabbi Jeff Perry-Marx
INTRODUCTIONS - Jackie Metzger, New York Society for the Deaf
GUEST SPEAKER - Professor Horst Biesold, University of Bremen, West Germany. "Nazi Crimes Against the Deaf"
PANEL PRESENTATION - Hon. Ernst Waitemathe, Member of German Bundestag; Jewish Deaf Survivors of Nazi Oppression
MEMORIAL SERVICE - Greater NY Council of Jewish Deaf, Rabbi Elyse Goldstein and Rabbi Jeff Perry-Marx officiating.
ADMISSION FREE - A donation for the National Council of Jewish Deaf Convention to be held in New York City in Summer, 1984 would be appreciated.
An Exhibition of Holocaust drawings by deaf artist David L. Bloch 12:30

図5-2
ニューヨークのタウン&ヴィレッジ・シナゴーグで開催された催し(1983年5月)

に、歪んだ鋼のような弓をあてている、あの「歓迎－詐術」（Reception-Deception）の木版画が掲載され、解説文冒頭には、すでにこの時点でブロッホが芸術家としての自らの信条を伝えるために用いていたことがわかる、「私の絵は私の言葉」（My pictures are my language = Meine Bilder sind meine Sprache）という言葉が紹介されている。

なお、“HOLOCAUST-EXHIBITION / DEC. 82–NOV. 83” のメモが対象としているものより、少し前のものと推測されるが、ブロッホが暮らしていたニューヨーク郊外のマウント・ヴァーノンでも個展が開催されていることが、やはり「ブロッホ・コレクション」中の資料で確かめられた。収容所を囲んだ有刺鉄線を想起させる棘状の突起がついた字体で、“NEVER AGAIN”――「二度と起きてはならぬ」という真率な訴えが表記されている、その言葉をタイトルとして開かれた展覧会のポスターもしくはフライヤーと思われる資料がそれである。同資料には、それがホロコーストを生き延びた画家ブロッホの個展であることを告げる言葉とともに、“May 3–May 17” ならびに “YM-YWHA of LOWER Westchester / 30 Oakley Avenue / Mount Vernon, New York” との表記もある。“YM-YWHA” とは、「ヘブライ青年協会・ヘブライ女性協会」（Young Men's and Young Women's Hebrew Association）のことである。開催年の表記がないが、トンプソンの著述 “a mission in art” は、一九八一年一二月の聞き取り調査の折のブロッホの返答に基づき、それを同年のこととしている。

ブロッホへの関心の高まり

以上、六〇代後半から七〇代初めにかけてのブロッホが、ニューヨーク郊外マウント・ヴァーノンの自宅アトリエで「ホロコースト・シリーズ」の制作に注力していたことと、その活動が主としてユダヤ人聾唖者団体による支援の下、アメリカならびにドイツで知られていく様子を概観してきた。一九八三年一一月にドイツ（当時は西ドイツ）ブレーメンのハックフェルト領事館で開かれた展覧会では、「ホロコースト・シリーズ」をなす木版画・アクリル画それぞれ六〇点のすべてが展示されたと、シューレンブルクは報告している。

やがて、彼自身は晩年を迎えるにあたって、ブロッホの芸術活動の軌跡は、〈アンネ・フランク〉あるいは〈杉原千畝〉といった僅かな事例を除けば、ナチズムの時代のユダヤ人問題に対してあまり強い関心を向けてこなかった日本での場合と違って、ホロコーストの歴史、その苛酷な現実をくぐり抜けてきた人々の記憶や体験、ディアスポラと呼ばれる人たちが生み出していった芸術と戦争との関係など、さまざまな問題を再検討する動きを加速させていった海外にあっては、より広いパースペクティヴのもと、多角的に照射されていった。

たとえば、一九九六年（ブロッホ八六歳）に、レオ・ベック・インスティテュートとオーストリア・カルチュラル・インスティテュートの共催で四ヶ月間にわたってニューヨークで開催された展覧会のテーマは、前にも述べたように「目的地上海：無国籍ユダヤ人の避難所１９３８

—1948」（Destination Shanghai: Refuge for Stateless Jews 1938–1948）である。この企画展では、第二次世界大戦前後に上海へ亡命したユダヤ人の亡命生活の紹介が中心に置かれ、同展図録中にある、この企画のハイライトをなす展示物のリスト中には、ブロッホの作品八点のタイトルが、その地で交友のあったオランダ出身のユダヤ人画家ハンス・ジャコビイ（レオ・ベック・インスティテュートの「ハンス・ジャコビイ・コレクション」によれば、彼の住居はやはり提籃橋にほど近い、唐山路五九九弄一七号にあることがわかった）や他四名の画家たちのそれとともに挙げられているし、実際の木版画も“Mr. Nobody”（前掲169頁図3-4参照）を含む三点の作品が写真版として掲載されている。同じ図録にやはり写真版が載っていた、彼の「指定地域外出域證」によって、私が「長陽路24弄17号」にあるブロッホ故居に辿り着いたことについてはすでに述べた。

また、ブロッホが九〇歳を迎えた二〇〇〇年には、ワシントンのアメリカ合衆国ホロコースト記念博物館で、「脱出と救助」（Flight and Rescue）と題する展覧会が開催された。ホロコーストの脅威からの脱出を図ったユダヤ人の生の諸相を、多くの地図、写真、図版を用いて紹介、解説している同展図録では、「杉原ビザ」の持参者も含めて一時は四〇〇〇人のユダヤ人が滞留した避難地「神戸」も大きく取り上げられており、安井仲治、田淵銀芳ら丹平写真倶楽部会員が「流氓ユダヤ」展に出品した写真が多数紹介されていたことは「第Ⅲ部」の冒頭で言及した通りである。

そして、同図録中の「第7章　亡命」（Chapter 7 EXILE）——最終的な避難地「上海」を取り上げ

図5-3
フィラデルフィアにある「上海でのユダヤ人の体験に関わる評議会」がブロッホに贈った賞状（1999年10月）

たセクションでは、上海ゲットー内における避難民たちの生活を伝える多数の写真資料とともに、ブロッホが制作した木版刷りに水彩を施した作品が掲載されている。これは、「第Ⅳ部」の初めで触れた、ポケットサイズの版画集『上海』に収められた一つ一つの作品を、一枚の横長の紙の上に配置して表装を施したものであるが、その元版の方は、折り畳みのカード風になったものを順番に開いていくにつれて、さまざまな外観を呈した店舗が次々と現れ、それを見ていると、中国上海の人々の商業活動を通じての暮らしぶりに対してブロッホが多大な興味と関心を寄せ、それを画面に再現していく作業を通じて芸術家として自足した感情も味わっていったことが想像される（**口絵19**）。そして、「第7章　亡命」の末尾で、大戦終結後のユダヤ人の上海からの移動を解説した頁にも、ブロッホの制作した例の“Mr. Nobody”が掲載されている。

　ところで、この大規模な展覧会開催の一年前（一九九九年）の一〇月、ブロッホは「上海でのユダヤ人の体験に関わる評議会」（Council on the Jewish Experience in Shanghai、略称ＣＪＥＳ。米国ペンシルバニア州フィラデルフィアで一九九四年に設立された文化組織である）から、一枚の賞状を贈られている（**図5－3**）。それより半世紀前の計り知れない苦痛と困難が満ち満ちていた

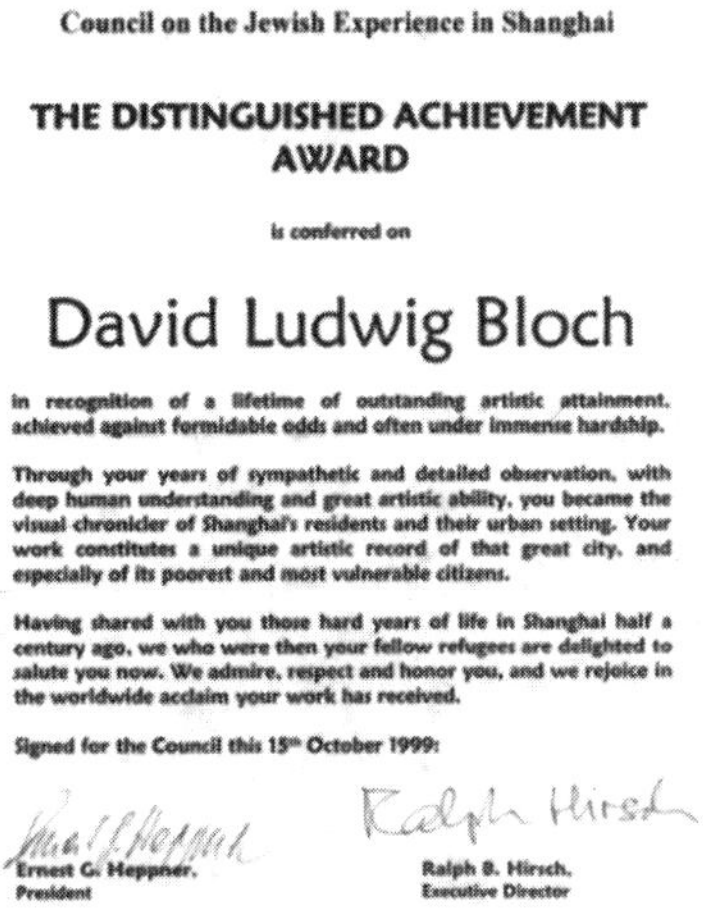
Council on the Jewish Experience in Shanghai

THE DISTINGUISHED ACHIEVEMENT AWARD

is conferred on

David Ludwig Bloch

in recognition of a lifetime of outstanding artistic attainment, achieved against formidable odds and often under immense hardship.

Through your years of sympathetic and detailed observation, with deep human understanding and great artistic ability, you became the visual chronicler of Shanghai's residents and their urban setting. Your work constitutes a unique artistic record of that great city, and especially of its poorest and most vulnerable citizens.

Having shared with you those hard years of life in Shanghai half a century ago, we who were then your fellow refugees are delighted to salute you now. We admire, respect and honor you, and we rejoice in the worldwide acclaim your work has received.

Signed for the Council this 15th October 1999:

Ernest G. Heppner, President

Ralph B. Hirsch, Executive Director

時に、それに屈することなく芸術家としての精進を続け、自らの制作活動を通じて上海という大都市の歴史の記録者となり得たこと、しかもその仕事の大半は、この街で生きている、最も貧しく弱い立場に置かれた人たち――人力車夫や乞食の境涯にある人たち――の存在に多くの人々の関心を向かわせるものであったことが受賞の理由であった。

一方、それに先立つ一九九四年から九五年にかけての上海でも、この都市のユダヤ人の歴史に関する研究の先駆者である許歩曾が発表した「ブロッホ　忘れられたユダヤ人画家」（白緑黒被遺忘的猶予画家、「上海灘」一九九四年一一月）や、あの上海画廊における初の個展の開催を告げるポスターを掲載した潘光主編『猶太人在上海』（一九九五年一一月、上海画報出版社）などによって、ブロッホの芸術活動は中国の一部識者の間では注目され始めていた。そして、この避難地上海にあってブロッホが制作した三〇〇点余りの木版画は、一九九七年になると、ドイツのザンクト・アウグスティン（Sankt Augustin）にある民族学博物館の「民衆と文化の家」（Haus der Völker und Kulturen）で「開封から上海へ――中国のユダヤ人」（Von Kaifeng bis Shanghai—Juden in China）と題した展覧会が開かれた際、会場の特別コーナーで公開され、さらにそれと合わせて、避難地上海でブロッホの制作した木版画の全体を通覧できる、『ブロッホ木刻集』が刊行される運びとなったのだった（図5－4）。

図5-4
ドイツで刊行されたブロッホの上海時代の木版画を収めた版画集（1997年）

3　忘れたくない最晩年の作品

アクリル画“CONEY ISLAND FOUNTAIN OF YOUTH”

しかし、亡命地上海で制作した木版画シリーズの全体像を知らせたこと、及び戦後三〇年の時点でホロコーストの記憶を伝える作品群を生み出したことだけで、ブロッホの仕事は完結したわけではなかった。一九八〇年代前半に聾唖のサバイバー美術家として注目されるようになった後、ブロッホは、新たにもう一つの主題を持つ作品の創作を思い立ち、十数年の歳月をかけて二〇〇一年も終えようとする頃にそれを完成させた。ブロッホ九一歳にして仕上がった、ある意味では彼の芸術家としての人生の終着点を際立たせているともいえるこの作品――「コニーアイランド　若さの泉」（CONEY ISLAND FOUNTAIN OF YOUTH）（以下「コニーアイランド」と略記）を取り上げて「第V部」を閉じることにしたい。

コニーアイランドは、ブルックリンの南西にあって大西洋に面している半島である。そこにあるビーチは、二〇世紀に入ると海水浴場とアミューズメントパークとして賑わい出し、現在にあってもニューヨーク観光のメッカの一つである。「コニーアイランド」は、ブロッホのそこでの滞在が契機となって着想されたもので、圧搾板紙にアクリル絵具を用いて描かれた、左右の画幅がそれぞれ縦六〇センチ×横一二〇センチ、中央のそれが縦横とも一二〇センチの「トリプティーク」（Triptychon ＝三枚折り祭壇画）仕立てのかなり大きな作品だ（**写真5－1**）。

中央の画面には、海に張り出したプールが大きく描かれ、そこにたくさんの人たちが浸かっており、またその周囲にも多くの人たちが群れ集っている。ニューヨークのシンボル・イメージである「ビッグ・アップル」の入った盤を頭上に掲げた彫像が立ち、プールの背後から左右両翼の画面上にかけては、レジャーランドの気分を盛り立てるビルの看板や装飾が描かれている。また、人間たちに混じって人魚も水浴している。ビーチシーズン開幕を告げる行事として、このリゾート地で長らく続いている、華やかな「マーメイドパレード」の余韻を感じさせる演出だろうか。ともあれ、こうした光景を見ていると、海辺

のプールに集まった大勢の人たちが、日常から解放された愉悦と休息とに浸っている雰囲気が伝わってくる。

と同時に、この絵に接してもう一点印象的なのは、身体に障害を負った人物や、一目見て脆弱だとわかる体軀の持ち主が、多数描かれていることである。すなわち、車椅子を使っている人、松葉杖やステッキをつく人、背負われたり、歩行器に身をもたせかけている人たちが、この絵画空間のあちこちに現れている。私がこの作品の存在を知ったのは、リディア・アベル宅を二〇一七年に再訪した時であったが、その折に彼女が見せてくれたこの絵を簡単に解説したタイプ印刷のペーパーには、ブロッホがこれらの人物像を描出するにあたって、彼らの身体が表している多様な特徴や、さまざまな歩行補助器具や人工補装具についての観察と研究を続けたという言葉があった。

なるほど、そのことを証するに足る、人体の線描段階にとどまっている下絵も、アベルさんの手元には残されていた。ただ、いま振り返って悔やまれるのは、短時間のうちに、彼女が準備してくれていた多数のブロッホの作品や関連資料と向き合わねばならず、三枚折り祭壇画の細部に至るまで精確な写真を撮ってこなかったことである。あまり上手く撮れていない写真を眺めながら、それでもどうしても気になる箇所については、ご高齢で書簡を認めるのも一仕事であるはずのアベルさんからの助力をさらに請いながら、ここでの考察に向かっているわけである。

写真5-1
「コニーアイランド」制作中のブロッホ。写っているのは画面中央にあたる箇所

「若返りの泉」という系譜

話を戻そう。絵のタイトルが示すように、そこに描かれたプールは"FOUNTAIN OF YOUTH"、つまり〈若さの泉〉に譬えられているが、そう呼ばれる場所に、健常者の中に立ち混ざって、病弱だったり、身体の自由を一部奪われたりしている人たちが多く現れる、その意味は何なのだろう。

この〈若さの泉〉という言葉は、中世から近世にかけてのヨーロッパで広がった「若返りの泉」を憧憬《しょうけい》する宗教的感情と、それに基づいてさまざまな分野にわたって生み出された芸術作品の存在を想起させる。すなわち、生命の根源をなすと見なされてきた水は、キリスト教においても「生命の泉」として古来より信仰の対象とされていたが、一二世紀半ば以降になると、それとは異なった、水にまつわる不思議な事績を叙した物語が東方から伝わり、老人を若返らせ、病者に健康を取り戻させる力を持つ「若返りの泉」といったイメージが文学の中に表れ、また、その図像が室内を飾るタペストリーや壁画、あるいは版画作品の中にも取り込まれていったのである。ブロッホの「コニーアイランド」を、そうした「若返りの泉」の図像を淵源《えんげん》にしているものとして受け取ることは、それなりにできると思われる。ただし、一五世紀から一六世紀にかけての図像中には、それ以前のものにはなかったファクターが出現してきて、「若返りの泉」の図像それ自体もさまざまなヴァリエーションを示しているのと同様に、ブロッホの「コニーアイランド」

の図像上の特徴もまた、この作品以前に制作された「若返りの泉」のそれとぴたりと一致するものではない。たとえば、一六世紀のニュルンベルクで活動したハンス・ゼーバルト・ベーハム(Hans Sebald Beham, 1500–1550)が遺した大型木版画の「若返りの泉」(Jungbrunnen)と比べた場合。この作品においても、肉体の衰えた老人も現れれば、若さを取り戻した男女が歓びを交わし合っているシーンが描き込まれている。

だが、ベーハムの方の捉え方はエロティシズムの雰囲気が少々勝ち過ぎていて、彼らの味わっている歓びはみずみずしい性愛の域を超えて、猥雑や醜悪の状態の一歩手前まで行きかけている。また、美学的見地からの知見を借りると、若さを取り戻した裸体の人体表現の逞しさは、イタリア・ルネサンス美術の系譜につながる理想的な肉体美を手本としており、そうした世界に参入できない、衰退した肉体をさらけ出した人体表現の方からは、若さを求める老人の愚行を嘲笑する意図が読み取れるという。

不自由な身体

さて、「若返りの泉」を主題とする作品が、このように他にもあることを知った上で改めてブロッホの「コニーアイランド」を見直すと、そこに登場する人々は健常者といえども、みなその肉体を誇示するようには描かれていないことがわかる。言わばダビデやパリスの血統を持つ者は見当たらず、裸体やトップレスであるにせよ、あるいは着衣の状態であるにせよ、みなごくありふれた、普通の体軀の持ち主である。そして、そのようにさして際立ったところのない、凡庸な裸体で画面が埋め尽くされているがゆえに、その中にいる身体の自由を損なわれた人たちも、嘲笑の対象としては映じてこない。代わりに生じているのは、ここにいる人たちが、老いと若さ、身体運動の円滑と不全、さらにもう一つ新たな視点を加えるなら白と黒という皮膚の色の違いに拘泥することなく、ともにここに存在しているという感じだ。

ナチズムは、アーリア人の人種上の卓越さを声高に告げながらユダヤ人の迫害を推し進めたが、それとともに、民族の血を劣化させる危険があるものとして、多くの精神障害者や身体障害者を「安楽死」によって排除する手段に出ていたことを思い起こそう。また、こうした人種主義のイデオロギーが芸術・文化方面に波及したものとして、歪んだ身体の創造もその形象上の一つの特徴としていた、いわゆる表現主義的な芸術作品に負の烙印を捺す「頽廃芸術展」と、古代神話を題材にした、意志や力を象徴する逞しい筋肉と骨格を持った裸の戦士像を崇める「大ドイツ芸術展」とが、時を一にして一九三七年のミュンヘンで開催されていたことを思い出してもよい。そして、そうした歴史的パースペクティヴの下に引き寄せて見るなら、「コニーアイランド」の中で溢れかえっている人たちは、ナチズムあるいはそれにつながるイデオロギーに対する異議申し立ての位相を視覚化させているとも言えよう。

いや、そのように考えれば、これに同調する、芸術作品の創造を通じてのブロッホ側からの反応は、すでにあの上海時代においても示されていたと言えるかもしれない。すなわち、"Ricksha"に次いでの木版画シリーズである"Beggars"中には、ほとんど視力を失くして治癒不可能になった状態の白目を自らの指を用いて剝き出して見せたり、両脚を失って胴体から上だけが残った身体を車輪のついた台座に置物のように乗せている物乞いたちが登場していた。これらの人体表現も、受け取り方次第によっては、身体的弱者を無用の存在として社会の底辺に追いやり、自分たちは彼らとは無縁の世界にいるのだと思って安心しきっている者に向かって突き出される、鋭い匕首となるだろう。

ただし、こちらの木版画シリーズにあって、欠損を抱えた人間を浮き彫りにしている、「鉄木」と呼ばれる硬質の木材をビュランで削り取った結果生じている線の鋭さは、「コニーアイランド」の人体表現の方では見られない。すでに紹介したローザ・シューレンブルクの論文は、このぎざぎざした線で象られた物乞いの姿が、それを目にする者に、彼に対する同情を呼び起こしもすれば、同時に隔たりの感覚ももたらしてくるといった見解を示している。そして、そのような鑑賞が成り立つ理由を、自らを取り巻く生活環境の激甚な変化の中に投げ込まれて安住の思いに浸ることのない亡命者特有のまなざしが、ブロッホの芸術家としての態度を彼がその時身を置いていた生活環境の内部にとどまらせていない点に求めている。端的に言えば、ブロッホは自身の創作の対象に据えた物乞いらとは、同じ空間の中で同じ空気を吸ってはいないのだ。

泉のほとりに立つ画家

これに対して「コニーアイランド」の場合はどうか。よく見ると、中央画面の右端で、高架の駅から降りた人たちが歩いてくる通路がテラスに達するところに、私たち鑑賞者に対してはやや後ろ向きになって立ち、画布に向かって右手に筆を持って半身の姿勢をとった白髪の男がいる。そして、彼の右横を見ると、そこには白い尨毛《むくげ》の犬が行儀よく座っている。下絵の段階ではまだ姿を見せず、その後描き加えられたこの画中の犬とよく似た犬は、ブロッホのもう一つの作品である「絵による私の履歴」（一九八五年）の中では、主人公の最終到着地である、マウント・ヴァーノンの彼の自宅前の階段脇にも登場していたし、現実に目を向けても、アベルさん所蔵のアルバムに収められた、自宅の居間で寛ぐブロッホと鄭迪秀の老夫婦を撮った写真の中に、彼らと一緒になって写っていた。

おそらく絵の中の画家はブロッホ自身？　そう思って、つい先日アベルさんに問い合わせたところ、その通りとの返答があった。しかも、私の撮った写真は写りが悪くてそこまでは確かめられていなかったが、画家の足元にはちゃんと"D. L. Bloch"の中国語のスタンプ署名まであるわよとのこと。それに加えて、絵の中で画家が描いているのは国際的な聾唖者のサインで、手話の

図5-5
下絵の中に登場しているブロッホ。○印が該当。
完成版で彼の足元に座っている犬はこの段階では現れていない。

“I love you”を意味するとも彼女は言い添えてくれた（図5－5）。
「コニーアイランド」にあっては、実在の画家その人さえもが、自らのまなざしの対象として選んだ人たちと一緒になって存在しているということ、それはシューレンブルク氏の見解を転用して考えるなら、亡命者のまなざしがその存在感を弱めていったことを、一面では意味するのかもしれない。あるいはまた、一九七〇年代後半に制作されたホロコースト・シリーズの作品群と照らし合わせてみても、それとは別系統のもののように「コニーアイランド」は見えてくる。繰り返しになるが、そこから伝わってくるのは、健常者とともにいま・ここにある、病気がちで身体の弱い者たちの内奥で疼いている、健康と若さへの夢や願望である。画面中央のビルの壁面にある“Kiss Me”という言葉も、車椅子や松葉づえ、介助人が必要な彼らの、そうした願望が投影されたものとして受け取れよう。そこかしこで多くのカップルが身体を寄せ、抱擁し合っているのを見ていくうちに、画面全体から生のさんざめきが伝わってくるような気がしてくる。そして、このように祝福された世界には、人間界以外の存在も顔を覗かせる。マーメイ

ドを抱き上げた男性が描かれているのもその一つだが、中央画面の一番右下にいるのは、どうやらギリシア神話に登場する美の女神で、貝から生まれたアフロディーテの姿形を宿してはいないだろうか。ミュンヘンからイエナの私立聾唖学校に進んだ少年ブロッホは、そこで巡りあった教育者のカール・ブラウクマン（この人物については「第Ⅵ部」で詳述する）から多くの学びの機会を与えられた。この作品に出現しているギリシア神話のイメージは、ブラウクマンの薫陶の余波が父の最晩年にまで及んでいたことを証していると、アベルさんは語る。

死のうちに生を希む

ただ、こうした幸福の感覚にそぐわない印象を与えるものも存在している。右側の画面、人々がベンチに腰掛け通行している歩廊の下の薄暗くなったところを、前額部に二本の角を持ち、尻尾も生やした人間（なのだろうか？）が四つん這いになっている。この気味の悪い生き物も、神話的な世界と何かしらの関わりがあるのだろうか。アベルさんは、それとは別の、ブロッホの右横に立っている存在に注意を促し、その足先が馬の蹄の形をしていて肩からは翼が生えているので、彼は神話に登場する「魔王」であり、ブロッホは時として作品全体の調和をあえて破るようなブラックユーモアを用いることもあったと説明してくれたのだが、私はそれを単なる手法上の問題、ブロッホの十八番《おはこ》として済ましたくないと思うのだ。

図5-6
「コニーアイランド」右画面の一部。歩廊の下に四つん這いになった奇妙な生き物と髑髏めいたものがうかがわれる。〇印が該当。

つまり、いま問題にした、四足獣めく人間の右斜め後ろには何が現れているか、それも併せて見てみよう。すると、そこには首から上の頭部だけを除いて、残りの身体部位は水の中に沈んでいる人間（なのだろうか？）がいるのだが、その白く晒された頭部に髪の毛はなく、両眼の部分もなにか黒い眼窩だけの状態になったように見える（**図5-6**）。このものの形だけを見ると、同じ美術家が「ホロコースト・シリーズ」の一つとして制作した木版画作品「残忍な足の運び」（Brutal Steps, 1979）の前景に据えた、仰向けになったままナチＳＳの黒い頑丈なブーツで踏み躙《にじ》られている一体の白骨体のイメージが、それと重なり合ってくるように思える。その白骨体の上部は当然髑髏となっているのだが、「コニーアイランド」のそこだけは暗い水溜まりのようになっている場所に描かれている頭部は、このしゃれこうべが、ややその顔の向きを変えて現れてきたかのように見えてしまう。ブロッホをはじめとしてナチの暴力の前に晒されたユダヤの人たちにとって、その折の忌まわしい記憶は、こんな風にして離れがたく付きまとってくるのではないだろうか。

そして、その想像を絶した恐怖の体験を思い起こすたびに生じる悲しみや苦しみに、急激に高まる動悸を抑えきれず、窒息させられるような感覚がよみがえってくることも一つの真実であろう。とともに、そうした悲痛な体験、苦悶に満ちた記憶を抱え込みながらも、生き残ることのできたその後の人生を歓びや希望を持って生きて行くことはけっして不可能ではないし、また不可能であってはならないはずだ。

「コニーアイランド」の中央画面の左端、ちょうど画布に向かうブロッホとは対称的な位置に、両肩から白い翼をつけた存在がこちらを向いて坐っている。天使？——再び「絵による私の履歴」を持ち出せば、こちらの絵の中で、ナチのユダヤ人抹殺の動きがもたらす恐怖を回想したところでは、巨大な焚き火に投げ込まれた書物や、ガス室わきに設置された死体焼却炉から立ち上るどす黒い煙の上を、両手で顔を覆った天使が飛び去って行くシーンが描かれている（**口絵8**）。また、ホロコースト・シリーズの一つとしてすでに取り上げた「空になった箱（棺）」では、傷ついた羽を背負い、全身が骸骨状になった天使が、蓋の開いた棺の上で力なく腰を下ろしていた。こうした点をふまえると、「コニーアイランド」中の天使像も一つの残像ではある。だが、ホロコーストの記憶を直接対象とした時に登場していた、自らの非力を嘆いてその場から逃げていく、あるいは死の相貌を身に帯びてしまった天使とは違い、「コニーアイランド」の天使の場合は、そこに集った多くの人たちとともにいて、自らの羽根を下ろして静かに安らいでいる。

ナチの暴力は彼に甚大な苦痛をもたらした。しかし、その一方で避難地上海で自らの人生の同伴者に巡りあえて家庭を築き、さらに人生の終盤に差し掛かった時にはもう一人の新たな肉身（すなわちリディア・アベル）と出会うことができた、というように、人と人との絆の深まりを経験してきたブロッホは、生きていくことが一つの希望につながる、いや希望そのものであるという思いを強く抱いていったのではないか。もはや、彼の生の終焉は近い。が、そこに近づくにつれてブロッホの裡では、ただ一度きりしかなかった自分の人生が、たしかにまっとうなものに貫かれたものであったという思いが、確信と言えるほどの状態となっていたのではないか。

美術作品としての価値という観点からすれば、さらに違った評言を与えなければならないのだろうが、「コニーアイランド」の存在を知ったことは、そういったことをまずは私に考えさせた。

第VI部

ブロッホゆかりの地で巡りあった人と風景

フロスの町　旧「ユダヤ人の山」の一郭にて

1　生地フロスへ　二〇一七年晩夏のユダヤ人共同墓地

ミュンヘンのユダヤ博物館

私がブロッホの生地であるフロスを初めて訪れたのは、二〇一七年の九月に入ってまもない時だった。「第Ⅳ部」の前半に記した、鄭迪秀の故郷である海寧の硤石鎮への再訪を済ませてから二ヶ月後のことである。ブロッホの遺作展覧会の見学とアベルさんに会うことを目的としたドイツ行きからは、もう一三年の時が流れていた。

その空隙を心理的に埋めようと、今回の旅の起点もダッハウとミュンヘンに置く。前回との違いはと言えば、私の妻が同行していることと、ミュンヘンの街歩きの際には、勤務先の同僚の教え子で、この街で暮らしている橘日香里さんが、事前に私が伝えておいた見学希望地についての情報を収集し、ドイツ人の御主人とともに、案内役を買って出てくれたことである。

妻と二人で再訪したダッハウ強制収容所記念館――二〇〇四年の三月に訪れた時には、寒の戻りを思わせる冷たい雨が降っていたが、今回もまた、雨模様の天気であった。ただ、記念館の敷地内には、季節柄青草が茂っている箇所もあり、それを見ると、脱走を図る途中で射殺された収容者が草叢の中にくず折れた状態で放置されている光景が、二重写しのように想像されてしまう。また、カール・フロイントが描いた「一九三八年の点呼」（前掲123頁図2－5）を館内で目にして、ブロッホの「ダッハウ強制収容所1938」と比較したくなったのも、この再訪の時のことだった。

ミュンヘン中央駅近くにある、築一〇〇年ほどになるホテルに着いたのが前日の夜、翌日はかなりの時間をダッハウ強制収容所記念館の見学にあてたので、その日のうちにミュンヘン市内で足を運べたのは、ユダヤ博物館だけだった。二〇〇〇年の七月から一二月まで、その年にブロッホが九〇歳になったことを記念して開催された「画家ダーヴィト・ルートヴィヒ・ブロッホ生誕九〇周年展――ミュンヘン・上海・ニューヨーク」（EINE AUSSTELLUNG ZUM 90. GEBURTSTAG DES KÜNSTLERS DAVID LUDWIG BLOCH MÜNCHEN-SCHANGHAI-NEW YORK）の会場となったミュージアムだが、私たちが訪れた時は、館内にブロッホの作品は展示されていなかった。その代わりに印象に残ったのは、スタニスラウス・ベンダー（Stanislaus Bender, 1882–1975）が描いた「ゲットーから来た少女」（Girl from the Ghetto）と題する油絵（一九一五年）と、厚紙に印刷された「アリーヤー（Aliyah）ゲーム」（一九三五年、ベルリンで制作）だった。前者は臙脂《えんじ》のフードとショールを着けた少女が正面を向いている表情を描いたものだが、語りたいことがついそこまで出かかっているのを押しとどめているかのような苺色をした唇の形と、何か遠くにあるものを一心に見続けているかのごとく大きく見開かれた目が印象に残った。

もう一方の「アリーヤー」は、ヘブライ語を語源とし、ユダヤ人――とりわけシオニズムの考えに同調する人たちの間で用いられた、「『約束の地』への移動」を意味している言葉だが、室内に展示されていたものは、選ばれた民としてのそうした崇高にして敬虔な行為を、自分たちの幼い子供たちに伝えていくために創案された、一種の双六に似た遊戯用の図面である。すなわち、ボード上には中央ヨーロッパからイタリア半島、地中海を経由してパレスチナまでの絵地図が描かれていて、「ふりだし」のドイツから「あがり」のイェルサレムまで、「105」のステップが用意されている。海上には航海中の汽船も描かれ、それを見ると、コンテ・ロッソ号に乗ったブロッホの亡命の旅が思い合わされる。そしてまた、一九三五年に作られたこのゲーム通りに、その後首尾よく「約束の地」に到達できた者と、それとは反対に脱出のチャンスを失ってしまった者のことも。

シナゴーグ旧跡とケーニヒ広場

翌日は、午後遅くミュンヘン州立図書館で「バイエルン州ユダヤ人共同体新聞」を閲覧するまでの半日を、ミュンヘンの街歩きにあてた。ガイド役の橘さんとともにその時見て回ったのが、幼少期ならびに青年時代のブロッホゆかりの場所。すなわち王宮州立聾唖学校とミュンヘン公立応用芸術学校があったところと、バイエルン・ユダヤ文化連盟の展覧会が開催された、ヘルツオーク・ルドルフ通り一番地である。

目的地は、いずれも市の中心部、ミュンヘン中央駅と市内の観光のスポットとして有名なマリエン広場から、それぞれ地下鉄やトラム（路面電車）に乗って一駅か二駅という至近距離にある。このうち、ミュンヘンのユダヤ人の歴史を想起させる記念板が取り付けられていたのが、ヘルツオーク・ルドルフ通り一番地にある建物だった。道路に面して横長に広がり、一階部分がグレー、二階から上が淡い代赭《たいしゃ》色に塗装された六階建ての何の変哲もないビルであったが、一階の中央入り口脇の壁には石板が取り付けられ、かつてここに立っていたオエル・ヤーコプ・シナゴーグ（Ohel Jakob Synagoge）が、一九三八年一一月九日に、ナチによって破壊されたことを告げる言葉が彫り込まれていた（**写真6－1**）。建物の前を通っているやや勾配のある道は、少し先にある、ちょうどいましがたトラムが走行していくのが見えた大通りに比べれば、さほど人通りのない静かな通りなのだが、クリスタル・ナハトの時にはこういった場所でも、襲撃者たちの怒号や興奮した声が響き渡り、シナゴーグが火炎に包まれたのかと思うと、何だか身体が強張ってくる感がした。

そして、現在の校舎の所在地は変わったが、ブロッホが通っていた時のミュンヘン公立応用芸術学校のあった場所に身を置いた時には、それとは別の、過去の幻影がふっと自分の傍をよぎっていくような感覚が私の裡に生じた。ミュンヘン中央駅から地下鉄二号線で一駅目の「ケーニヒプラッツ」（Königsplatz）で降りる。ホームと向き合った壁面は、やはりここが最寄り駅の市立レーンバッハギャラリーが所蔵している名画の写真ポスターで飾られていたが、ブロッホの通った芸術学校の所在地は、この美術館にほぼ隣接している。同校は男子部、女子部に分かれ、現在も往時の景観を一部残している女子部と違って、ブロッホの通った男子部の建物は第二次世界大戦時に破壊されており、往時の校舎のたたずまいやそのホールに多数の造形美術作品が展示されていたことは、写

写真6-1
ヘルツオーク・ルドルフ通り一番地にあった建物（下）。かつてシナゴーグの“OHEL JAKOB”がここにあった。（上）は建物の外壁に取り付けられた記念の石板。1938年11月9日の災厄を記す（2017年9月撮影）

真を通してでしか確認できない。代わりに、いま、そこに立っているのは、ミュンヘン大学の地理学・地質学関連の教育研究機関が使っている、白い壁面のごくシンプルな三階建ての建物だった。

芸術学校の遺構があるかどうかも判然としなかったが、ともあれ美術の道に進む夢を抱いた青年ブロッホが入学したアカデミーが、ミュンヘンの街のこうした中心部にあったことを知っただけでも収穫であったと、それなりに満足して周囲の風景を見回した時、先ほどはブロッホゆかりの場所に行くことだけに気をとられていたためだろうか、どうしてこれが目につかなかったのかと訝しく思ったくらいに、大きく堅牢な構えをした建造物が道路の向かい側にあるのに気づいた。ミュンヘンがナチにとっての政治的祝祭都市だったことと、「ケーニヒプラッツ」という発音とを結びつけてピンときた方々からは笑止とされるくらいに、ミュンヘンの歴史についての自分の知識が浅かったことを恥じねばならないのだが、この双塔の付いたギリシア風の門は、バイエルン王ルートヴィヒ一世（Ludwig I, 1786–1868）によって一九世紀に建造された「プロピュライオン」（Propyläen）と名づけられたもので、門を潜ればその向こうにはあの「ケーニヒ広場」が広がっているのだった。

ナチズムが絶頂を迎える頃、この広場には総統館や党本部をはじめとする党関連施設が建てられた。党大会は主にニュルンベルクで開催されたが、このケーニヒ広場においてもナチの威光を示すさまざまな祝祭パレードや儀式、プロパガンダ集会が行われていく。現在、広場の東側に立っているNSドキュメントセンターで購入したガイドブックを繰ると、冊子には、同広場で一九三六年一一月九日に行われた、一九二三年のミュンヘン一揆の際に犠牲となった党員を追悼するとともに、ヒトラー総統と党に対する忠誠を誓っていく集会の様子を撮った写真が載っている。そして、そこに写されている、党旗を先頭にして広場に入場する党員と彼らを迎える党員とが、それぞれ整然とした隊列を組んで行進、ならびに直立の姿勢をとっているのを見ると、ブロッホが「ダッハウ強制収容所1938」で描いた、あの収容所の点呼場に、ユダヤ人収監者らが彼らもまた直立不動の姿勢を強制されて整列させられている光景が連想されてくる。まるで、前者のセレモニー空間を反転させたかのような光景だ。一方の集団が、ナチ党の結束力の高まりを象徴する血染めの旗の聖性の下に、熱狂的な祝祭空間を演出していくのに対し、もう一方の集団は、夜陰の底でサーチライトの光を

図6-1
落書きされた痕が残る
ブロッホの作品

図6-2
落書き箇所の拡大。
“Adolf Hitler”（アドルフ・ヒトラー）
と書いてあるのがわかる

受けながら、身近に迫る死の恐怖と面接している。

もう一つ、一九三三年五月のケーニヒ広場では、ユダヤ文化の撲滅を象徴する「焚書」の儀式が行われたのだが、その翌年にそこから道路を挟んでほんの一跨ぎの、いま私が立っているところにあった芸術学校に、ブロッホは進学したのだった。この二つの場所が至近距離にあるという位置関係、それは、上海のユダヤ人避難民が日本軍の監視下に置かれた時、提籃橋にあったブロッホの住居と上海無国籍避難民処理事務所との間に生じていた関係と似ている。市内の下宿先と学校とを行き来する道すがら、ケーニヒ広場の光景はブロッホにはどのように映じたのだろうか。当時は大理石のプレートが一面に敷き詰められ、「プレートの海」と呼ばれていた広場を行進するナチ親衛隊の軍靴の響き、ナチズムの勝利を歌い上げる拡声器の声、それに応じる群衆のどよもし、聾唖の青年ブロッホはそれを心の耳で聞きとっていく。さて、校舎の中に入り、教室前の廊下に貼りだされている自分の絵を見ると、今度はそこにユダヤ人の自分への当てこすりを図った落書きが記してあるのが目に入る（図6-1、2）。それに対する憤りをおぼえながらも、それを言動で示した場合のさらなる報復を懸念して、自分の感情を抑えようとするブロッホ。そうした八〇年前の彼の幻が、現場に立ったことを通して浮かび上がってきた。

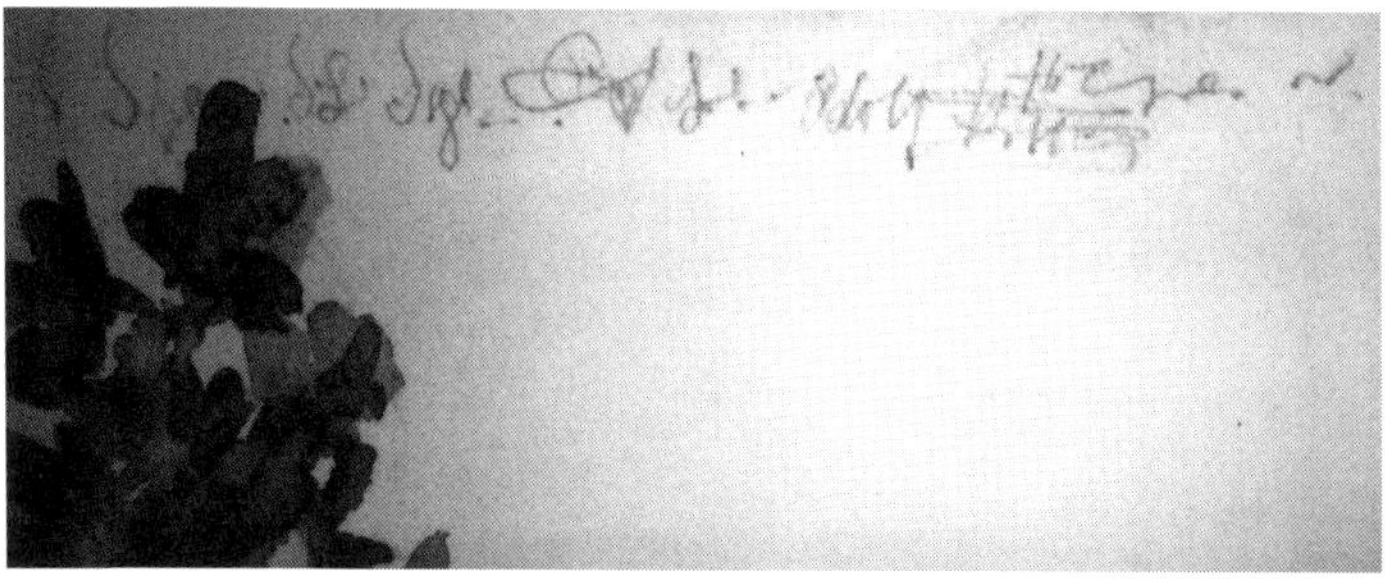

フロスに向かう

それから一日間をおいて、オーバープファルツの山間にあるブロッホの生地、フロスの町に赴いたのは九月四日だった。前日の昼過ぎにミュンヘンからニュルンベルクに移動、アベルさんとの初対面の折にお世話になった加藤温子さんの紹介で、今回の通訳をお願いすることになったフュルト在住のケイコ・ツァイリンガー・イナバ（Keiko Zeilinger Inaba）さん（以降「稲葉さん」）と待ち合わせた後、リディア・アベルさんの御宅に向かう。一三年ぶりの再会である。同行した妻を紹介、こうして元気に再会できたことを互いに歓び、しばしの時を過ごした。ミュンヘン時代の水彩画、彼としては珍しく表現主義的な手法を用いた「上海のコンポジション」、そして最晩年に仕上げた「コニーアイランド」など、ここまでの本文の各所で言及してきたブロッホの作品と、その下絵や版木、本人も含むブロッホとつながる人たちや、彼とゆかりのある場所の写真を見せてもらいながら、その中の一つであるフロスを明日訪れることについての打ち合わせも済ませる。

当日の朝、空はよく晴れ上がっていた。午前一〇時にニュルンベルク郊外のアベルさん宅を出発する。同行者はアベルさん、稲葉さん、妻である。現在、フロスには鉄道が通っておらず、また、現地でいくつかの目的地を行き来するにあたっての便宜や、アベルさんの年齢と健康面も考慮して、この日一日の交通手段は予めチャーターしておいたタクシーを利用することにした。

ニュルンベルクの北東約一二〇キロに位置するフロスまでは、アウトバーンを利用して一時間半ほどの行程である。高速で走行する車から見る景色は、近景より遠方にあるものの方が視覚にはなじみやすい。晩夏を思わせる濃い緑色のフランケン山地と、そこからなだらかに広がり下りる丘陵地帯、そこに点在する家々の合間に教会の尖塔が時折光るのを目に入れながら走行すること一時間余り、「ヴァイデン／フラウエンリヒト」(Weiden / Frauenricht)のインターで高速道路から離れる。あとは一般道路を一〇キロばかり、時間にして二〇分ほど走ればよい。チェコとの国境が近く、冬はかなり寒いという情報や、ブロッホの「絵による私の履歴」の冒頭に描かれていた町を取り囲んでいる山岳風景から、もっと険しい高地に向かうのではと予想していたが、オーバープファルツの森と呼ばれる中低山地帯の山あい、標高ほぼ五〇〇メートルに位置するフロスに向かう道の両側には、それよりも長閑《のどか》な、いなかの風景が広がっている。なだらかな丘陵をバックにして、よく耕された畑地と、やわらかな緑の草地とが縞模様を作り、澄明《ちょうめい》な空には羊のような雲がふわりと浮かんでいた。

フロスの沿革とユダヤ共同体

ここで大まかにではあるが、フロスの沿革とこの町におけるユダヤ人共同体の歴史、ならびにブロッホの近親者とこの町との関わりについて紹介、整理しておこう。

一九七六年の郷土祭開催を記念して『フロス一千年』（1000 JAHRE FLOSS）と題する大部の書物が刊行（アドルフ・ヴォルフガング・シュスター〔Dr. Adolf Wolfgang Schuster〕監修、フロス町出版）されたが、書名が示すようにこの土地の名称が文献上に初めて出てくるのはいまから約一〇〇〇年前、レーゲンスブルクの聖エメラム修道院の年代記の九四八年の箇所にある、「バイエルン公がフロス近郊でハンガリー人を打ち破る」といった記述においてである。そして一二八〇年、ニーダーバイエルン（バイエルン州東部）の土地台帳の中で、フロスは"Markt"すなわち「市が立つ広場のある町」という名称のもと、文書記録に残る形で初めて言及された。以後、バイエルン、ノイブルク、プファルツ＝ズルスバッハ諸侯らが、この地域を治めて森林を開墾する一方、商工業を奨励してゆき、その結果、フロスは周辺地域との関係にあって商取引の中心地となった。一九世紀初めにズルスバッハ家の特別統治の廃止により行政機関を失い、さらに町の中心部のほとんどを焼き尽くした一八一三年の大火によって経済的衰退の危機に瀕したが、リヒテンシュタイン男爵で裁判官でもあったカール・フランツ・ライスナー（Karl Franz Reisner, 1808–1862）の行政手腕によって再興し、交易や産業に新たな都市的な特徴が生じていくことになった。一八八五年にこの町を通ってヴァイデンとエスラルンを結ぶ鉄道が敷設され、フロスは管轄区域全体の経済的中心地となった。

一方、宗教史の観点からフロスを見ていくと、一五〇三年には最初の建物、一七八一年から八三年にかけては現在の礼拝堂が建てられ、一八二六年に塔の増築が行われたプロテスタント教区教会である洗礼者聖ヨハネ教会（St. Johannes Baptista）と、同教会を共同で二六〇年間使用してきたカトリック教徒が、一九一二年に新たに建てた洗礼者聖ヨハネ教会（日本語に訳せば同一名称だが、前者がその沿革に依拠して"Baptista"というギリシア語表記を用いるのに対して、こちらは"St. Johannnes der Täufer"を用いる）が、町の広場（Marktplatz Floß）とその近くにある。また、町の中心部にあるこの二つの教会から北に一キロほど離れた場所にも、カトリック信者の巡礼・聖地巡りの目的地の一つとして一七二二年に建てられた（最初に建立されたのは一五六一年）、聖ニコラス教会の前二者よりは小さな、けれども小高い丘の上にあって誰の目にも入ってくる建物があって、それらが現在人口三五〇〇人のこの町のランドマークとなっている。

キリスト教会史の側から見てこのような変遷を辿ってきたフロスに、ユダヤ人が居住し始めたのは、プファルツ伯爵クリスチアン・アウグスト（Christian August, 1632–1708）による許可が出た一七世紀後半であった。後に聖ニコラス教会が建つことになる所と町の広場との間にあって、その辺りも小高くなっていた場所に初めは四家族が居を定めたが、以後ユダヤ人が集結し始めたこの地域は、一八世紀の半ばに差しかかると、町で生活するキリスト教徒からユーデンベルク（Judenberg＝ユダヤ人の山）と呼ばれるに至り、その規模は一九世紀初めには、七二世帯三〇〇人以上にまで膨らんだ。彼らは自分たちのコミュニティを「ケヒッラー」（Kehilla）と呼んだが、それが成立した直後に建てられた木造のシナゴーグは、一八一三年にフロスの町で生じた大火の際に類焼した。が、その四年後には石造として再建される。ブロッホはミュンヘンの公立応用芸術学校に進む一年前に、この教堂の外観をペンと墨（黒インク）でスケッチしており、その絵は、「ユダヤ展望」（Jüdische Rundschau）という雑誌（あるいは新聞かもしれない）が、一九三四年に設立二五〇周年を迎えたフロスのユダヤ教区についての記事を載せた時に、同紙面に掲載された。また、「絵による私の履歴」に描かれたフロスの町の景観をよく見れば、二つの教会の尖塔と向かい合っている小高い「ユダヤ人の山」の家並みの中に、この教堂の建っていることが確かめられる。

ブロッホ家とフロス

さて、フロスのキリスト教区とは住む場所を違えたこの「ユダヤ人の山」の体制は、一八六〇年頃まで維持された。一九世紀初めまで続いた、家畜の所有や手工業を職業とすることが許されず、多額の国税を課されて、羊毛や織物などの取引で暮らしていかなければならなかった生活環境は、それとは異なるコミュニティの住人たちに対する対抗的、好戦的な感情をフロスのユダヤ人の裡に根付かせていったし、また自分たちの共同体の内部においても、そこでの代表者の職を誰も引き受けようとしないというような混乱を、時には生じさせていった。

が、そうした状況にも変化が訪れた。ビスマルクが築き上げた帝国体制の下、一八七一年に成立した新帝国憲法は、ユダヤ人の完全な平等権をドイツ史上初めて法的に明記した。その結果、「ユダヤ人の山」を下りてフロスの町に住む者、さらには、もっと遠方の大都市へ移住する者が増加した。一方、町のキリスト教徒が「ユダヤ人の山」に家を買い、両者の混住が始まる。また、それより少し前の一八五〇年代でも、北アメリカに移動する者も現れていた。このようにして「ユダヤ人の山」で暮らすユダヤ人は減少し、この教区の最後のラビであるイスラエル・ヴィッテルスヘーファーが亡くなった一八九六年の時点で、その数は七〇人ほどになっていた。

こうした歴史的推移の中で、ブロッホの家系につながる者のうち、彼の祖父の弟にあたるイサク・ファイシュル・ブロッホ（Isaak Feischl Bloch, 1822–1883）は若くしてアメリカへの移住を選択、アラバマでの生活から始めて一八五〇年代にサンフランシスコに移り、経済的な成功を収めた。一方、祖父のダニエル・ファイシュル・ブロッホ（Daniel Feischl Bloch, 1803–1884）は、フロスで商人として立つ道を選択、電気がまだなかった当時、生活には欠かせなかった石油（灯油）ならびに食料品関連の取引、販売に従事して蓄財した。折しも一九世紀後半は鉄道主導で産業が飛躍的に発展した時代である。物資の運送・運搬事業についての才覚があり、貨物需要の動向を見極めるに鋭敏だったダニエル・ブロッホも、自分が町の中に所有している倉庫まで、当時フロスの駅舎の建造が始まっていた鉄道線路を敷いてくることを企図したのだが、実現には至らなかった。なお、フロスの駅舎は彼が亡くなった翌年に完成している。そして、父のシモン・ブロッホ(Simon Bloch, 1865–1911)もまた、ダニエルの事業の跡を継ぎ、町の中心に位置する "Der Markt"(広場)に倉庫付きの店舗を構えた。が、すでに述べたように、ブロッホの生後一年目に、毎年保養のために出かけていた南チロル(イタリア)のメランで心臓病で亡くなり、フロスのユダヤ人共同墓地に葬られた。一方、彼の妻セルマはそれよりさらに早く、ブロッホ出産後四〇日余りしか経たなかったにもかかわらず、ミュンヘン市内の病院で肺炎のため死去していた。物心がついた時、すでに両親のいなかった一九一〇年生まれのダーヴィト・ルートヴィヒ・ブロッホは、いわばフロスのユダヤ人コミュニティの最終世代だった。ブロッホが生まれたこの年、フロスの町で暮らすユダヤ人は四三人だったという記述が、この町のシナゴーグの歴史を紹介している『フロスのシナゴーグ「ユダヤの過去の証言」「共に歩んだ道の証」』("SYNAGOGE IN FLOSS „Zeuge jüdischer Vergangenheit" „Zeugnis eines gemeinsamen Weges"")という小冊子中にある。

婚礼の間に飾られている絵

空は相変わらず晴れ渡っている。気温は高いがからっとしている。一行を乗せた車は町の庁舎に着いたが、そこで私たちを出迎えてくださったのが Bürgermeister、すなわちフロスの町長を務めておられるギュンター・シュティッヒ(Günter Stich)氏だった。五〇歳前後の恰幅の良い好

図6-3
「故郷フロス」(1976)〔油彩〕
(フロスのシティ・ホールにて。2017年9月撮影)

漢シュティッヒ氏は、これまでにも何回かこの町を訪れているアベルさんと予め打ち合わせておいてくれたのだろう、事前に私が彼女に伝えていた希望を叶えるべく、今日は夕方までフロスの町を案内してくださるという。心強いかぎりだ。

出発前にまずはシティ・ホールを参観されたしと促されて、庁舎とは別の建物に案内された。カール・フランツ・ライスナーをはじめとするこの町の歴史を築いた人物の肖像画の掛かった応接会議室と、その奥に続く婚礼の間を見せていただいたが、この晴れやかな儀式を行う部屋には、私が初めて目にするブロッホの描いた油彩画が飾られていた。戦後三〇年余りが経過した一九七六年に、ようやく故郷フロスを訪れる機会を得た時に制作された、かつての町のたたずまいとその周囲に広がる風景とを一望に収めたものである。画面の右下には彼の名前とともに、回想の対象となっている場所と時とが"FLOSS 1933"と記されていた（図6-3）。

ところで、この風景画の制作過程には一つ注目されてよい問題も含まれている。すなわち、ドイツ滞在中にブロッホが仕上げたのは、この絵の右半分の画面までだったのである。アメリカに戻ったブロッホは、その年にニュー

ヨークで開かれたある聾啞者の集いで知り合ったミュンヘン出身のハンス・ヘルマン（Hanns Herrmann）なる人物にこの作品を託し、帰国したヘルマンはブロッホとのやりとりを記した書簡も添えて、それをフロスの町に送った。

折しもフロスでは、この町の誕生一〇〇〇年を祝う芸術展示会の準備が進行中であったが、そこにくだんの絵――この町の中にかつてあった「ユダヤ人の山」で二〇世紀の初めに生まれ、その後個人的にも社会的にも直面した幾多の苦難を乗り越えて現在はニューヨークに安住している画家が、自らの故郷に寄せる愛着の念を表した作品――が届いた。そうして、フロスに隣接するヴァイデンで活動していた画家のリュディ・クラウス（Rudi Klaus）が、残りの左半分の画面に対応する風景を描き足して作品を完成させたのだった。あの詩画集『黄包車』における共同制作の場合は、詩人草野心平との画文交響が実現されるとともに、そうした評価を覆してしまう不協和音も生じていたが、この絵の方はそういったことはなく、ブロッホの絵筆の動きにクラウスのそれは寄り添っているように思える。「故郷フロス」（Flosser Heimat）と題するこの絵が完成した時、クラウスはすでにあったブロッホの署名と対になるように、画面の左下にも、自分の名前ではなく、昔のドイツ文字の書体を用いて「ダーヴィト・ルートヴィヒ・ブロッホ」のサインを記したのである。

描かれたものに目をやると、前景には、画家がその中に立って町の全景を眺望していると想像できる草の茂みが広がっている。一本一本の茎の先端までもが描き分けられ、全体としては金色がかった、明るい黄褐色で彩色されている。そして茂みが切れた先は、鉄道線路が通っているところまで、淡緑色の草地の中に、それよりやや色の濃い葉を繁らせた灌木を点在させながら、なだらかに土地は下っていっており、線路を越えると、今度は家々の屋根の淡い朱色や緋色が、それまでの色調を引き継いでやはり画面全体に広がっていく黄と緑のカーペットの上に、アクセントを加えている。むろん、町のランドマークである三つの教会の尖塔も、それらと一緒になって描かれている。最後は町の後方に広がる山なみである。麓まで続いた草地の黄緑色と、稜線のきわから白い雲が浮かび出した空の淡い水色との間を縫って延びている、青緑色の潤んだような色合いがきれいだ。しんとして、明るい陽光が、フロスの町に降り注いでいる。

だが、〝1933〟はヒトラーが全政治権力を掌握した年であり、ダッハウにはドイツ国内最初の強制収容所が開設された年でもあった。やがてナチズムの黒い翼は、オーバープファルツの山麓にある、この穏やかな町とその近郊にまで広がってくるだろう。一九三八年、フロスから北東に向かって約六キロ離れたフロッセンビュルクで、ナチの威容を誇示する建物の建築資材として必要な、花崗岩の採掘を目的とする収容所の開設作業が始まった。同一一月、クリスタル・ナハトの恐怖と災厄は、フロスのユダヤ人の上にももたらされた。彼らの祈禱所であるシナゴーグはナチの集団によって襲撃され、窓は割られ、トーラー（Torah：ユダヤ教の聖書における最初の「モーセ五書」のこと）を収めた櫃は運び去られ、長椅子は打ち壊された。むろん、値打ちのある美術品は盗み出された。こうした徹底的な破壊と略奪とが繰り返されてシナゴーグが廃墟同然のありさまに化していくのを、この時まだフロスに残っていたアンスバッハー（ブロッホの母方の実家である）、ヴィルマースドルフ（Wilmersdörfer）、シュタインハルト（Steinhardt）家の人々は目の当たりにしていたに違いないと、前出“SYNAGOGE IN FLOSS”は記している。

そして、アベルさんの話によると、ブロッホの伯父であるアンスバッハー家のエルンスト（Ernst）と妻のパウリーネ（Pauline）——ブロッホと同じくエルンストも、一九三八年一一月のポグロムの際にはダッハウ強制収容所に一時収監されていた。両人は、点呼の折に一度だけ顔を合わせる機会があったが、互いの意思を通わせることは何もできなかったという——は、ポグロムの夜から二年五ヶ月後の一九四二年四月三日に、ヴァイデン駅からレーゲンスブルクを経由して、ポーランド東部の中心都市ルブリンの近くにあったピヤスキ収容所に移送されたのだった。ヴォルフガング・ベンツ著『ホロコーストを学びたい人のために』には、この中継収容所に送られた者たちが、そこで強制労働に従事させられた後、ベウジェツやソビブルの絶滅収容所に送られてそこのガス室で死んだと推測せざるを得ない、という記述がある。

また、「第Ⅱ部」で触れた、幼いブロッホの後見人でスキー中に遭難死した、母方のもう一人の伯父ヴィルヘルム・アンスバッハーの追悼碑は、彼が頭取をしていたドレスナー銀行によって遺体発見現場に建てられていたが、それもナチの災厄がユダヤ人を襲ったこの時期に取り払われてしまったとのこと。そして、これらの事実を私に伝えるアベルさんも、戦争末期にニュルンベルクから母とともに移り住んだフロスの家のすぐ近くで、ある日、フロッセンビュルクに連行されていくユダヤ人の一団を目撃したと言う。

シナゴーグ・生家・旧駅舎

さて、"FLOSS 1933"の絵のある部屋を出て、町を見て廻る段となった。シュティッヒ氏が運転する車が先導、私たち一行の車がそれに続く。訪問予定地は、ここから一番離れている、青年時代のブロッホが陶磁器絵付けの技術習得のために通ったプランケンハンマーの工場でも、北東に向かって一〇分も走れば着くくらいに、シティ・ホールを中心として半径ほぼ二、三キロの円内にすべて収まっている（図6-4）。だが、実際に動き出してみると、夕方までの時間はあっという間に過ぎてしまった。そんなつかの間の初めてのフロス探訪であったが、いまも鮮やかな映像を伴って思い出せるものを以下に綴ってみよう。

まずはシナゴーグを訪れた際の印象から書いてみる。路線バスの停留所「フロス広場」（Floss Marktplatz）の少し先で本道を折れ、かつての「ユダヤ人の山」へと方角をとる。坂道を上ると数分で着いたユダヤの教堂は、一九八〇年に再建されたものだが、屋根の傾斜や窓の形、建物

1: Jewish Cemetery
2: Property family Abel
3: old rail station
4: synagogue
5: Property family Bloch
6: -"-
7: Catholic parish church
8: Protestant parish church
9: St. Nicholas church
10: city hall

図6-4
フロスの町全体の鳥観図
（ギュンター・シュティッヒ提供、2018年1月）

と接している道路から二階に上るために階段が取り付けられているところまで、一九三八年に破壊される直前まであったものをほぼ復元する形をとっていた（**写真6－2**）。ブロッホが一九三三年にスケッチした「フロスのシナゴーグ」（Synagoge in Floss）、それが立っていた場所に、いま自分がこうして立っていて、復元とはいえブロッホの絵の中にあるのとよく似た建物を目の当たりにしていることは、それなりの満足感を私に与えた。堂内もまた、正面に設置された祭壇、ドーム形の天井から装飾を施された多灯型の照明器具が吊り下げられているさまなど、写真で確かめられる往時の光景と重なっていた。そして何にもまして、戦争を間に挟んで長い時間が経過しても、ほとんど変わらないでいるものとして感じられたのは、二階の回廊に沿った窓際まで近寄って、その窓越しに眺めた際に私の目に映じた戸外の風景だった。すなわち、窓の向こうには、私自身が“FLOSS 1933”の絵の世界の住人となってその中を歩き回る時に目にするような、緋に近い

写真6-2
シナゴーグをスケッチしたブロッホの作品（制作1933年）と、著者が訪ねた折のシナゴーグ（2017年9月撮影）

淡い代赭色をした屋根また屋根が木々の緑の海の中に浮かび、そこから二つの教会の尖塔が向かい合うようにして立っている地上の光景と、その上に広がっている、光を強く受けた部分は澄明で純白に近い色で輝き、また光と陰翳とが混ざった部分はそれよりは明度を下げた淡い灰色となって見える、そんな一匙一匙の雲を浮かばせた空の光景があったのだった（写真6－3）。

ブロッホの生家は、シナゴーグの前を通って、片側は小さな崖となってさらにつま先上りに続いていく道を二〇〇メートルほど進んだところにあった（写真6－4）。「丘の道」（Bergstraße）という道路の名を記した表示板を外壁に取り付けたその家屋は、それに隣接している家屋と同様に、とりわけ目立った特徴はない。外壁は何の装飾もなくて、全体がベージュ色で塗装されており、窓もシンプル、だがその造りは堅固で、建坪、床面積ともかなりありそうだ。ブロッホの父シモンが遺した資産のあらかたは、一九二九年の世界恐慌の際に失われたが、ブロッホが生まれた一九一〇年前後の頃は、庭師をはじめとして五名ほどの使用人を雇える資力がブロッホ家にはあったようだと、アベルさんは語る。

ユーデンベルクの山を下り、本道に出てから庁舎とは反対方向に一キロほど行けば、フロスの駅があったところだ。一八八五年に開通、この町を通ってヴァイデンとエスラルンを結んでいた鉄道は一九七三年に廃線となり、線路が敷かれていたところは、現在ではサイクリング・ロードとなっている。ただ、駅舎であった建物の方は、往時のままの形をかなり残していた。落ち着いた茶褐色の石材を用いた二階建てで、屋根からは煙突が出ている。その横手に同じ石材を用いた平屋建てで途中からは屋根と柱だけになっている細長い建物もあったが、こちらの方はホームの上に設置されていたものの名残だろうか。ブロッホは「絵による私の履歴」において、郷土フロスの全景の次に来るものとして、蒸気機関車が到着したフロスの駅の駅舎とホーム、そしてそこに降り立つ人々の中にいる歩き始めたばかりの自分の姿を、比較的大きなスペースをとって描いている。幼児にとって、汽車や電車はそれ自体が心を惹きつ

写真6-3
シナゴーグの窓越しの風景
（2017年9月撮影）

写真6-4
往時撮影されたブロッホの生家、
著者がフロスを再訪した折の
ブロッホの生家（2018年8月撮影）

けるものであり、それが見られる場所に何度も行ってみたくなるのはよくあることだ。ただ、この絵にそれとは別のコンセプトが埋め込まれていることは、一目瞭然だろう。そう、そこに描かれている、幼いブロッホに向けて両手を差し伸べている婦人、彼女はブロッホ出産直後に亡くなった生母セルマに代わる存在、この駅に毎日通えばこんなふうにその人に会えて、優しく抱かれる時がいつか来るかもしれないと、幼いブロッホが夢想していた幻の母ではないのか。以前ホームがあったところに広がっている芝生と、その前を走る一直線の道との境には、低木の生け垣があって、たぶんそれはバラの仲間で花時には白い小輪の花をたくさん咲かせたのだろう、棘の生えた枝の合間では色づいて赤いルビーのように見える実が、つややかな光を放っていた。

フロスからフロッセンビュルクに向かう道筋にある、プランケンハンマーと呼ばれる地にも行ってみた。一九二五年から二七年まで、ブロッホが乗合馬車に乗ってそこに通い、修業を積んだ、製陶場の建物が残っているところである。ブロッホがフロスを再訪する一年前(一九七五年)に操業を停止したこの工場で生産された製品のいくつか

は、その伝統工芸の歴史を後代に伝えるため、フロスの庁舎の二階会議室前のホールに陳列されているが、建物の方は周囲の木立の中に埋もれて、枝越しに落ちてくる初秋の日ざしを静かに浴びていた（写真6-5）。

さて、あと一つ、二〇一七年のフロス行きを振り返った時、そしてまた、ブロッホの作品とのつながりという点から判断しても、どうしても語っておきたいことがある。それは、この町のユダヤ人共同墓地に足を運んだことによってもたらされた。

ユダヤ人共同墓地に眠る人たち

フロスの町を出て、プランケンハンマー方面に向かって二、三百メートルほど進んだ道路の右側に、その墓地（Der jüdische Frierhof zu Floß）はあった。門扉は道に面していて町寄りにあるが、墓地全体の形状は、この門扉を起点として道沿いに八〇メートルほど続いている石塀を底辺とすると、他の二辺がそれよりやや短いという、全体としては三角形の態をなしており、門扉から奥（三角形の頂点）に向かって地勢が徐々に高まりを見せている。道沿いからもそれらの一部が見えている墓石、墓碑の数は四〇〇余り、一六九二年のものが最古だという（フロスにユダヤ人が住み始めたのが一七世紀後半であったことを思い出してほしい）。

シュティッヒ町長が門を開けてくれ、中に入る。傾斜地には階段状の通路があり、それを上っ

写真6-5
プランケンハンマーにある旧陶器工場
（2017年9月撮影）

て奥へ進むが、そのそばでは、何本かの古木も交えて青々とした葉を繁らせている自然木の根元近くや、その周りに生え広がった下草の中にいくつもの墓石が立っていて、それらが、静かに苔むし、朽ちていきつつある風景が展開している（写真6－6）。そしてその中を、アベルさんは半身をシュティッヒ氏の大きな体軀に預け、空いた方の手ではステッキをつきながら、私たちの前を歩んで行く。ブロッホ家の墓所へ連れて行ってくれるつもりなのだろう。彼女の心には、このフロスに来てこうやって父の思い出に浸る機会はこの次はいつになるだろうか、もしかするとこれが最後のチャンスなのかもしれないといった思いが、生じているのかもしれない。

傾斜が緩くなって平地となり、樹木も幾分離れたところに生えているため日当たりもよい草地の中に、ブロッホの両親の墓は並んで立っていた。黒い御影石で造られ、上部がオベリスクのように少し尖っている柱状の墓石には、二人の名前（母親の方は旧姓も）、生没年月日、物故地がドイツ語、それも古いドイツ文字で刻まれている。墓が立てられてから一〇〇年以上経っているので、石の表面はやや摩耗し、錆

や傷みが生じている。ブロッホの母、セルマの墓石の方がやや傷みが進んでいた。そして、それとは対照的に、こちらの方はまだ新しくて光沢を放っている石の銘板が、シモンの墓石の台座が地面と接したところに据え付けられている（写真6－7）。ブロッホの娘のリディア・アベルが彼を記念して設置したメモリアル・ストーンだ。縦が三五センチ、横が四〇センチの黒い大理石の表には、"DAVID LUDWIG BLOCH / 25. MÄRZ 1910–16. SEPT 2002 / FLOSS-BARRYTOWN N.Y." の文字が彫られて金色に彩色されている。ブロッホの遺骨は、ここには埋葬されてはいない。それでも、父の魂を彼が生まれた土地に帰還させたいと願った娘の思いは、こういう形として表されているのだった。日はまだ空高くにあるのだが、周囲にある緑の木立が天然のクーラーの役割を果たしてくれているのか、辺り一帯の空気が心もちひんやりとして、

写真6-6
ユダヤ人共同墓地
（2017年9月撮影）

写真6-7
メモリアル・ストーン
（2017年9月撮影）と、
ブロッホの母セルマ・ブロッホ

清々しく感じられる。風が吹くと、薄紫の小さな花冠を持ったフウロ草や、淡い黄色の花弁を下草の間からのぞかせているツリフネ草に似た野の花が、それらの花をつけた細い茎をさわさわと揺らした。

墓石に彫られた図像

この墓地で目にしたものの中でもう一つ、特別な印象を与えてきたものが、次に説明するような図像の付いた墓石だった。ブロッホの両親の墓と、その縁に埋め込まれたメモリアル・ストーンに別れを告げて引き返した時である。今度は階段を下りて行くから、その周囲に立っている墓石は、上って来た時に見たのとは反対の面を見せている。おそらく、墓地ができたばかりの頃から一八世紀にかけてのものなのだろう、苔蒸し緑青《ろくしょう》を吹いてそこに立ち、あるいは倒れかかっている墓石の多くが、時代が下ったものに比べてさまざまな装飾を施されていることはすでに階段を上る時に見てとっていたが、さて今度はそれらを別の角度から眺めた時、ある不思議な図像がその上部に彫り付けられている墓石が目に飛び込んできた（写真

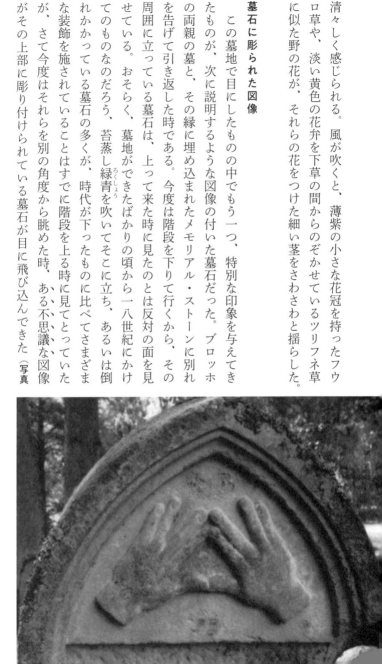

6-8）。

そこには両手の甲が浮かび上がっている。その下の、墓の来歴を伝える文字が記されていたであろう碑板は、横に大きく亀裂が入って剥落しており、くだんの手の方も、その半分近くは異様な草色に染まっている。が、それ以上に私の目を惹きつけたのは、その手の恰好だ。両手の親指の先端と先端を触れ合わせ、その上では三角の隙間を作って双方の人差し指の先端が触れ合っている。そして、それぞれの人差し指に、今度は中指がぴったり付いている。さらに、その中指から離れた位置で、それぞれの薬指と小指とが、これまた互いにくっついたまま伸ばされている。この不思議な手の形は何を意味するのだろうか。そういう疑問が生じるのと同時に、ブロッホがホロコースト・シリーズ中の「移送中の手」や「泣き叫ぶ手たち」の中に描いていた〈手〉のイメージが反射的に浮かび、この両者が自分の頭の中で交錯した。

さかしまとなるコハニムの手

フロスのユダヤ人共同墓地で私が初めて目に入れたこの図像については、ユダヤ教関連の書籍や事典中にある、「ビルカト・ハ-コハニム」、日本語に訳せば「祭司の祝禱」についての解説が言及していた。つまり、シナゴーグ礼拝にあって、祭日に追加される祈禱の際には、祭司の家系の者は靴を脱ぎ、頭、肩、両腕を祈禱用の肩掛けで包んだ状態で聖櫃《せいひつ》の前に設えられた階段を上

写真6-8
墓石に彫り込まれた「コハニムの手」
（2017年9月撮影）

り、先唱者が祝福の祝詞を唱える間、会衆に面する位置に進み出て、手の部分も肩掛けの布の中に入れたまま両腕を肩の高さまで水平に上げるのだが、その時に行うのが、両の手のひらを会衆に向けて親指と親指を触れ合わせ、そこから離れて人差し指と中指を付けさせ、またそこから離れて薬指と小指も付けさせ、そして左右の同じ指の先端と先端とを触れ合わせるという動作なのだ。この不思議な手の形は、双方の親指と人差し指との間に作られた空間を一つの〈窓〉に見立てた時、その姿は見えずともそこに現れた神は、それを通して人間たちの行いをうかがい、見通しているがゆえに、神の祝福はそこに現前していることを象徴的に表しているものとして、ユダヤ教を信奉する人々の間では受け入れられてきた。そして、このような宗教感情は、やがて祭司の墓石に、くだんの儀式を執り行った時に彼がして見せた手の形を彫り付ける慣習を生じさせていく。フロスの墓地にあった墓石も、生前祭司の職にあったか、その家系につながる者のそれであったと思われるが、ヘブライ語ではそれを直接指す専門用語のないこの図像のことを、英語では「コハニムハンズ」(cohanim〔kohanim〕hands)と呼ぶ。「コハニム」は「コーヘン」の複数形で、すでに記したように祭司のことだから、直訳すれば「祭司の両手」であろう。が、ここではそれが何を含意しているかという点を念頭に置いて、〈祝福の手〉と呼んでみたい。

なぜなら、そういう言葉に置き換えることによって、ブロッホが制作した〈手〉に接して生じる暗い感動は、いっそう深まっていくと思われるからである。フロス出身のユダヤ人の最終世代にあたるブロッホが、自分の両親が眠っているこの墓地で、「コハニムの手」を実際どれだけ目にする機会を持ってそれを記憶に留めたのか、あるいは、何かに向かって祈りを捧げようとする時に、「コハニムの手」に想いをめぐらすことがあったのか、その点はわからない。そして、そのいずれかの場合があったにせよ、彼のそうした体験がホロコースト・シリーズの中の〈手〉の図像が着想されていく背景にあったかどうかについても、確たる答えを見出すことはむずかしい。しかし、これだけは言える。木漏れ日を受けた墓地で眠る人たちに祝福を送り続けている〈手〉との対照を通して、骨だけになった手が、何本も絡みあって出来上がった巨大な嘆きの〈手〉や、移送中の貨車の窓から漆黒の世界に漂い出た亡霊のような〈手〉は、この世での生の終わりを迎える時、喜びや感謝の念から遠く隔てられ、悲痛、絶望、無念の極みに追いやられていってしまう人たちがいることとの不条理をますます見せつけてくるのである、と。

2　再びフロスからイエナまで　二〇一八年晩夏

思いがけぬ再会

それから一年が過ぎた二〇一八年八月下旬、私は再びフロスの地を訪れた。今回は、アベルさんの同行はない。彼女とは私が帰国の途に着く前日に、フュルト在住の稲葉さんと一緒にニュルンベルクのご自宅を訪問する際に会うことになっている。代わりに、そこまでの旅程にあって私に付き合い、ブロッホゆかりの地の案内ならびに通訳アシスタントの任を引き受けてくれたのは、たまたまこの年、研究休暇をとってフランクフルトに逗留していた、私の勤務する大学の同僚で、グリム兄弟の文学の研究を専門とする村山功光氏だった（以降「村山さん」と呼ばせてもらう）。

前夜宿泊したミュンヘンの中央駅を朝七時五二分発のドイツ鉄道（ＤＢ）の都市間超特急ＩＣＥ７２６号で発ち、ニュルンベルク中央駅でフランクフルトからやって来た村山さんと落ち合ったのが九時少し過ぎ、昨年とは違って、今度はＤＢの地域快速列車や普通列車、さらにはＤＢ以外のローカル線や路線バスも利用する旅が始まった。

さっそく乗車した九時四三分ニュルンベルク発の列車は、徐々に高度の増していく叢林地帯を縫って進んでいく。一一時少し過ぎ、アルテンシュタット（Altenstadt）という駅で降車する。一つ手前のヴァイデンがいくつかの支線のターミナル駅として乗降客も目立っていたのに対し、この駅で降りたのは私たちだけの閑散とした無人駅だ。駅前のロータリーからの上り坂を進んでバス停に向かう途中で跨線橋に差しかかったが、そこから列車が走り去った方向を見ると、少し先のところで線路が分岐しており、一方は廃線となって久しいのだろう、遠目にもレールが赤錆色をしているのがわかった。

ヴァイデン方面から来た「銀の精錬所」（Silberhütte）行きの路線バスに乗って二〇分、「フロス広場」（Floß Marktplatz）の停留所に着いた。一年ぶりのフロスだ。目の前にあるのが今夜宿泊する予定の、山間の小さな町にふさわしいこぢんまりとしたホテル、その屋根のすぐ背後に尖塔が聳えているのがプロテスタントの洗礼者聖ヨハネ教会だ。そして、そこからバス通りを少し戻ったところには、フロスの庁舎とシティ・ホールもある。昨年はここからフロスの町歩きを始めたことを村山さんに告げ、懐かしいのでちょっと立ち寄ろうとそちらに向かって歩き出したところ、ホールの入り口近くで、庁舎の方から姿を現した恰幅のいい壮年の男性とばったり出くわした。紛れもない、ミスター・シュティッヒだ。昨年この町を訪ねた私たちを案内し、別れ際には庁舎の会議室に一行を招じ入れ、赤い革表紙に金色で彫琢された町の紋章が嵌め込まれている、いわゆる〝ゴールデン・ブック〟への記帳と署名をさせてくれた人である。

今回のフロス訪問は事前に伝えていなかったのに、こんな風に再会できるとは……！　こちらが彼のことを認めたのとほぼ同時に、シュティッヒ氏もまた私のことがわかったらしく、驚きの表情を一瞬見せた後には、破顔一笑、手を差し出して来た。たまたま、あと少しすると、ホール内の例の「婚礼の間」で結婚式がある。そこでの媒酌の労をとるのも町長としての自分の役目なのだと、身に着けた式服を指さして見せた彼は、関係者と式の打ち合わせをする一方、まだ時間があるからといった様子で、この一年の内にホールの中に新たに設けた、フロスの町の歴史史料室に案内してくれたのだった。むろん、それに加えて、ブロッホの作品「故郷フロス」が飾られている「婚礼の間」にも。

木の実のなる町

大体の方角や道のりは心得ているつもりだったので、村山さんに声をかけて「ユダヤ人の山」に向かう。坂道にかかる前に川を渡る。と、この川が記憶になかった。去年も渡ったはずなのに、その時は車中にいたし、川幅が一〇メートル足らずなのであっという間に越してしまったからなのか、それともこれから行く場所のことだけに気を取られていたせいだったのか。それはともかく、ドイツ語の“floß”は、水などが流れることを意味する“fließen”と同義の語であり、とすれば、フロスの町名の由来もいま目にしている川の流れに求めることができるかもしれない——こんな説明を村山さんにしてもらいながら、坂道を上って行く。途中振り返ると、民家の屋根越しに、塔頂部とその下の外壁がそれぞれ少し明るめの灰色と代赭色をしている、プロテスタントの洗礼者聖ヨハネ教会の塔屋が思いがけなく大きく見えた。

高低差にしてバス通りから五〇メートルほど上がった丁字路で、確かこの辺りだったのではと思って顔を左に向けると、案にたがわず、何軒か先の方に外壁が山吹色に近い黄色をしたシナゴーグの建物が見えた。石畳状の舗道をそちらに向かってゆっくりと歩んでいく。曲がり角の家の庭に住人が一人いるのを見かけたが、あとは誰の姿も見かけない。

シナゴーグの前に来た。昨年はシュティッヒ氏が鍵を用意してくれていたので堂内に入れたが、今回は建物の外観と、その周囲の光景を見るだけである。やはり、誰にも会わず、ひっそりしている。朝、ミュンヘンを出発した時は晴れていたが、ニュルンベルクからの列車が山間部に入っていく頃から曇り出し、フロスに着いた正午少し前には小雨が時々落ちてくるようになっていた。夏とはいえ、もはや八月も末の山あいの高地では、さもありなんと思わせる天候だ。いまは雨が止んでいるが、空気は涼しさを通り越して長袖シャツだけでは寒いくらいだ。昨年の同じ季節に訪れた時には、抜けるような青い空が頭上に広がり、シナゴーグやその周囲の家々も眩い陽ざしの中にあったのに、いまはそれに代わって雨雲が垂れ込め、辺り一帯が灰色っぽい綿で覆われてしまったかのようだ。そうした感覚は、シナゴーグから一筋上の道沿いにあるブロッホの生家に足を運んだ時にもやはり続いていた。

しかし、一年前の晴れ渡った空の下での弾んだ心持ちとは違って、むしろ静思に浸ると言いたくなるような状態に自分を誘ってくれたのが、この日のフロスの町が私に差し出してくれた贈り物であったかもしれない。二年続けてやって来れた、でも三度目は何時になるだろう——そんなことも頭の片隅に浮かべながらゆっくりと歩を進める自分の目にとまるのは、道端の樹々に生っているさまざまな木の実、路上にもたくさん零れ落ちている。中には硬くてでこぼこした面白い形の殻を付けたものもある。花言葉が「和解」や「調和」だというヘーゼルの木の実、あのヘーゼルナッツだ。初めて目にした、食べる前のそんな可愛らしい実の形が、自分の心を和ませていく。それはまた、「ユダヤの山」から下りてきて、行きしなに見かけた川沿いの小道を歩いていく間も、透き通った流れの中にある水草の周囲をちょろちょろと泳ぎまわる小魚の影に関心を移す形で続いていく。細流から離れ、ユダヤ人共同墓地の方に向かうと、今度は道沿いにある民家の庭先や草地で咲いている、晩夏を告げる花の色に心が惹かれた。地味が肥えているのだろうか、手をかけずともよく生育しているジニアやコスモス、姫ヒマワリなどの緋、赤、白、黄の花の色が、雲っているがゆえにあざやかだ。

ヴァイカースミューレの標識

けれども、フロスからプランケンハンマーに向かう道沿いで私の目を惹いたのは、木や草ばかりではなかった。昨年、アベルさんが車の中から道沿いにある一軒の家を指さして、それが彼女の母マルタ・マイヤーヘーファーの生家だと教えてくれたのは、確かこの辺りだったはずだ。あの時はほんの一瞬目に入れただけだったが、写真を撮りやすい側に坐っていた妻が写した写真の助けも借りて、自分の記憶の抽斗の中に、それは幾つか同じ恰好をした二階建ての家屋の中の、外壁がそれだけ明るい煉瓦色をした家として仕舞われていた。その家はどこにあるかしらん？凡その見当をつけて見回すと、今度は煉瓦色の家が現実となって現れた。それから四日後、ニュルンベルクの自宅で今回は私が撮った写真を見たアベルさんは、この家で間違いなしと請け合ってくれた。ブロッホとマルタの出会いと別れについては「第Ⅱ部」の後半で記したが、その後のマルタ、そして幼い日のリディア（アベル）にとって、フロスはどんなところだったのか。

父親が誰なのか両親にも口外せずにニュルンベルクに戻り、そこで女児を産んだマルタは、出産のために引き移った先で、その家の家主の息子からの申し出を受け入れて結婚したが、夫の暴力が元で離婚し、働きながら一人で幼い娘を育てていった。一九四一年頃、第二の夫となる人物と出会う。今度の男性は善良な人だった。が、ドイツ国内における戦局の悪化が、新たな家庭生活に影響を及ぼしてくる。大都市ニュルンベルクに留まることは危険だと判断した彼女は、一九四三年二月に娘を連れて故郷フロスに戻ることにした。この月、ベルリンのスポーツ宮殿では宣伝大臣ヨーゼフ・ゲッベルスが、スターリングラードの攻防戦でのドイツ軍の敗退を受けて「総力戦」の演説を行ったが、月末の二五日、ニュルンベルクはイギリス空軍による空襲を受け、一三八人が死亡、火事は大規模・小規模合わせて数十件発生した。次いで三月八、九日の空襲に至っては、三四三人が死亡、火事は数百件発生したという記録が残っている。

生まれ故郷に戻りはしたが、彼女は実家のマイヤーヘーファー家には身を寄せなかった。現在、ユダヤ人共同墓地からプランケンハンマー方面に一〇〇メートルほど進んだ、旧マイヤーヘーファー家からもさほど離れていない地点に、そこを左に折れて行くとヴァイカースミューレ(Weikersmühle)に至ることを告げる標識が立っている。土地はそちらに向かってなだらかに下っており、その一角には厩舎があって、二、三頭の馬が放し飼いにされて草を食んでいるのが見える。マルタ親子はこのゆるやかな坂道を数十メートルほど下ったところに、水車、パン焼き場とパン売り場、納屋と馬小屋などと一緒になって立っていた、比較的大きな家の一部屋を借りて、ドイツ降伏までの二年余りの月日をそこで過ごしたのだった。

ブロッホ自製のフロス案内図

ヴァイカースミューレに向かう標識を目にしたところで、その日の私のフロスの町歩きは終わり、前回の訪問時で得たものの上に、さらに新たなこの土地に対しての印象が加わったわけだが、一方、一九四〇年にドイツを去ったブロッホにとって、フロスはどんな場所としてその後記憶されていったのだろうか。その一端については、先に紹介した、フロスのシティ・ホール内に飾られている「故郷フロス」の絵も伝えてくれているが、さらにもう一つ、この点に関わって注目したいものがある。

それは、ブロッホ自製のフロスの地図である。どんな地図かというと、A3判くらいの洋紙に、フロスの町並みと町筋、さらには町を代表するいくつかの建物や塔屋の形などが細かく描かれており、それらの半分近くには名称も付いている。そして余白には、彼とゆかりのある人々の名が多数記され、その中のいくつかには若干のコメントも付いている（図6－5）。見ているうちにさまざまな感興が湧いてくる絵地図だ。少し、この紙の上の町を散歩してやろう。

手始めにブロッホ家の所在を確かめると、"JUDENBERG! GHETTO" の文字が他よりは大きく書き込まれ、ユダヤ人のコミュニティ空間の広がりを示している点線内の左端（西）に、自分がそこで生まれ育ったことを示している"BIRTH PLACE"、"OUR FAMILY HOUSE" の文字が記された家の絵が見つかる。同じ通りに面している家屋のうち、そこから三軒先の家までと、道を挟んで向かい合っている家については、それぞれ居住者名が記され、後者のヴィッツル（WITZL）家の場合は、家族全員の名前と彼らが自分とは「旧友」であるといったコメントも記されている。ヴィッツル家から坂を少し下りたところにある"RITUAL BATH HOUSE"は、ユダヤ人の共同体にとって必要な施設の一つであるミクヴェ（mikve）、すなわち儀式沐浴場の所在を示していると思われる（この施設は現在のフロスには残っていない）。再度、ブロッホの生家の絵に話を戻すと、ユニークなことにそこから矢印が引かれていて、それが行き着いた箇所を見ると、ブロッホ家の一階と二階の間取りが図示されている。キッチン、ダイニング、リビング、ランドリー、バスルーム、ベッドルーム等々、"MY BEDROOM"もしっかりと記されている。ブロッホ先生、なかなか几帳面な御仁だ。

ブロッホ家からヴィッツル家を越して坂道を回り込んだところには、"RITUAL SLAUGHTER STORE"すなわちユダヤ教の食物規定に則って処理された肉を売る店があり、一軒置いた隣りが例のシナゴーグだ。その斜め前の家がラビの住居だったこともわかるし、すでにそのことについては言及したが、このシナゴーグがナチによって破壊されたこともブロッホは書き付け

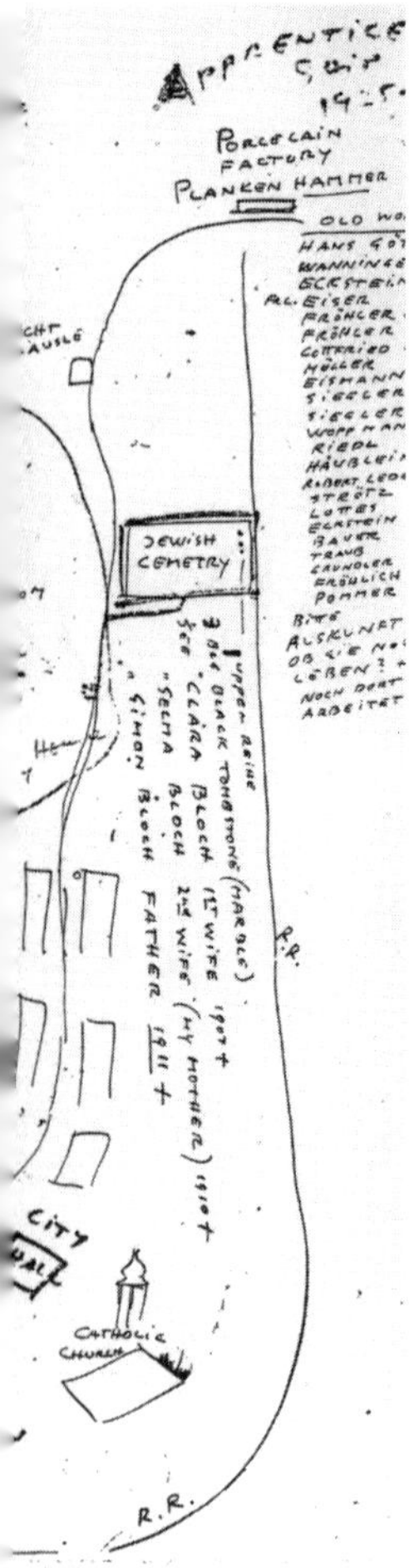

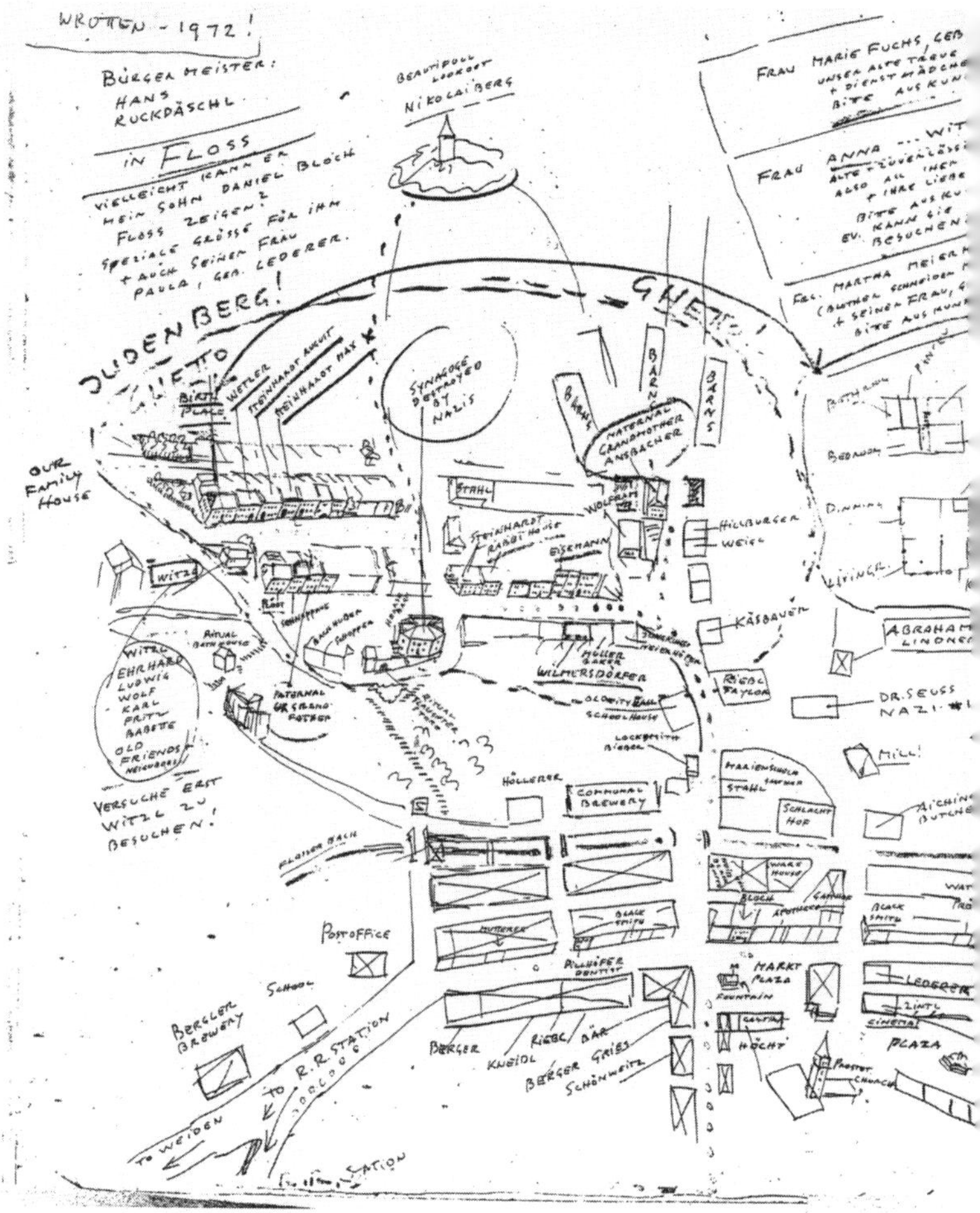

図6-5
ブロッホ手製のフロス絵地図（1972年作製）

ている。シナゴーグからもう一度道を"JUDENBERG"（ユダヤ人の山）の高台の方にとれば、ブロッホの母方の実家のアンスバッハー（Ansbacher）家が見つかる。父シモンの没後、ブロッホが引き取られて乳幼児期を過ごした家であり、ミュンヘン王宮州立聾唖施設在学時の彼が、長期休暇になると帰省先にしていたところだ。そしてまた、彼女の母親が洋服仕立ての仕事でこの家に出入りしていた縁から、ニュルンベルクでの仕事を中断してフロスに戻っていたマルタもここで働き口を見出し、やがてブロッホと知り合うことになった家でもある。

ユダヤ教区の外にも目を向けてみよう。アンスバッハー家から町へ下りて行く途中には、"Old City Hall School House"や、友人アブラハム・リンドナー（Abraham Lindner）の家、さらにはその家の住人がどうやらナチの党員か熱烈な支持者であったらしいことを伝える、"NAZI"という文字が書き込まれた家屋もある。そして、坂を下り切ると、町の広場（Marktplatz）や町の歴史を語る湧水地（"Fountain"）と向き合っている家屋群の中に、"BLOCH"の文字のあるのが注目される。多分、父シモンが所有していた倉庫付きの店であろう。

無国籍避難民隔離区があった提籃橋界隈には何度も足を運んでいたから、ブロッホゆかりのスポットをそこにある空気の感触も含めてリアルに思い浮かべることのできる、そんな自分の上海街歩き体験に比べて、フロス行きはわずか二回、そのうち実際にこの足で歩き回ったのは二〇一八年の一回だけなのだから、細部にわたってこの絵地図の世界を復元することは私の手には余る。それでも、こうして建物のイラストや、彼の書き癖と思われるブロック体の大文字アルファベット文字が多数書き込まれているブロッホ自作の地図を見ていると、自分が記憶しているフロスの町の断片的な、でもそれなりに鮮やかな光景がつなぎ合わされるとともに、この紙上に写しとられた町が、ブロッホにとっての一つの〈生きられた場所〉であったのだなという感想が湧いてくるのだ。

町を出たところにあるユダヤ人共同墓地の横の余白には、父の先妻クララ、自分の母セルマ、父シモンの名前が没年順に記されている。そして、墓地の先にはプランケンハンマーの陶磁器工場。ブロッホは一九二五年から二七年までここで製品の絵付け作業に従事していたが、"OLD WORKER"という表記の下に、かつて彼とともにこの工場で働いていた人たちの名前が二〇名ほど挙げられていることに、いささか驚かされる。何かの控えがブロッホの手元にあったのだろうか、それとも自身の頭の中の抽斗から、これだけの記憶を取り出してきたのだろうか？　最後の人名を書き終えた後には、彼らが現在も健在でいるのか、誰がいまもそこで働いているのかについての情報が欲しいといった言葉が続いている。

地図の中からの呼びかけ

ところで、そのことと関連して、ブロッホがこの絵地図を描き上げたのは何時なのかという問題にも関心が向いていく。同資料のコピーライトはアベルさんだが、フロスの町のアーカイヴに属している絵地図の左上には、"WROTTEN-1972!"という文字が記されている。紛れもなくブロッホの筆跡だ。

が、ちょっと待て。この〈記憶地図〉がブロッホのフロスに寄せる懐旧の情を基にして作られたのは確かだが、彼が戦後になってこの町に戻ってきたのは一九七六年のことである。ようやく生地へ帰還できるという感動に促されて作ったものなら、その直前の時期の方が似つかわしいのに、実際の地図はそれよりも四年前に仕上がっている。

その直接の理由としてアベルさんが説明するには、この年、ブロッホの長男ダニエル・ブロッホが、自身の音楽活動を目的としてドイツに赴いたことが挙げられる。つまり、自分より一足早くフロスに行く機会を作れそうな息子に、父ブロッホはこれを作成して携行させたらしい。両親の墓について彼らの名前と没年を記した傍に、"SEE"(見ておいで)という言葉があるのは、ダニエルに宛てたものかもしれない。

だが、きっかけはそうであったとしても、ここで忘れてならないのは、息子のドイツ行きを知った時、「それでは」と思い立って、すぐさまこれだけの情報を提供することのできる、ブロッホの裡に大切に蔵されていたものの存在である。すなわち、もうすでにこの時点で、いやそれよりもっと遡れる形で、ブロッホの記憶の内には自己とフロスとの濃密なつながりが作られて

図6-6
絵地図の一部を拡大。
マルタの消息を尋ねる言葉がある

いて、それがこうしたきっかけさえあれば、ふつふつと彼の意識の上にまで浮かび上がってくるさまを私は想像する。

すでにそれは、プランケンハンマーの同僚に向けて発した現在からの言伝に表れていたけれども、さらにブロッホは、彼らの名前と、場合によっては自分との関わりを簡単に書き添えながら、以下の人たちへの呼びかけも行っている。一人目がマリー・フックスで昔からの誠実な付き合いを続けてきた友人であり、ブロッホ家かアンスバッハー家か、その点定かではないがお手伝いさんとして働いていた人、二人目がアンナ・ヴィッツルで昔からの信頼できる友人、そして三人目として最後に記されているのが“MARTHA MEIERHÖFER”。ブロッホが愛し、でも彼女との別離を選んだあのマルタ・マイヤーヘーファーであった！（図6－6）そこには彼女の名前と並んで、彼女の兄とその妻の名前が記されているほかには、“BITTE AUSKUNFT!”とあるだけで前二者のようなコメントはない。だが、その「情報をください」という言葉は、ただ一言のそうした言い回しのうちにブロッホの切なる思いが込められていると想像できるがゆえに、そしてまた、ブロッホがこの言葉を書き付けている時に、マルタはすでに故人となっていた（彼女がニュルンベルクで亡くなったのは一九六五年）がゆえに、「絵による私の履歴」と同様に、ブロッホの人生の縮図の役割を果たしている

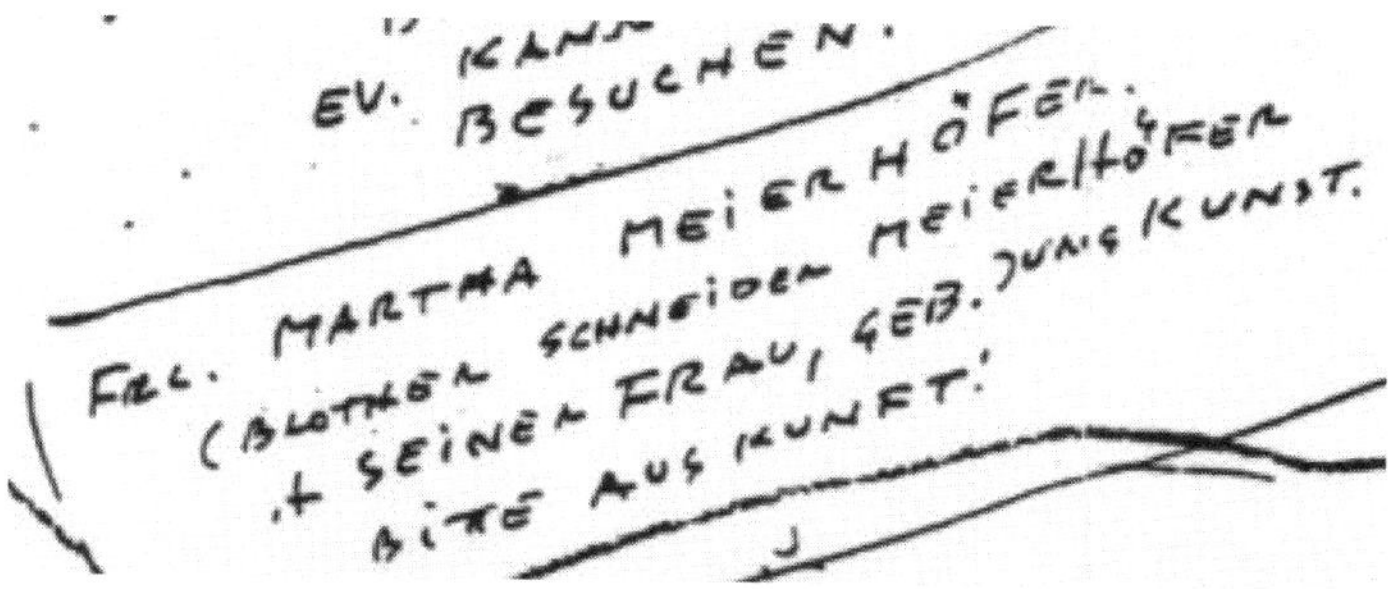

この〝絵地図による私の履歴〟の中で、特別の位置を占めている。

フロッセンビュルク強制収容所

次にこの町に来るのはいつになるだろう……。八月とは思えぬほどに冷え込んだ一晩をフロスの宿で過ごした翌朝、「フロス広場」から村山さんとともに乗車したバスは、プランケンハンマーを過ぎ、渓流の相を見せ始めた川沿いの道をしばらく走り、やがてその流れとも別れ、小さな集落を経た後、フロッセンビュルクに着いた。

チェコとの国境までほんの五キロほど、一二世紀初めに築城され、その後何人もの城主を迎えたが、今はその城砦も廃墟と化して町の背後に立っているフロッセンビュルクは、マルタの両親の出身地であり、かつまたナチが、一九三八年にダッハウから送り込まれた一〇〇人の囚人を使って強制収容所の基礎工事を開始した土地でもある。花崗岩の産地として知られるこの土地から採掘される石材を用いて、ナチの御用建築家アルベルト・シュペーアが提唱する、党年次大会の会場となる荘厳な建造物をニュルンベルクに出現させるためにであった。

しかし、その計画は頓挫する。抑留者を酷使して採石作業にあたらせても必要量を調達することはできず、一方戦局の推移に伴い、メッサーシュミット社製軍用機の生産拡大部門を設けて、軍需工場として稼働させることが最優先されていく。やがて戦争の末期ともなれば、同収容所の維持運営は困難となり、抑留者をミュンヘン郊外のダッハウにまで移送する、いわゆる「死の行進」という悲惨な出来事も招いたのである。

収容所のこうした歴史を、収容所跡地に二〇〇〇年に開館した記念館の展示室で知ってから外に出てみると、前日以上の冷気を含んだ山風が吹いていて、記念館に入る前までまだ降らずに持っていた雲の垂れこめていた空からは、時にその勢いを強めながら雨粒が落ちてきていた。いかにも山岳地帯の一角に来ていることが実感される驟雨だ。記念館の背後には、犠牲者を追悼する碑や石柱があちこちに据えられており、収容所の内と外とを区切る角には、監視塔の役割を果たした建造物がそのまま残されている。また、監視塔とは別の塔屋が立つ所もあり、そこから先の土地は雪崩れるように下っていて、それが低まったところにもう一つの建造物がある。死体焼却場であり、周囲の窪地は“Valley of Death”（死の谷）と呼ばれていたのだという。窪地の上の建物まで台車に積まれてきた死者たちは、そこで別のトロッコに積み替えられ、下の焼却場まで続くレールの上を運ばれていったのである。二〇〇〇年五月、九〇歳のブロッホはリディア・アベルとともに、一枚の絵を携えてフロッセンビュルク強制収容所記念館を訪れた。その絵には、厳重な監視下に置かれて灰色の塊と化してしまった抑留者の中から、ただ一人、絶望的な逃亡を図った人間を狙って、複数の親衛隊員が銃口を向けているシーンが描かれていた。

イエナの朝

翌日は日曜日である。私の部屋は三階にあって、室内に一箇所だけ付いている窓が飲食店の並ぶ小路に向いているためか、昨晩は週末の夜を楽しむ人たちの声が結構遅くまであったが、今朝は打って変わっての静かさだ。窓を開けると、鳥の囀《さえず》りが近くから聞こえてきた。

ここはチューリンゲン地方の一都市イエナ（Jena）、泊まったのは、町の中心部にある広場を抜けて、旧市街のたたずまいを色濃く残した小路を入って行ったところにある"Hotel Haus im Sack"。日本語に訳せばさしずめ「袋の中にある家」という名のホテルである。元々はワインの製造場として一六世紀末に建てられたが、三〇年ほど前に少しだけ手を加えてホテル経営を始めたとのことで、至るところに段差のある床、厚手で頑丈な木製の扉など、屋内のここかしこにアンティークな雰囲気を漂わせている。

昨日はフロッセンビュルク強制収容所記念館の見学を終えた後、路線バスを使ってヴァイデン駅まで出て、そこからローカル線をホーフ（Hof）、ゲーラ（Gera）、イエナ・ゲシュヴィッツ（Iena-Göschwitz）と三回乗り継いで、この人口一〇万の小都市にやってきたのだった。時間にゆとりがあれば、ブロッホが一九三〇年から世界恐慌の余波を受けて失業する三二年まで在職していた、バウシャー兄弟が一八八一年に設立、現在もドイツ文化圏の磁器産業の一翼を担って生産を続けているバウシャー陶磁器工場（Porzellanfabrik Weiden Gebrüder Bauscher;）のあるヴァイデンの町や、そこからホーフに向かう途中にある、これもやはり青年時代のブロッホが籍を置いた工芸専門学校が現在もまだあるゼルブ（Selb）の町にも立ち寄りたかったが、それは叶わなかった。が、それでもヴァイデンを出てまもなく、列車が山間の渓谷に入って、車窓から白樺の木も混じった樹幹越しに流れている谷川を見下ろしていると、その川沿いの思いがけないところに一つだけぽつんと立っている小さな陶器製造所が見えたりして、土地柄を実感することはできた。そして、ホーフから先の、ゆるやかに起伏した農耕地が見渡せる風景と、再び雑木林が線路際まで押し寄せてくる光景とが交互に立ち現れるのを目にした列車での移動を終えて、イエナ・パラディース（Jena-Paradise）駅に着いたのは午後七時近かったが、ホームに降りて空を見上げると、夜の訪れにはまだ間がある暮れ残った空に浮かんだ雲の合間から、明日は天気になることを約束するかのように、夕陽が鮮やかな光芒を放っていた。

　そしてこの日の朝である。搾りたてのオレンジジュースをゆっくりと飲んで朝食を済ませた後、町へ繰り出す。予想通り、からっと晴れて、散歩にはもってこいの天気だ。大通りに出ても、そんなにたくさんの人と行き違うこともなく、落ち着いた気分に浸れる。ヴァイマールに隣接したイエナは、ゲーテやシラーともゆかりの深い大学都市、学問の都として古くから知られてきた町である。また、ドイツが東西に分かれていて、ドイツ民主共和国（東ドイツ、ＤＤＲ）に属していた一九八三年には、あのナチズムに抵抗して起《た》ったショル兄妹らのミュンヘン「白バラ」グループの精神を受け継いだ市民たちが、「白いサークル」を組織して、独裁と隔離の国家体制を拒絶する出国運動を展開したのも、このイエナの町である。

聾唖教育者カール・ブラウクマン

だが、今回私がこの町に来た一番の理由は別にあった。それは何か。シラー記念館やロマンティック・ハウスなどの観光名所見物は後回しにして、私が真っ先に訪ねたかったところは、ミュンヘン王立聾唖学校での教育課程を終えた少年ブロッホがその次に進学した、この町にあった私立の聾唖学校ゆかりの場所であった。

遭難死する直前に、伯父ヴィルヘルムがその評判を聞きつけ、高額の学資も準備してブロッホの入学手続きを済ませていたこの学校は、聾唖教育者カール・ブラウクマン（Karl Brauckmann, 1862–1938）が運営する高等教育機関だった。

ここで、現在忘れ去られた人となっているブラウクマンの経歴ならびにこの学校の沿革を、アンドレアス・クロゼック（Andreas Klossek）が少し前の地元紙に寄せたレポートと、その大意をイエナに向かう車中で教えてくれた村山さんの解説に基づいて簡単に紹介しておこう。一八六二年にウェストファリアで生まれた彼は、ゾーエスト（Soest）で教育学を専攻、この町の聾唖学校に奉職した後、イエナに出てきて大学で教育学のほか、医学、解剖学も修めた。そして養護学校でしばらく働いた後、一八九四年に私立学校を創設、三年後には市中心部からザーレ川を渡ったところにあるフックストゥルムヴィグ（Fuchsturmweg、狐の塔の道）一三号の土地を購入して聾啞学校を開設、障害者教育に本格的に取り組み始めた。ブロッホが入学したのはその約三〇年後、一九二三年である。

その頃、ブラウクマンの教育実践は、世界各国の学者や教育者が施設見学に来訪するほどの実績を挙げ、「イエナ方式」と呼ばれるまでになっていた。すなわち、彼がとった聾啞教育の特徴は、対面した相手の口唇の動きを目で追いかけて理解させる従来のやり方とは異なり、ボール投げやブランコ、川での水遊びや冬になれば橇《そり》遊び、あるいはまた何日間かの徒歩旅行というように、聾啞者自身の身体的・主体的な活動域を広げていく方法をとって、発話機能を取り戻させていく点にあった。さらに、こうした訓練と並行して、地理や歴史などの学習を通じて、文化や教養といった側面から人間形成を目指していくカリキュラムも積極的に導入、一定期間の学習体験を積めば、後は自分の力だけでも発話能力を伸ばすことができるように仕向けるとともに、希望者に対しては寄宿用の部屋や食事も提供できる施設も整えたのである。だが、一九三〇年代に入ると、それまでの聾啞教育者として積み上げてきた仕事を後世に残そうとして、自分の学校とイエナ大学との合併を発意するが、実現には至らなかったというように、彼の教育事業は翳りの徴候も見せ始める。一九三八年三月にブラウクマンは亡くなった。彼の妻が学校の存続を図ったが、それも上手くいかないまま一九三九年六月に閉校となった。現在、ブラウクマンの私邸と学校のあった「狐の塔の道」からさらに高台に位置している土地が、宅地造成用に均されているけれども、そこに新たに取り付けられた道路は、彼の功績を記念して「カール・ブラウクマン通り」(Karl-Brauckmann-Straß) と名付けられている。

狐の塔の道を上り詰めて

イエナの町を貫流するザーレ川の、イエナ・パラディース駅よりやや上手に架かった橋を渡り、グーグル地図に従ってカール・リープクネヒト通りを少しばかり歩いて行くと、道沿いにショル兄妹の彫像が立っているのにふと目を奪われたが、狐の塔の道はそこまでの道がここで分岐して、上り坂になっていくところから始まっていた。道のりはさほど長くはないが、勾配はややきつい。町の中心部は川を挟んだ向こう側にあるので、この辺りは閑静な住宅街だ。カール・ブラウクマンの住んでいた家は、その坂道を上りきる少し手前にあった。現在は幼稚園として使われていて、道に面したこぢんまりとした園庭には簡素な作りのブランコやすべり台が据え付けられているが、今日は日曜日だから休園なのだろう、園児たちの姿は見えない。道から少し入って建物の正面にまわる。外壁は、幼児の心を浮き立たせる緋桃色であって新しい感じだが、建物の形はブラウクマンが住んでいた時とほとんど変わっていないことが、クロゼックの文章中に掲載されている古い写真と見比べるとよくわかる（**写真6－9、10**）。

一方、聾唖学校だった建物の方は現存していない。ただ、"Fuchsturmweg13"の跡地がどうなっているかだけは知りたくて、"Fuchsturmweg14"の幼稚園の正面玄関を背に左に延びているつま先上りの細い道を進む。「13番」に該当する場所はすぐわかったが、頑丈な門扉が行く手を遮っていて、その奥に立つ鉄筋コンクリート二階建ての建造物が、できてまもなさそうなことを目に入れるのにとどまった。が、その横手に、背後の斜面を削ってできた、宅地開発用に整地された高台に通じる階段がある。それを上ればこの建物も含めて眼下の風景を眺望できるのではないかと思い、石段に足をかけた。

それが良かった。正午に近い陽の光を反射する白い砂礫《されき》まじりの土と、その上に落ちている樹影とが明暗のコントラストをなしている高台からは、イエナの町の全景がパノラマのように展開してい

写真6-9
往時（1934年竣工）のブラウクマン邸

写真6-10
現在は幼稚園になっている旧ブラウクマン邸
（2018年8月撮影）

るのが見えたのである。すなわち、町の背後にはなだらかな台地上の山が続いている。そうして、その裾にあたる所にある家々の屋根の明るい煉瓦色は、そこまで押し寄せてきた山の緑と調和し、手前に来るに従って、全体として朱色を帯びた屋根の海を広げ始めている。他方、空は空で、その色は抜けるように青い。そして、丘のようになだらかな山々の稜線が空に接する辺りからは、白い綿帽子のような雲が湧き出し、初めは小さかったその姿がこちらに近づくにつれ次第に大きさを増しながら、しかしその柔らかさを保ったまま、いくつも頭上に浮かんでいた。空気は澄み切っていて、深呼吸をすると、何だか自分の心と体がせいせいしてくるようだ（**写真6－11**）。

こうした景色の中にいて、ここでもう一度思い合わされるのが、再び説明を試みよう、ブラウ

クマンの重視した教育方針である。彼は言う。教育者として人を育てるにあたっては、人と人とのつながり、感情の交流が大切であることを常に重視しなければならない。それは難聴者の教育においても同様であり、しかもここで言う交流の対象は人間に限る必要はない。聴覚に障害を持った児童には、空を見上げ、風にあたって大気が時々刻々と変化していくさまを感じ取り、動物の活動や植物の生育を目の当たりにして生命の機微に触れていく機会を多く持たせたい。自然界の美に対する感覚が発達することは喜ばしいことだし、それが難聴という障害を乗り越えていくための助けにもなるのだ、と。

いま、こうしてブラウクマンの学校があった場所から眺められる風景は、彼が聾唖の子どもたちに見せたかったものの一つだったのではないか、という気がしてくる。そして、その中の一人であったブロッホも、ブラウクマンのこうした理念に基づいた教育環境の中で、一三歳から一五歳までの多感な時期を過ごした。例の「絵による私の履歴」には、ブラウクマンと校内に飾られたゼウスの胸像に見守られて、ブロッホ少年が勉学に励む姿が描かれている。また、この教育者が採り入れた身体機能の訓練の賜物だろう、単独でサイクリング旅行に出かける自分の姿も描いている。ブロッホの裡に美術への関心が育ち始めたのもこの頃であった。その時の彼を取り巻いていたイエナの風や光や空の感触、それが後年の彼が水彩で描いた風景の質感へと、どこかでつながっていったのではないだろうか。

写真6-11
「狐の塔の道」の高台（ブラウクマンの学校跡地）
からの眺望（2018年8月撮影）

3 リディア・アベルのために

三度目の訪問

ニュルンベルクの中心街から少し離れた閑静な住宅街にある、リディア・アベルさんの家を三度目に訪問したのはその二日後であった。イエナからニュルンベルクに戻ったところで、この間何かと世話になった村山さんと別れ、今度は昨年のフロス行きを介して知り合った稲葉さんに同道してもらっての訪問である。稲葉さんと待ち合わせたニュルンベルクに隣接するフュルトは、二〇〇四年に初めてアベルさんと会った時、その仲介と通訳の労をとってくれた、現在は日本に帰国されている加藤邦彦さん、温子さんご夫妻が暮らしていた街であり、「フランケンのイェルサレム」と呼ばれるほど、一九世紀に入ってユダヤ人コミュニティの規模が大きくなり、経済や文化が発展したところだ。そしてまた、現在は広島市と友好関係を結んで、八月六日には平和を祈念する催しがフュルト市公園で開かれる街でもある（同公園内の復活教会東緑地には、加藤邦彦氏の制作した広島平和記念碑が立っている）。

ほかに、ここがユダヤ人の作家ヤーコプ・ヴァッサーマンの出身地であること、若き日のブロッホが参加したバイエルン・ユダヤ文化連盟の移動展覧会が開催された町であることについてもこれまでに言及してきたが、それ以上のフュルトに関する歴史ガイドマップを広げるのは省筆する。

さて、稲葉さんと私がアベルさん宅に着いたのは、ちょうどそれと入れ違いに、いままでそこに立ち寄っていたアベルさんの孫娘の家族が、彼女の父親――すなわちアベルさんのご子息のフランク・ライナー・アベル（Frank Rainer Abel）氏――が暮らしているバイロイト（Bayreuth）市に向かおうとしていた時だった。ついいましがたまで、家族が団欒していた室内に通され、アベルさんの伴侶のウィリイ・アベルさんとも再会の挨拶を交わす。稲葉さんが用意して来たアップル・パイの包みを開け、すぐにアフタヌーン・ティーの準備が整う。

当日は、あまりゆっくりすることはできない訪問だった。夕方遅くならないうちにお暇《いとま》し、午後七時少し前の列車でミュンヘンに戻るという旅程が組んである。だから、短時間のうちに、ブロッホの作品の細部にわたる情報をはじめとして、アベルさんから聞き出したいことを、私は事前にいくつもの質問項目にまとめて手帖に書きつけていた。加えて、この四日間のドイツ国内での移動中に味わった、それらを通して、ブロッホの辿った人生を以前にも増して豊かにイメージしていかれるようになった体験も話して、それに対する彼女の反応を引き出してみたい気持ちも働いている。そして、アベルさんの了承を得て、テーブルの上には録音機を置き、彼女の話と、稲葉さんが通訳する言葉とを記録すべく、スイッチはONにしている。

母マルタについての挿話

しかし、彼女との対話が進む中で、当初の目的に沿った回答を求めるのとは異なった感情が生じて来た。それをどう説明したらよいか、なかなかぴたりとあてはまる言葉が見つからないのだが、こちらの予想する方向に常に向かうとは限らず、時に話が脱線したり、唐突に別の話題に転じたりしながらも、これまで対面してきた中で、この時のアベルさんが一番寛ぎ、和んだ様子で私に話しかけていることが感じ取れて、何だかそのことが無性に嬉しいといった思いが勝ってきたとでも言えばいいだろうか。いくつか聞き漏らしてしまい、確かめたいことがあっても、そのために会話の流れをとどめたりはせず、それらについては後日問い合わせればよいではないか。そしてまた、私を前にした時の心の動きが普段着のままでいられる彼女と向かい合っていられることが、自分にとっては得難い貴重な体験となってあとあとまで思い出として残っていくのではなかろうかと、そんな風に思っていた気がする。

このような時間が経過する中で、こんなことをアベルさんが話したのが忘れられない。それは、あの戦争の最中、まだ幼い彼女を連れて故郷のフロスに戻っていた母マルタのもとに、ニュルンベルクから召喚状が送られてきたことにまつわる出来事である。

出頭したマルタの取り調べにあたった男は、彼女が一九三六年にこの街で女児――すなわちアベルさんのことである――を出産しているが、その子の父親が誰なのかを尋問した。ユダヤ人の男との性交渉の結果としての出産だったのではないかという嫌疑がかかっていたのである。ところが、それに対して間髪《かんぱつ》を容《い》れずマルタが返した答えは、「まるであなたは、私がユダヤ人の男性と関係を持ったかのような聞き方をするのですね」であった。むろん擬装ではあるが、そんな気配を感じさせずに相手の機先を制する、この毅然とした態度を前にして、取調官は二の句が継げなかったという。加えてマルタは美人である（と、こう言って、アベルさんは笑って見せた）。それに心を動かされてしまったその男は、フロスに疎開している彼女には夫がいるが、彼がニュンベルクに留まっていることを知って、取り調べが済んだ後、彼女に宛てて好意を告げる手紙やら、差し入れ品を贈ってくるようになった。――「もちろん母はそんなものは送り返し、その男のことはてんで相手にしなかったのよ」と、再びちょっとおどけた様子で、アベルさんはこうしたエピソードを披露してくれたのだった。

むろん、取調官と向かい合った際のマルタは、内心では自分の返答次第では娘と自分がどうなるかわからない極度の不安や緊張感に襲われていただろうし、その後出来した事態に対しても当惑、動揺したに違いない。また、当時八歳くらいのアベルさんがこうした出来事を知ったのはもっと時を経てからであっただろうし、それからこのような話を私にしてくれるまでには、おそらく彼女の事後的な解釈や判断、あるいは空想もそこには加えられてきたと考えられる。

アベルさんが自分の母の過去を回想して語り出した話の中に、一面においてユーモラスな要素が交ることは、自分の母の苦難に満ちた生の中にも、時にはこうした笑劇めく出来事と、彼女がそこでの主人公となる一幕もあったのだし、それも含めたのが彼女の人生の全体としての姿であったと考えている、このエピソードを披露した時には八二歳になっていた、アベルさんの精神的な余裕を伝えて来るものであると想像できないだろうか。と同時に、その反対に、こうした少しでも明るい話題を探し出すことによって、改まってそれを想起するたびによみがえってくる、母の送った人生にまとわりついた悲しみを紛らわせていこうとする、そんな情動もアベルさんの裡には生じているのかもしれない。おそらく、その両方ともがアベルさんの裡にはあったのではないか。

さらに、いま、私が自問自答してみたいのは、この時のアベルさんが紹介したマルタのエピソードとそれを伝える彼女の言葉が彼女と私の間に作り出したのは、客観的に考えれば笑いごととしてはすまされないのだけれども、それを笑ってすますことのできるような二人の関係だったように思えるのだけれども、ではどうして、私がそういう場に参加するのを許されたのかということなのだ。はしなくも私の回想は、彼女と初めて出会った時まで引き戻される。

図6-7
リディア・アベルからの書簡に同封されていたブロッホの作品。
彼の亡くなった日付の下に"HIS LAST TRAVEL"の言葉が記されている。

"My Family History"

ブロッホの訃報に接してお悔やみの言葉を伝えるとともに、それまでに『黄包車』について一編だけ発表していた拙論も同封した手紙を差しあげてほどなく、アベルさんからの返礼の手紙を初めて受け取った。封筒の中には、ブロッホが制作した上海からの船出をモチーフとする一枚の版画が同封されていて、それには"HIS LAST TRAVEL"というアベルさんの書いた文字が添えられていた（図6－7）。私がダッハウで開かれたブロッホの作品展"Meine Bilder sind meine Sprache"（私の絵は私の言葉）の会場に足を運んだのは、その一年後だった。そして、彼の作品に初めて実際に接した感慨冷めやらぬまま、その翌日アベルさんと会ったのだけれども、この日のために予め用意していた父親の遺

BON VOYAGE
Floss 1910
New York 2002
David Ludwig Bloch
hat seine letzte Reise angetreten
16. September 2002
HIS LAST TRAVEL

した数々の作品を見せてくださりながら、どうしたはずみでか、アベルさんの話題は自分の父親と母親の関係、そしてまたその二人と自分自身との関わりとに移っていった。それは、その場に同席し、通訳の労をとってくれた、アベルさんとは長い付き合いのある加藤さん夫妻が、彼女がこうしたことを話すのを自分たちも初めて聞いたと後で述懐したほど、それらの出来事が起きていた時には彼女自身はまだ生まれていなかった、あるいはその渦中に巻き込まれていても、まだそのことに気づき得なかった、幼い頃の自分を取り巻いていた悲惨な現実、とともに後になってそれらのことを知った時に味わった驚愕や心の痛みを、いまそのことを想起して語るにあたって再び呼び醒ます行為であったのだと思う。話の途中でアベルさんの声は何度も高ぶったり震えたりした。

たとえば、それも自分に対する母の愛情であったかもしれないという思いを伴って彼女の胸をしめつけてくるのだろうと想像できるものとして、母マルタが父の存在を彼女に詳しくは語らずに世を去ったということがある。つまり、再婚相手の義父に可愛がられたリディアが随分大きくなった頃、マルタは娘に対して、実の父親は彼女がまだそれを記憶するには幼かった頃に亡くなったのだと告げていたのである。やがて、マルタは病を得て一九六五年にニュルンベルクで五一歳の生涯を終え、市内の墓地に葬られた。

ところが、それから一〇年余りの歳月が流れた一九七六年のこと、ある男性が外国からマルタの消息を尋ねて、彼の出生地でもあるフロスに来たことを、同じ町に住んでいたマルタの縁者から知らされて、アベルさんの心は何かによって激しく揺すぶられたのだった。心の中に生じた波紋は日増しに広がっていき、やがて夫ウィリイからの励ましもあって意を決した彼女は、フロスの役所を通じてこの人物に手紙を送った。それからの長いやりとり。そして、その一年前にはアメリカに留学中の息子のフランク・ライナー・アベルが、母に先だってニューヨークのマウント・ヴァーノンで暮らしていたブロッホを訪ねたことも与って、確信の域に達した後、一九八五年一〇月に二人の初めての対面が、父ブロッホがニュルンベルクのリディア・アベルの家を来訪したことによって実現したのである。翌年、今度はアベルさんがニューヨーク郊外のブロッホの家を訪れた（写真6-12）。

それからの十数年にわたって、ブロッホは機会あるごとにドイツで暮らす娘のもとを訪れた。生まれてから五〇歳までの空白の時を過ごした後に始まった父との行き来は、アベルさんにとっては両親の間にあった出来事を現実のものとして受け取り、父の存在を次第に身近なものに感じつつ、それを通して母の人生を新たに見つめ直す機会をもたらしたであろう。

そしてそんな時、アベルさんは、ようやく成人した娘に向かって、

写真6-12
ニューヨークの家を訪れたリディア・アベルにブロッホが贈った自製のペンダント（1986年）

彼女の父であり、自分の夫になったかもしれないブロッホの〈死〉を知らせた時の母の胸の内にあったものをどのように想像したであろうか。あのニュルンベルク法が罷《まか》り通る中、これ以上の関係を継続していくことは彼女に危難が及ぶと判断してマルタのもとから去って行ったブロッホ、その後で彼の子を身ごもったことを知るが、それを彼に伝える術もなく、一方、彼からの連絡も途絶えた。そして、さらに激しさを増すユダヤ人に対する弾圧。マルタの心に次第にブロッホの〈死〉の予感が黒い影となって広がっていき、それが事実と見紛われるほどのものになっていったとしても、そのことを責めることは誰もできまい。それとともに、娘に対して実父の不在を告げた時、その〈死〉の理由を、彼女の想像とは異なるものに置き換えて知らせたことも責められまい。つまり、ホロコーストの犠牲者の一人といった、惨たらしいイメージが伴うものとして父の存在を娘の記憶にとどめたくはないという考えをマルタが抱き、代わりに別の物語を用意したからと言って、それは事実に反すると言って批判し去ることができるだろうか。むしろ、亡くなったと思っていた父が現れ、ことが明るみに出された時、アベルさんは母のそうした言動に感謝したのではないか。

しかし、ブロッホは生きていた。彼女ならきっと新たな人生に踏み出せると信じて亡命の道を選んだ彼は、その四〇年後、その間に巡りあい、ともに人生を歩み出した彼の妻鄭迪秀を連れてフロスを訪れ、マルタの消息を尋ねたのだった。このことを知らされ、その後の時の経過の中で、徐々にブロッホがマルタのかつての恋人であり、かつまた自分のほんとうの父親であることを、ほとんど確信するようになったアベルさんは、自分がいま、母がかつて愛した男性の存在を知り、彼と交渉を持ち始めることを予想もせずに亡くなっていった母のことを思って、今度はどういう気持ちになっただろうか。もっと早く、ブロッホが生きていたことを知らせてあげたかった、もしそれを知ることができていたなら、母の背負った悲しみは少しは軽減されたかもしれないけれど、実際には、彼女が自分の作り上げたブロッホの〈死〉の物語に身を投じて生きていったことに思いを馳せて、母の早すぎた死を哀悼する思いがいまさらながら生じたのではないか。

とともに、自らの父であることを名乗り出て来た人の存在も、アベルさんの裡にさまざまな感情の渦を巻き起こしたであろう。ナチズムの災厄に遭わなければ共に人生を歩み出すはずだった人と再会し、これまで別々に辿ってきた自分たちの人生について語り合い、この先も続くであろう自分たちの人生に幸いあれかしという言葉を贈り合う機会がようやく訪れるのだと考えていたブロッホに突き付けられたのは、マルタがすでにこの世を去っていたという現実であった。なぜ、もっと早くにそうした機会を作ることができなかったのか、彼の心は後悔と無念、そして悲しみに閉ざされたであろうが、その反面、マルタは彼に一つの希望を残してくれていたのだった。アベルさんの存在である。しかし、彼女が生を享けてからあまりにも長い時間が経ちすぎている。それもまた、ブロッホに、なぜもっと早くにこのことを知るきっかけを摑まなかったのかという悔いをもたらしたであろう。ちょうど、アベルさん自身が、自分がここまで生きて来るよりももっと前にこの人の存在を知ることができていたら、と思ったであろうように。マルタがいなくなった今、自分が娘の前に姿を現すことは、彼女にどのように受けとられるであろうか。おめおめとしたものとして見られたりすることはないだろうか。なぜもっと早く名のりをあげてくれなかったのかと、責められはしないだろうか。しかし、会いたい。そして、いつの日か彼女に、彼女の母と自分との間にどんな縁があったのかを伝えたい。一九八五年、初めてアベルさんの前に立った時、緊張のあまり、いくらかは他人行儀の対応をとってしまいがちになった娘に向かって、「どうか、私のことをダディと呼んでくれないか」と、涙声でブロッホは告げたと、アベルさんは回想する。「ダディ」とは、幼児が父親を指して言う言葉だ。初めて顔を合わせ、言葉を交わす成人した女性に向かって、このように言ったブロッホの胸中がわかるような気がする。

二〇〇四年三月下旬のその日の夜、初めて顔を合わせた私を前にして、彼女にとっての"My Family History"を語り始めたアベルさんの裡には、こんな風に一度沖へ引いた波がまたすぐにそうしてくるように、抗い難い感情の波が押し寄せて来ていたように思う。

沈思を介しての対話

以上のことはこの文章を書いているいま、叙述の内容に方向性とまとまりを持たせようと考えて想像してみた、アベルさんのその時の心の動きである。一方、実際にその場に居合わせていた時の自分は、加藤さんの通訳を挟みながらも、自身の身裡から突き上げてくる感情を抑えようとせず、増水した川の水が堰を切って溢れ出していくように続けられていくアベルさんの話に対して、ほとんど言葉を返すことなく、固唾を呑み、体全体が強張ったような状態にあった。冬の夜、暖房の利いた部屋に長くいてそこから急に寒い戸外に出ると、咽喉の奥の気道がふさがれて自然な呼吸が妨げられることがあるが、アベルさんが伝える話の重たさは、そんな風にして私から喋る自由を奪っていた。

が、その間の私の心の動きが停止していたわけではない。予期していなかった彼女の生い立ちを聞かされて、そのすべてをすぐに秩序立てて理解することはできず、そしてまた彼女の言葉にどう応えていったらよいかわからずにとまどい、うろたえていたけれども、いったい彼女がどういった思いでいまそのことを語ろうとしているのか、そのことだけは正面から受け容れていこうとする姿勢だけは堅持できていたような気がする。そしてまた、別れを決意したブロッホとマルタが「最後の二人だけのパーティ」を開いたことが、自分と両親をつなぐ絆になっているのだと思うと、そのことは忘れることができないと、アベルさんがそんな風に語るのを、心の襟を正して聴いていたようにも思う。自分たち家族が辿って来た人生に対するおざなりの同情や、気の利いた、しかし誤解が混じっている解釈がなされるのを警戒するアベルさんが求めていたのは、ひょっとするとそういった聞き手の姿勢であったかもしれない。

こうしたことは手前味噌の説明になってしまっているのだろうか。それは読者の皆さんの判断に委ねたい。ただ、それからというもの、彼女とのつながりは続いてきたし、この三回目の訪問の時には、すでに紹介した、ナチの取調官を向こうに回した彼女の母の武勇伝に加えて、アベルさんはこんな思い出も口にした。

それは、彼女と母のマルタがフロスでの生活を始めてからまもない頃であった。町でユダヤ人を嘲弄する意を含んだ歌が流行し始め、それは子どもたちの間にも広がっていった。ニュルンベルクに父がいる幼いリディアも、何思うでもなくその輪の中に混じって歌っていた。すると、それが何度か繰り返されたある日、自分を指してのことらしい、「あの子、ユダヤの子どもなんだって」という言葉が漏れてくるのを耳にした。リディアがじつはブロッホの子であることをマルタは決して口外していなかったが、彼女とブロッホが出会った土地であり、二人が親密であったことを覚えている者だっていたかもしれないフロスで、そうした風評が立たないと保証することはできないだろう。「でも、その時の自分はそれに対して敏感に反応するには幼くて、聞き過ごしてしまっていたの」と、アベルさんは在りし日のことをそのように淡々と語った。

この話を聞いた私は、その日より四日前の午後に、フロスの町はずれのヴァイカースミューレの標識があるところにたたずんだことを思い出していた（写真6-13）。その時の私の目に映じた光景は、なだらかに下っている斜面で馬が静かに草を食んでいる、取り立ててどうということのない平穏なものであった。しかし、アベルさんの心の目には、その場所が同じ年頃の子どもたちの輪の中にいても、やがてそこから除け者にされていく運命にあり、しかもまだそのことに気づいていない、幼かった時の自分の姿とつながる場所として映じてくることがあるのではないか。むろん、私は、アベルさんと同じ感情を持つことはできないし、ましてや少女時代のアベルさんの感情を、現在の彼女がそうするように思い出すこともできない。だが、それがどういったものであったかを想像して、彼女の思いに、そうしないでいることに比べれば少しだけ近づき、寄り添うことはできる。

父に与える名誉

自分の出生にまつわる事実を知ったことが、アベルさんの裡にその時どういった衝撃をも

写真6-13
フロスからプランケンハンマーに向かう途次にある道路標識。「ヴァイカースミューレ」とある（2018年8月撮影）、下はヴァイカースミューレ方向の景色（2017年9月撮影）

たらしたか、そしてその記憶は時が経過したいまはどうなっているかといったことに、かなり意識を傾けて書いてきた。

ただ、ここで改めて確かめておきたいのは、それぞれが苛烈な人生を過ごしてきた三人の家族のうち、今日ただいまを生きているアベルさんが両親の過ぎ来し方を振り返りながら、そこに信愛と崇敬にあたる生の証を見出し、それを彼女自身の誇りにしているということだ。マルタに即した場合、それについてはすでに述べたつもりだ。では、ブロッホについては？　これも彼の作品を通してかなりの程度は書いてきたつもりだが、あと少し、言い添えておこう。

ブロッホの亡くなる二年前、ミュンヘンのユダヤ博物館で彼の生誕九〇年を記念した展覧会が開催されたことについては、二〇一七年の私のミュンヘン行のくだりですでに触れた。アベルさんは、この展覧会の開催を、この街で芸術家として出発しようとした矢先にホロコーストの災厄に巻き込まれて、そこから立ち退いていかざるを得なかったブロッホが、それから長い年月を経たのち、自身の苛酷な体験を絵画と版画の制作を通して克服した芸術家として再び自分の原点である場所に戻ってきたことを記念する、歓しい催事として捉えている。

そして、父の没後にはニューヨークにいる異母弟（母は鄭迪秀）ディーン・ブロッホの意向も汲んで、アベルさんはフロスのユダヤ人共同墓地に、ブロッホの記念石（Memorial Stone）を設置することに尽力した。歴史的な由緒と伝統を重んじるユダヤ人の墓地でそれを可能にするには、墓碑の大きさや石材の種類、そこに刻む文字の書体といった条件を満たして公的な許可を取る必要があるのだという。二〇〇六年の夏、墓地の安全性やユダヤ人の記憶保全に責任を負っているミュンヘンの「イスラエル文化コミュニティ」（Israelitische Kultusgemeinde München und Oberbayern）の代表を務めるシャーロッテ・クノブロッホ女史（Charlotte Knobloch, 1932–）――彼女はブロッホの生誕九〇周年記念展覧会の折に、彼と知り合っていた――を通じて許可が下り、アベルさんはそれを実現させた。その黒い御影石の銘板の前に彼女とともに立ったことは先述した通りである。

ドイツ西部、ルール川近くの都市エッセン（Essen）に、「ラインラント地域協会　ダーヴィト・ルートヴィヒ・ブロッホスクール」（Landschaftsverband Rheinland David-Ludwig-Bloch-Schule）があることも付言しておこう。この教育施設は「エッセン・ライン地方聾学校」と「ライン地方聴覚障害者学校（エッセン）」の二校が二〇〇二年に統合されて成ったものである。校名は、学校の教師・生徒・両親らで聾唖に関係のある人物の名前を探して決定された。「ダーヴィト・ルートヴィヒ・ブロッホ」を候補に挙げた者は、その際、ブロッホの芸術家としての生涯と作品を紹介した。最終的に彼の名前を用いることが学校全体で選ばれたが、ドイツではこのように名前を使ったり付けたりする場合、もし後継者がいるならその者からの承諾を得る必要がある。かくしてアベルさんの所在が判明、彼女に連絡をとった結果、学校名に自らの父親の名前を冠する了解を得たのだった。

　地理的に離れているのと、八月末までは夏季休校だったので、二〇一八年のフロスから始めたブロッホの足跡を訪ねる旅の訪問地には組み込めなかったが、ニュルンベルクのアベルさん宅で見せていただいた写真帖には、ブロッホスクールのセレモニーに招かれた彼女が、同校の生徒や関係者と一緒に、にこやかな表情を浮かべている写真も収められていた。この学校とアベルさんとのコンタクトは今でも続いているが、これもまた、アベルさんにとっては、父の名誉が目に見える形となって現在に現れたものとして受けとめられているのであろう（写真6-14）。

　一年前の訪問時にも気づいていたが、ダイニングとリビングルームの壁に掛けられているブロッホの絵の数は増えていた。ディーン・ブロッホ氏から何点かを譲り受け、傷んだ部分は丁寧な修復を施して、こうやって飾ってあるのだという。芸術家ブロッホが生きた証は室内のここかしこに漂っている。次にお邪魔するのは何時になるかなと、ちょっと気持ちが感傷に傾きかけた時、庭に出て一緒に写真を撮りません？　とアベルさんが声をかけた。妻に呼ばれて夫のウィリイさんも二階の自室から下りて来る。芝生とその周囲に植わった夏の花々が、斜めから照りつける日の光を反射して眩しい。写真は稲葉さんが撮ってくれた。

写真6-14
リディア・アベル
（2017年9月撮影）

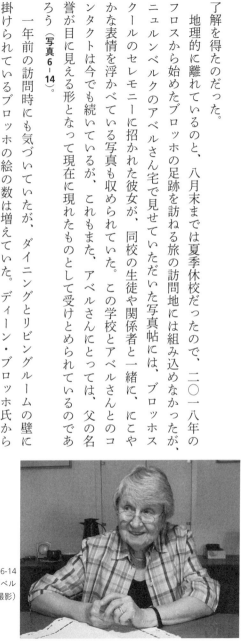

それから二時間後、ニュルンベルク中央駅で乗車する予定だった列車は車両変更となり、定刻をかなり過ぎてからの発車となった。市街地を抜けてフランケンの田園地帯に入る頃、車窓から見える風景は薄暮に包まれ始めていた。地平線近くに、うっすらとした明るさを残した太陽の円い形が浮かんでいた。何の変哲もないかのようにも、その時その場かぎりのもののようにも見えた。

あとがき

二〇〇一年、当時九〇歳だったブロッホと手紙を取り交わしてから二〇年が経過したいま、ようやくこのような本にして刊行するところまで漕ぎ着けた。

その期間の初めにも著述を思い立ったこともあったが、実際に書き出してみても、なかなか先には進めなかった。聾唖の亡命ユダヤ人美術家である、彼の辿った人生を知る上での資料や情報が少しずつしか集まってこなかったことにも因る。

しかし、それが理由のすべてではない。ブロッホについて何か書いてみたいという意欲が高まり、執筆作業に拍車がかかり出したのが何を機縁とするものであったかを顧みる時、そのことが判然としてくる気がする。

それは二〇一七年夏に硤石を再訪した時だった。ブロッホの妻鄭迪秀の郷里を再訪した私が見たものは、そこを初めて訪れた折に接したものからはひどく様変わりしてしまった河畔の光景だった。結婚後間もないブロッホ夫婦が訪れ、彼がスケッチした風景はすでに過去のものとなってしまっていた。が、その事実を知ったことは、それと同時に、一度目の訪問時に自分の前に広がる河畔のたたずまいが、ブロッホの絵の中のそれとあまりによく似ていることを発見して心の高鳴りを覚えた、あの時の自分の感動をよみがえらせ、それだけはいつまでも消えずに自分の中に生き続けることを確信することでもあった。

ところで、ブロッホという調査の対象を追いかけていく過程で出会ったこうした体験を、私はいったい誰に伝えるために文字として残していくのだろうか。それは、ひょっとしてブロッホに対してであり、鄭迪秀に対してであるのかもしれない。自分が関心をもって調べ始めた人物と、このような形での内的対話を開始する際に湧いてくる精神的な高揚感が、それから割に短い期間でこの著述を仕上げさせる原動力となっていった。

そして、こうした対話の営みが活性化されるための重要な条件としてあったのが、やはりブロッホの生が刻印されている場所に出向いて、そこで自分の胸中にどんな波動が生じるのかを試していくことだった。硤石再訪の二ヶ月後に、私はブロッホの生地フロスのユダヤ人共同墓地の中に立っていた。そして、はからずも、そこにあった古い墓石に刻まれた不思議な形をした手の紋様を目にして、それが自分の記憶の中にあるブロッホの描いた絵の中に出て来る、絶滅収容所に向かう貨車の窓から吹き飛ばされた紙の上にあった手の図像とスパークするのを感じた。

もし、この二つの手のイメージについて、より客観的な情報を付け足すならば、ブロッホが描いた図像は、ドイツ・ルネサンスを代表するデューラーの「祈りの手」を下敷きとしたものであり、ユダヤ人の墓石に彫られていた「コハニムの手」は、ブロッホと同じく戦争中は上海で活動していた版画家の田川憲が、その後制作した長崎の異人墓地の光景を描いた作中にも出て来るものであるといった解説を施せるだろう。そのことによって、美術史や図像学的な興味関心は確かに増してくるものではある。

しかし、そうした問題は、私でなくても、誰かが私に代わって書いてくれるであろうし、書くことができるものである。だが、私の裡に生起したブロッホと対話するドラマのありようは、私にしか書き得ない。この著をブロッホの評伝として見ていくなら、調べが尽くされていない点が多々あり、その意味での完成度は低いかもしれない。その責めを少しでもふさぐため、ブロッホの生の軌跡と間接的に関わってきそうなファクターも本文には織り込み、読者諸氏の興味を繋ぎとめる工夫もしたつもりだ。が、それでもこの著述の重心がどこにあるかと言えば、繰り返しになるけれども、ブロッホが実際にそこで彼の生の一時を過ごした現場に足を運び、それによってどういった等身大のブロッホの像が私の中で形成されてきたかという、私のブロッホ体験を語ることに置かれている。

この体験を支えてくれた人は、自分のアクションのきっかけを作ってくれた人から、現地探訪に実際に付き合ってくれた人、自分が入手した資料の解読を手助けしてくださった方まで、実に多くいらした。とりわけ、二〇一七年のフロス行き以降のこの三年間、リディア・アベルさんと私との橋渡しとして、頻繁な連絡を常に務めてくださったフュルト在住のケイコ・ツァイリンガー・イナバ（Keiko Zeilinger Inaba）さん、本当にありがとうございました。稲葉さん同様にお世話になり、本文中にお名前を挙げさせていただいた方々にも謝意を表したく思うし、その方たちのほかにも私に助力してくれた方は、年齢、国籍問わず数多いて、そのお名前を逐一記すことはできないが、心より感謝を申し上げたい。

そして、リディア・アベルさん、長い間お待たせしましたが、ようやくこうした形で、あなたとの協働の証を立てる事が出来ました。この本の編集作業が最終段階に入った二〇二〇年暮れに、あなたが私宛にくださった書簡には、この小著があなたの胸に迫るものとなることを信じて疑わないという言葉が記されていました。ありがとうございます。その"emotionale"という言葉は、そのまま私の心を震わせるものともなったことをお伝えいたします。

上海という場所で出会ったブロッホをめぐる著述をいつかは刊行したい、その希望を叶えてくださったのは春陽堂書店の堀郁夫さんである。前著『昭和文学の上海体験』に次いでお世話になった。研究書・論文集のイメージには収まりきらないスタイルをとるためにじたばたする私に辛抱強く付き合われ、的確なアドバイスを与えてくださり、どうもありがとうございました。なお、二〇一七年の夏に行った中国の硤石ならびにドイツのフロス探訪と調査に関しては、関西学院大学二〇一七年度個人特別研究費を充てることができた。その旨を記して学院に謝意を表したい。

二〇二一年二月　　著　者

図版出典一覧

口絵1〜7　リディア・アベル所蔵・提供。以下［Abel］と表記。
口絵8　Paulinenpflege Winnenden e.V. 所蔵
口絵9　［Abel］
口絵10〜11　著者所蔵
口絵12〜14　［Abel］
口絵15　KZ-Gedenkstätte Dachau 所蔵
口絵16　Jüdisches Museum Fürth 所蔵
口絵17〜22　［Abel］

プロローグ

図1　著者所蔵

第Ⅰ部

扉　［Abel］
写真1-1　レオ・ベック・インスティテュート「ブロッホ・コレクション」より。以下［Bloch］と表記。
写真1-2　［Abel］
写真1-3〜4　著者撮影
図1-1　「大陸新報」一九三九年五月二一日
図1-2〜3　［Abel］
図1-4　［Bloch］
図1-5　「大陸新報」一九四一年八月二五日
図1-6〜7　［Abel］
図1-8　Shanghai Evening Post & Mercury, 1942. 12. 16
図1-9〜12　『黄包車』（一九四二年一二月五日、太平書局）より
図1-13　著者所蔵

図1-14～15　『黄包車』（一九四二年一二月五日、太平書局）より

第Ⅱ部

扉　Paulinenpflege Winnenden 所蔵
写真2-1　バイエルン州公務文書保管所所蔵
写真2-2　[Abel]
写真2-3　著者撮影
写真2-4　[Abel]
図2-1　「バイエルン州ユダヤ人共同体新聞」一九号、一九三四年一〇月一日
図2-2～3　[Abel]
図2-4～5　ダッハウ強制収容所記念館所蔵
図2-6～7　[Abel]

第Ⅲ部

扉　『目的地上海　無国籍ユダヤ人の避難所１９３８―１９４８』
写真3-1　「アサヒ・カメラ」一九四一年七月
写真3-2　（右）潘光『猶太人在上海』一九九五年一一月、上海畫報出版社、（左）著者撮影
写真3-3～6　著者撮影
写真3-7　楊艨（上海ユダヤ難民記念館）提供
写真3-8　著者撮影
写真3-9　[Abel]
写真3-10　著者撮影
図3-1　「大陸新報」一九四三年二月一八日
図3-2　「城市記憶・老地図　上海１９３２」を基に作成
図3-3　[Bloch]
図3-4　『目的地上海　無国籍ユダヤ人の避難所１９３８―１９４８』
図3-5　『陰陽』（Yin Yang）一九四八年
図3-6　『鐫刻出的歴史』（ARTSEA Studio & Gallery, 2004. 10）

第Ⅳ部

扉　Paulinenpflege Winnenden 所蔵
写真4-1～2　[Abel]
写真4-3　（上）著者撮影、（下）[Abel]
写真4-4　鄭園所蔵。以下［鄭園］と表記
写真4-5　著者撮影
写真4-6　[Abel]
図4-1　[Abel]

図4-2　著者のイラストを基に作成
図4-3　鄒怡「民国時代の市鎮における立地条件と空間的構造について――浙江海寧硤石鎮を例にして」、「歴史地理」第二一輯、二〇〇六年
図4-4　[鄭園]
図4-5　[Abel]

第Ⅴ部

扉　ブロッホ遺作展図録『私の絵は私の言葉』
写真5-1　Dean Bloch（NY）所蔵
図5-1　[Abel]
図5-2　[Bloch]
図5-3　[Abel]
図5-4　『ブロッホ木刻集』("David Ludwig Bloch Holzschnitte 木刻集 Woodcuts Shangahai 1940–1949", 1997, Monumenta Serica, Sankt Augustin Germany)
図5-5～6　Dean Bloch（NY）所蔵

第Ⅵ部

扉　村山功光撮影
写真6-1　著者撮影
写真6-2　（上）[Abel]、（下）著者撮影
写真6-3　著者撮影
写真6-4　（上）[Abel]、（下）著者撮影
写真6-5～6　大橋秀美撮影
写真6-7　（上）大橋秀美撮影、（下）[Abel]
写真6-8　著者撮影
写真6-9　"07 Das Stadtmagazine für Jena und Region" 55, 2014. 4
写真6-10　著者撮影
写真6-11　村山功光撮影
写真6-12　[Abel]
写真6-13　（上）著者撮影、（下）大橋秀美撮影
写真6-14　大橋秀美撮影
図6-1～2　[Abel]
図6-3　大橋秀美撮影
図6-4　ギュンター・シュティッヒ提供
図6-5～6　[Abel]
図6-7　著者所蔵

ブロッホ関連年表

ブロッホ本人に関するものは無印とした。
ブロッホの近親者、関係者に関するものには▽を付した。
政治・社会・文化的事項については▼を付した。

一九一〇年（〇歳）	三月二五日、ドイツのオーバープファルツ地方、フロスで生まれる。 ▽五月九日、母セルマ死去。
一九一一年（一歳）	▽父シモン死去。フロスにある母方の実家アンスバッハー家に引き取られて育つ。 幼児期に髄膜炎罹患、聴力のかなりの部分を失う。
一九一四年（四歳）	▽この年、マルタ・マイヤーヘーファー、フロスで生まれる。
一九一五年（五歳）	九月、母方の伯父ヴィルヘルム・アンスバッハーの世話で、ミュンヘンの王宮州立聾唖施設に入る。寄宿舎での生活が始まり、長期休暇中はフロスに帰省。 ▽この年、鄭迪秀、浙江省海寧硤石鎮で生まれる。幼くして事故に遭い、聴力を失う。
一九二三年（一三歳）	▽一月、伯父スキー中に遭難死。 七月、王宮州立聾唖施設での教育課程を修了。チューリンゲンのイエナにある、カール・ブラウクマンが経営する聾唖者のための私立の高等教育機関に入学、二五年まで同校で学ぶ。 ▼一一月、ヒトラー率いるナチ党の暴動がミュンヘンで起きる（ミュンヘン一揆）。

一九二五年（一五歳）	フロスに隣接するプランケンハンマーの陶磁器工場で絵付け作業に従事する（〜二七年）。
一九二七年（一七歳）	オーバーフランケン地方のゼルブにある陶器産業関連の専門学校で学ぶ（〜三〇年）。
一九三〇年（二〇歳）	この年一一月から三二年九月まで、オーバープファルツ地方ヴァイデンにあるバウシャー陶磁器工場に勤めるが、経済界の不況により失職。
一九三二年（二二歳）	約二年間失職状態が続く。この頃、フロスでマルタと出会い、二人の交際が始まる。
一九三三年（二三歳）	▼一月、ヒトラーはドイツ首相に就任、ナチスが政権を獲得、三月には国会で全権委任法が可決され、ヒトラーの独裁権が確立。同月、ダッハウ強制収容所開設。
一九三四年（二四歳）	ミュンヘンの公立応用芸術学校に入学。 三月、バイエルン・ユダヤ文化連盟がミュンヘンのヘルツォーグ・ルドルフ通りで開催した「グラフィックアート展」に、リノリウム版画と水彩画を出品。
一九三五年（二五歳）	▼九月、「ドイツ国民公法」ならびに「ドイツ人の血と名誉を守る法」（いわゆる「ニュルンベルク法」）成立。 この年、ブロッホとマルタは別れる。
一九三六年（二六歳）	ミュンヘンを一時離れ、ニーダーバイエルン地方シュトラウビングにあるザウター百貨店で、室内装飾やグラフィックデザインの仕事に従事する。 ▽三月一三日、マルタ、ニュルンベルクで女児（リディア・アベル）出産。

一九三七年（二七歳）	▼八月、第二次上海事変勃発。 ▽鄭一家、戦乱を避けるため、硤石から上海租界に移住。
一九三八年（二八歳）	一〇月、ザウター百貨店の所有権がユダヤ人の手を離れたため、ブロッホ本人も解雇され、ミュンヘンに戻る。 ▼一一月九日、「帝国水晶の夜」（クリスタル・ナハト）ポグロム発生。 この迫害に巻き込まれ、ダッハウ強制収容所に約一か月間、保護検束の名目で収監される。 ▼一二月、五相会議で「対猶基本方針」定まる。
一九三九年（二九歳）	▼四月、上海海軍武官府内にユダヤ人問題を扱う犬塚機関設置。
一九四〇年（三〇歳）	▼四月、上海画廊、南京路二一二号で開業。 四月一二日、イタリア旅客船コンテ・ロッソ号に乗船、ヴェネツィアを出航。 五月九日、上海着。フランス租界趙主教路（現・五原路）三七二弄三号に居を定める。 ▼六月、イタリアが英・仏に宣戦布告。地中海が封鎖され、欧州ユダヤ人の脱出ルートの一つが断たれる。 ▽八月、草野心平、汪兆銘「南京」国民政府宣伝部顧問として南京に赴く。 一二月、一日から三一日まで共同租界静安寺路の時代公司で「六人画展」開催。
一九四一年（三一歳）	二月から三月初めにかけて日本への旅をする。信州志賀高原、新潟妙高高原、赤倉温泉では趣味のスキーに興じ、東京、日光、箱根、奈良、京都を回る。 上海に戻った直後、市内各所で開催される写真展、音楽会、絵画展などに足繁く通う。 ▼五月、丹平写真倶楽部主催の「流氓ユダヤ展」開催（大阪朝日会館）。

一九四一年（三一歳）	▽六月、上海中華聾唖社主催「第二回全上海聾唖藝術展」の「木器画」の部で、鄭迪秀の出品作が「第二位」に選ばれる。 ブロッホと鄭迪秀が出会い、交際が始まるのもこの頃（年）のことと推定。 八月二五日、現地日本語新聞「大陸新報」に「D・L・ブロット」の署名、「在滬独逸人画家」として、「懐かしい日本の風景」と題した随想が掲載。 九月、二一日から一〇月一五日まで静安寺路のモダン・ホームズ展示場で自身初の個展開催。この頃、上海とその近郊の風景、風物を題材とする水彩画の制作に励む。 一一月、七日から三〇日までモダン・ホームズとR・サンド家具店展示場で、ハンス・ジャコビイらとともに油絵・水彩画・版画の展覧会を開催。 ▼一一月、ドイツでは「ユダヤ人の国籍喪失に関するドイツ国公民法第一一令」が布告され、年明けとともに効力発生。 ▼一二月八日、アジア・太平洋戦争勃発。日本軍、共同租界に進駐、上海全域支配に乗り出す。 木版画シリーズの第一弾“Ricksha”（力車）をこの年から翌年にかけて制作。
一九四二年（三二歳）	▼一月、日本政府「緊急猶太人対策」を打ち出す。 ▼五月、中華民族反英美協会の旗振りの下、「米英撃滅週間」のキャンペーンが上海でも張られ、「東亜民族団結行進曲」の一席に「崑崙與富士象徴我民族的力量」の句を冒頭に置く作品が選ばれる。 一二月五日、太平書局より草野心平との共同詩画集『黄包車 上海の黄包車に関する木版画六十』を刊行。 一二月一六日から二〇日まで、上海画廊で個人展覧会開催。
一九四三年（三三歳）	▼二月一八日、大日本帝国陸海軍最高指揮官名で、上海地区無国籍避難民の居住・営業の制限に関しての布告（「上海無国籍避難民隔離区」設置の布告）が発せられる（同日、ドイツのベルリンでは宣伝大臣ゲッベルスによる「総力戦演説」が行われる）。

一九四三年（三三歳）	布告後三ヶ月以内に指定地域に移動との指示に従い、ブロッホは長陽路二四弄一七号に移転。
一九四三年（三三歳）	▽この頃、マルタ、娘のリディアを連れてニュルンベルクからフロスに移り、町外れからヴァイカースミューレに向かう途中にある家の一部屋を借りて暮らし始める。 五月、五日から八日まで、シャンハイ・ジューイッシュ・クラブでブロッホを含む一四名のユダヤ人たちによる第一回目の展覧会（FIRST IN SHANGHAI EXHIBITION OF JEWISH ARTISTS）開催。 この年、木版画シリーズ“Beggars”を制作。
一九四四年（三四歳）	五月、一二日から二七日まで南京路にある「恵羅公司」公共展覧会場で開催されたアルタ（上海ユダヤ人芸術家美術家協会）第二回絵画展覧会に油絵・水彩画・木版画を計一五点出品。 この年、木版画シリーズ“Chinese Children”を制作。 ▽この年、鄭迪秀の父鄭甘延死去。
一九四五年（三五歳）	▼八月、アジア太平洋戦争終結。 この年の終り頃、ポケットサイズの版画集〝上海〟を、長陽路の“FESTA PAPER MFG & PRINTING CO”から刊行。
一九四六年（三六歳）	九月、鄭迪秀と結婚。新居を狄思威路（現・溧陽路）一三一三号に定める。 一二月、イディッシュ科学研究所（Yiddish Scientific Institute 略称、YIVO）上海支部がシャンハイ・ジューイッシュ・スクールで開催したユダヤ人芸術家展覧会に出品。 ▼この年はじめに開催された中国政治協商会議が決裂、七月以降、中国国民党軍と中国共産党軍との間で全面的内戦始まる。

一九四七年（三七歳）	三月、この月ならびに六月の二回にわたって鄭迪秀とともに彼女の郷里である海寧硤石鎮を訪う。同じ浙江省の杭州方面にも足を伸ばす。
一九四八年（三八歳）	この年、木版画シリーズ"YIN YANG"（陰陽）を制作。
一九四九年（三九歳）	三月、九年間に及ぶ上海生活を終え、アメリカに向けて出発。 ▽五月、鄭迪秀も夫の後を追い、本国を離れてアメリカに向かう。 ▼五月二七日、人民解放軍、上海を解放。一〇月一日、中華人民共和国成立。 サンフランシスコ到着後、一時コロラドでの居住計画も立てたが、ブロッホと鄭迪秀夫婦は最終的にはニューヨークに移住することに決定。同市郊外マウント・ヴァーノンで暮らし始め、同地にあるコマーシャル・ディーカル社に職を得て、二六年間勤めた。その間、ブロッホがデザインした陶器の食器類がジョンソン大統領就任中のホワイトハウスに納められた。
一九五一年（四一歳）	▽長男ダニエル誕生。
一九五五年（四五歳）	▽二男ディーン誕生。
一九六五年（五五歳）	▽マルタ、ニュルンベルクで死去。
一九六九年（五九歳）	アメリカ移住後最初の展覧会をブロンクスヴィル図書館（ニューヨーク）で開催。

一九七五年（六五歳）	コマーシャル・ディーカル社退職。これより数年前から余暇を利用して制作した、アメリカの歴史を絵柄に用いたトランプカードが、独立二〇〇年祭の時宜にかない、好評を博す。
一九七五年（六五歳）	ワシントンDCにあるギャローデット大学のウォッシュバーン・アート・センターで展覧会開催。
一九七六年（六六歳）	一九四〇年に出国して以来三六年ぶりにドイツに赴き、ダッハウ、生地フロスを訪れる。フロスに住むマルタの親族の家を訪ね、彼女の死を知る。
一九七七年（六七歳）	亡命地上海で下地だけ出来ていたアクリル画“Concentration Camp Dachau 1938”が完成。この年から一九八〇年にかけて、ホロコーストを主題とするアクリル画ならびに木版画の制作に向かう。 ▽この年、鄭迪秀の母何行素死去。
一九八一年（七一歳）	五月、マウント・ヴァーノンのヘブライ青年協会・ヘブライ女性協会で展覧会開催。
一九八三年（七三歳）	四月、「聾者のベス・ソロモン礼拝堂」（ロサンゼルス）、「ホロコースト研究センター」（ニューヨーク）、「フラットブッシュ・オブ・イェシヴァ・ジョエル・ブレイバーマン・ハイスクール」（同）で、それぞれ版画展開催。 一一月、西ドイツ・ブレーメンの「コンズル・ハックフェルト・ハウス」で絵画・版画展開催。
一九八五年（七五歳）	一〇月、ニュルンベルクに赴き、リディア・アベルとの対面を果たす。

一九八六年（七六歳）	▽四月、リディア・アベル、ニューヨーク郊外マウント・ヴァーノンに住む父親を訪問。鄭迪秀、「恩寵の女神」像をリディアに贈る。
一九八八年（七八歳）	▽鄭迪秀死去。
一九九〇年（八〇歳）	二人の息子とともに鄭迪秀の郷里硤石を訪れるが、鄭家の屋敷は見出せずに已む。
一九九四年（八四歳）	二月、この月から三月にかけて、ドイツのフュルトの市立博物館ならびにブルクファルンバッハ城館（Schloß Burgfarrnbach）でホロコーストシリーズの作品展開催。
一九九六年（八六歳）	五月、この月から九月までレオ・ベック・インスティテュート（ニューヨーク）で開催された同インスティテュートとオーストリア・カルチュラル・インスティテュートの合同企画展「目的地上海：無国籍ユダヤ人の避難所１９３８―１９４８年」に出品。
一九九七年（八七歳）	五月、バルバラ・ホスターらの編んだ“David Ludwig Bloch / Holzschnitte 木刻集 Woodcuts / Shanghai 1940–1949”が、ドイツのザンクト・アウグスティンにあるモニュメンタ・セリカから刊行。ザンクト・アウグスティンの民俗学博物館で開催された展覧会「開封から上海へ」のオープニング・パーティにニューヨークから出席。展覧会場の特別コーナーにはブロッホの三〇〇を超える木版画と水彩画が展示。
一九九九年（八九歳）	一〇月、フィラデルフィアの「上海でのユダヤ人の体験に関わる評議会」から賞状授与。
二〇〇〇年（九〇歳）	五月、アメリカ合衆国ホロコースト記念博物館（ワシントンＤＣ）で翌年一〇月まで開催された展覧会「脱出と救助」に出品。

二〇〇〇年（九〇歳）	五月、リディア・アベルとともにフロッセンビュルク強制収容所記念館を訪問、自作の絵画を譲渡。
二〇〇〇年（九〇歳）	七月、この月から一二月までミュンヘンのユダヤ博物館でブロッホ九〇歳を記念しての展覧会開催。
二〇〇一年（九一歳）	▼九月一一日、ニューヨークで同時多発テロが発生。
二〇〇二年（九二歳）	九月一六日、ニューヨークのベリータウン（Barrytown）、息子のディーン・ブロッホ宅で死去。 ▼この年、ドイツ西部の都市エッセンで「エッセン・ライン地方聾学校」と「ライン地方聴覚障害者学校（エッセン）」が統合、校名が「ラインラント地域協会　ダーヴィト・ルートヴィヒ・ブロッホ学校」となる（公的な名称となるのは二〇一五年九月）。
二〇〇四年	一月、この月から五月まで、ミュンヘン近郊ダッハウにあるダッハウ強制収容所記念館で、ブロッホの遺作展覧会が“Meine Bilder sind meine Sprache”（私の絵は私の言葉）と題して開催。
二〇〇六年	▽夏、リディア・アベル、ニューヨーク在住の異母弟ディーンの意向も汲んで、フロスのユダヤ人共同墓地にブロッホの記念石を設置。

索引

ダーヴィト・ルートヴィヒ・ブロッホ（David Ludwig Bloch）

［書名・シリーズ名］

［作品名］

人名・書名・作品名索引

事項索引

あ

か

さ

た

な

は

ま

や

地名索引

中国

アメリカ

日本

ほか

春陽堂ライブラリー4

D・L・ブロッホをめぐる旅——亡命ユダヤ人美術家と戦争の時代

二〇二一年三月三一日　初版第一刷　発行

著者　大橋毅彦
発行者　伊藤良則
発行所　株式会社 春陽堂書店
〒一〇四―〇〇六一　東京都中央区銀座三-一〇-九　電話　〇三-六二六四-〇八五五
装釘　宗利淳一
DTP　森貝聡恵
印刷・製本　株式会社 シナノパブリッシングプレス

ISBN978-4-394-19503-0　C1395

大橋毅彦（おおはし・たけひこ）

1955年東京都生まれ。1987年早稲田大学大学院文学研究科博士後期課程満期退学。

共立女子第二中学高等学校教諭、甲南女子大学教授を経て、現在、関西学院大学文学部教授。博士（文学）。主な著書に、『室生犀星への／からの地平』（若草書房、2000年）、『上海1944－1945　武田泰淳『上海の螢』注釈』（編、双文社出版、2008年）、『上海租界の劇場文化——混淆・雑居する多言語空間』（共編、勉誠出版、2015年）などがある。『昭和文学の上海体験』（勉誠出版、2017年）にて第26回やまなし文学賞（研究・評論部門）受賞。